부처님이 깨달음을 얻은 수행법

위빠싸나 I

김열권 편저

불광출판사

부처님이 깨달음을 얻은 수행법
위빠싸나 I

•

김열권 편저

추천사

달마(法)의 이익이 전 인류에게 나누어지길

●

 "마음의 오염(번뇌)으로부터 자유로움을 얻는 것을 포함하여 일곱가지의 이익을 얻기 위한 하나의 길이며 유일한 길이 있다. 그것은 네곳에 마음 집중하는 사념처 위빠싸나(Satipaṭṭhāna Vipassanā)이다."

 부처님은 이와같이 단호한 확신을 가지고 수행으로 얻는 이익과 정확한 수행법에 대하여 마치 수레의 두바퀴처럼 분명하게 설명하셨다.

 이 말씀에 따라 여법하게 수행한 역대 모든 선사들은 그에 따른 이익을 여지 없이 성취하였던 것이다.

 삿띠 팟타아나(Satipaṭṭhāna 四念処)의 용어적 의미와 특성을 살펴보면 이 수행법에 대한 이해가 간단 명쾌하게 드러난다.

 삿띠(sati)란 말은 알아차림 혹은 마음집중(念, mindfulness)을 의미하고 팟타아나(paṭṭhāna)는 네곳의 마음집중 대상(身-몸의 감촉, 受-느낌, 心-마음, 法-법)에 굳건하고 밀밀하게 뿌리내리고 있는 것을 뜻한다. 그러므로 '삿띠 팟타아나'는 관찰되어지는 대상에 대한 관찰 즉 마음집중이 확고하고 밀밀면면하게 건립되는 것을 말한다. 팟타아나(paṭṭhāna)에서 파(pa)는 초강력(超強力)의 의미를 담고 있어 '팟타아나'는 보통의 상태로 관찰 대상에 밀착되어 있는 것이 아니라 초강력으로 완전하게 밀착되어 있는 상태이다. 그러므로 '삿띠 팟타아나'의 의미는 마음집중(관찰, 알아차림)이 관찰 대상에 파고들어 대상속에 계속 이어지는 것을 말한다. 여기에서 대상에 파고드는 것은 전광석화처럼 단도직입적으로 흐트러짐없이 뛰어드는 형태여야 한다. 이와 같은 알아차림은 돌이켜 생각하거나 분별함이 없는 직관적인 통찰로서 대상에 즉각 파고 들어 계속 이어지면서 굳건하게 자리잡는 지혜의 관찰이다.

즉 이것은 대상이 일어나자 마자 즉각 그 대상을 포착하여 파고드는 비상(非常)하고 초강력적이고 확고부동한 마음집중이며, 일어나는 대상에 힘차게 돌진해 들어가 빈틈없이 무간단(無間斷)으로 굳건하게 자리잡는 마음집중이며, 그 대상을 처음부터 끝까지 완전히 놓치지 않고 장악함으로써 끊임없이 현재의 당처에 머무는 당하무심(當下無心)의 마음집중이다.

이와 같은 마음집중의 복합적인 의미는 일어나는 대상을 즉각적으로 확고부동하게, 전심전력으로 포착하고 파고들어 계속 빈틈없이 밀밀면면하게 성성적적하게 현 당처를 내관(內觀)하는 직관적인 관찰법이다. 한마디로 '삿띠 팟타아나'는 네곳의 관찰대상에 초강력적으로 확고부동하게 굳건히 머무는 바로 그 마음집중(Sati)을 뜻한다.

'삿띠 팟타아나'의 수행을 정확하게 실천하기 위하여 도움을 주는 아홉가지 사항이 있다. 즉 정직성(진실성), 명료함, 여실하게 앎, 정확성, 심오함, 간결함, 순일함,(올바른 수행의)병행성과 이익이 그것들이다.

　이와 같은 삿띠 팟타아나 수행에는 팔정도(八正道)의 나머지 요소들이 저절로 내포되어 있고 항상 새로워지면서(向上一路) 깨달음에 이르는 유일한 길이므로 모든 사람 누구나에게 가장 중요한 일이 아닐 수 없다.

　'삿띠 팟타아나(四念処)위빠싸나'가 갖고 있는 특성을 살펴보면 다음과 같다.

　(1) 누구나 수행해야 할 절대적으로 필요한 것이며
　(2) 타인이 대신 해줄 수 없는 본인 스스로 직접 수행해야 하는 것이며
　(3) 적절한 시간을 놓치지 않고 꾸준히 수행해야 한다.
　(4) 그 결과는 대단히 유익하다.

　비유를 들어 설명해 보면 건강을 위해서는 맑고 신선한 공기가 반드시 필요하듯이 삿띠 팟타아나 수행은 깨달음을 얻기 위해서 절대적으로 필요불가결한 것이며,

　공기는 우리 자신 스스로 들여마셔야 하듯이 이 수행도 우리자신 스스로 실천해야 하며, 공기도 제때에 계속해서 들여마셔야 하듯이 수행도 늙고, 병들고, 죽기전에 규칙적으로 꾸준히 연마해야 한다.

　이와 같이 열심히 수행하면 부처님이 보증하신 일곱가지 이익을 얻을 수 있다.

　(1) 마음의 오염(번뇌)으로부터 자유로워지며,
　(2) 슬픔과 비탄으로부터 자유로워지며,
　(3) 갈애와 불안으로부터 자유로워지며,

⑷ 육체적 고통으로부터 자유로워지며,

⑸ 모든 정신적 고통으로부터 자유로워지며,

⑹ 성스러운 도(道 Ariya magga)를 얻으며,

⑺ 성스러운 과(果 Ariya phala, 견성해탈)를 얻는다.

뿐만 아니라 선과 악이 변화무쌍하게 난무하는 세파속에서 자신의 삶을 초연하고 평온하게 유지하고 현실에서 지혜의 힘으로 무심(平等心)하고 자유롭게 자신의 생활을 영위할 수 있다.

그 실례로 1900년대초 미얀마의 위대하신 선사인 마하시 사야도의 경우를 보면 그는 6세때 출가하여 경전을 공부하고 20대 후반에 그의 스승 밍군제타반 사야도의 지도하에 4개월동안 전혀 잠이나 졸음에 떨어지지 않고 완전히 깨어있는 상태로 용맹정진하여 대지혜와 만족할 만한 성과를 얻었다. 그후 그는 미얀마 뿐만 아니라 세계 곳곳에 수많은 승려와 일반 수행자들에게 법을 베풀어 달마의 행복을 함께 나누었던 것이다. 기록에 의하면 1972년까지만 해도 세계각국에서 70만명이 넘는 수행자들이 그의 문하를 거쳐 나갔고 마하시 분원이 미얀마만에서만도 400여개가 설립되었으며 그리고 70여권에 달하는 많은 저서를 남겼다.

무엇으로 이러한 위업이 가능했는가? 그것은 다름아닌 삿띠 팟타아나(四念処·위빠싸나)의 수행을 올바로 여법(如法)하게 실천하여 정신적 계발과 지혜를 성취하고 수행자 스스로 법의 기쁨을 누리게 되었기 때문이다.

또한 수행자들 자신의 삶인 인간적 가치를 성스러운 마음의 상태로까지 예리하게 이해하게 되어 사견(邪見)으로부터 벗어나 영원한 자유를 누릴 수 있는 계기가 되었기 때문이다.

그러므로 사념처 위빠싸나를 실천하는 법의 가족들이 점점 증가하면 세계는 더욱더 우호적이고 정답게 될 것이며 아울러 비인간적이고 부정한 것은 점점 줄어 들고 인간적이고 정의로운 삶이 더욱더 번창하게 될 것이다.

  비록 완전하게 정의로운 사회는 아직 구현되지는 않았지만 그곳을 향한 문은 활짝 열려져 있다.

  불교문화의 발전과 번영 그리고 부처님 가르침의 정확한 전달로 한국을 비롯한 전세계에 삿띠 팟타아나 가족이 날로 증가하고 이로 인하여 달마(法)의 이익이 현세계의 인류 모두에게 골고루 나누어지길 기원한다.

                    판디타라마 선원장, 우판디타

                    Sayadow U Pandita
                    Panditarama
                    Shwe Taung Gon Sasana Yeitha
                    Yangon, Myanmar

서 문

1

"내 나이 29세에 왕궁을 버리고
생사 없는 진리를 찾아 사문이 되었다.
그때 이후로 50년의 세월이 흘러갔건만,
나의 가르침 밖에서 구경해탈도에 이르는
사념처 위빠싸나를 가르치는 사람은
한 사람도 찾아볼 수 없었다.
다른 가르침에서는 최상의 진리를 얻은
성자는 발견되지 않았다.
만약 이 가르침(8정도, 위빠싸나)을
열심히 수행해 나간다면
승가는 계속 발전하고 구경각에 이르른
아라한은 영속하리라."

이것은 부처님이 대열반(Parinibbāna)에 들기 직전에 그를 찾아온 마지막 제자인 수밧다에게 설한 법문으로 초전법륜의 중도 법문과 일치한다.

지금까지 인류가 발견해낸 수행법은 사마타(Samatha, 止, 유루선정)와 위빠싸나(Vipassanā, 觀, 지혜해탈법) 두 가지로 분류할 수 있다. 사마타는 기도·주력·염불·수식관·선정호흡 등 지·수·화·풍을 대상으로 수행하는 것으로 근본 무명은 제거할 수 없고 다만, 정신통일하여 8선정의 평온의 상태에 도달한다. 이 사마타 수행은 불교 외에 요가의 8선정·선도 등 타종교에서도 발견할 수 있다.

반면, 위빠싸나는 부처님께서 8선정을 뛰어넘어 견성해탈에 이르른 수행법(一乘道, ekāyanamagga)이다. 위빠싸나는 마음의 당처를 있는 그대로 철견하여 탐·진·치를 제거하고 궁극의 열반에 이르는 수행법으로 불법 내에서만 발견된다.

고오타마 싯달타께서 왕궁을 버리고 사문이 된 후 사마타 수행의 최고 경지인 비상비비상처정(非想非非想處定)을 성취했으나 궁극의 해탈에는 이르지 못했다. 그러나 위빠싸나 수행으로 전환하여 비로소 생사 없는 무상정등정각(無上正等正覺)을 성취함으로써 부처가 되었던 것이다.

그리하여 대념처경에선 부처님께서 깨달음을 얻은 후 "중생의 정화(淨化)를 위한, 슬픔을 건너기 위한, 괴로움의 소멸을 위한, 진리의 길을 걷기 위한, 열반을 증득하기 위한 유일한 길(一乘道, ekāyanamagga)이 사념처(위빠싸나)이다"라고 하셨다.

위빠싸나는 넓게는 사마타의 정(止)·무루선정·중도·보리·반야(지혜)·궁극의 깨달음 등을 포함한다. 삼세제불(三世諸佛)이 반야에 의지하여 아뇩다라삼먁삼보리를 얻고, 오직 반야에 의해서만 오온(五蘊)이 공(空)한, 일체고가 녹아버린 해탈이 성취되며 모든 자비도 반야에서 나온다. 열반의 삼덕인 반야·해탈·법신에서도 반야가 가장 핵심적인 역할을 한다.

그 반야의 실천이 바로 위빠싸나 수행이다. 이것이 불타가 발견한 유일한 수행법이며 이것으로 깨친 진리를 말로 설한 것이 경전이다. 그 경전의 핵심내용도 중도, 연기이다.

한편, 대승경전에서도 화엄경의 12지(十二地), 능엄경의 25원통법이 위빠싸나 수행의 실례이며 대열반경에서도 "불성자(佛性者)는 제불(諸佛)의 극과(極果)인 십력(十力)과 사무소외(四無所畏)와 대비(大悲)와 사념처(四念處)니라"했고 용수도 수르드레카(Suhrd-lekhā)에서 "사념처(위빠싸나)는 삼세제불에 의해서 실수없이 보여준 깨달음으로 가는 유일한 길이다. 언제나 네 곳에 마음집중을 유지하라. 만약 이것을 게을리 한다면 모든 노력이 허사로 돌아갈 것이다"라고 언급한 대목이 보인다.

우리나라에서는 불교가 들어온 지 1,600여 년이 되지만 부처님께서 어떻게 수행하여 깨달음을 얻었고, 그의 제자분들에게 어떻게 가르쳤는지 구체적으로 정확하게 아는 사람은 많지 않다. 간화선(화두참구법)에 관한 책은 많이 발간되어 있지만, 부처님 당시의 참선 수행에 대한 책은 거의 없다고 해도 과언이 아니다.

이것은 중국 당나라에서 발달한 선종불교에 너무 의존한 나머지 수행법으로써 화두참구법만으로 거의 일관되어 왔기 때문일 것이다.

한편 우리나라에선 사마타와 위빠싸나 수행에 관하여 정확하고 구체적인 구별을 해오지 않았던 것 같다. 이로 인하여 명안종사를 못 만나든가 충분한 이론의 뒷받침이 없는 수행자의 경우는 중간경계에 집착하여 깨달음으로 잘못 인식한 나머지 수행상 더 이상 진보가 없는 경우도 있다. 심지어 일부에서는 위빠싸나를 사마타와 혼돈하여 위빠싸나 하면 하근기 수행법이라 하여 무조건 소승관법으로 잘못 오해하는 어처구니 없는 실수를 저지르는 경우도 있다. 소승·대승은 경전이나 사념처법 자체에 있는 것이 아니고 수행자의 집착이나 어리석은 태도에서 오는 것이다. 화두도 잘못 수행하면 사구(死句)가 되고, 제대로 참구하면 활구(活句)가 되는 것과 같다. 아공(我空)에만 집착하면 소승이 되고 법공(法空)에만 집착하면 대승의 누가 되고, 아공과 법공에서 벗어나면 일승도(一乘道)인 최상승이 된다.

이러한 모든 것들이 부처님의 수행법에 대한 올바른 이해 부족에서 기인한 것이라고 본다. 그리하여 필자는 29세에 한평생 부귀영화가 보장된 왕궁을 버리고 남루한 옷 한벌과 밥그릇 하나만 가진 평범한 수행자가 된 고오타마 사문이 어떤 생각을 했으며 어떤 수행법으로 생사 없는 무상정등정각(無上正等正覺)을 성취하여 부처가 되었고 그 깨친 바 내용은 무엇이며, 어떻게 하여 제자들을 당신과 같은 깨달음에 이르게 하였나? 그리고 후대 고해에 빠져 있는 인류에게 무엇에 의지하고 어떻게 수행하고 어떻게 살아가야 참된 삶을 살고 부처의 길에 이르를 수 있는가에 대한 부처님의 말씀에 초점을 두고 이 책을 엮었다.

부처님의 근본 수행법을 바르게 이해함으로써 화두수행을 위시한 현재 우리나라 수행법들의 특성과 장단점을 재조명하는 계기가 되었으면 한다. 그리고 부족하지만 이 내용이 향후 우리나라 불교발전에 일조가 되었으면 하는 마음 간절하다.

2

책의 구성을 살펴 보면 I부 경전상에 나타난 부처님의 수행법에서는 부처님 일대기를 수행중심으로 근본 경전인 팔리어 경전에 입각하여 엮었다.

부처님 자신의 육성으로 강조하시는 사념처 위빠싸나의 구체적인 내용, 그 중요성과 수행방법을 경전에서 추려 구성했다.

Ⅱ부 불교의 정통 수행법에서는 사마타와 위빠싸나를 구체적으로 설명하고 그 차이점을 밝혀 실수행자들에게 올바른 수행의 길과 그 결과에 정확하게 이르도록 하는 데 주안점을 두었다.

아울러 사마타 8선정·위빠싸나(4선정)·성위사과(聖位四果) 수행을 경전과 청정도론을 중심으로 고찰하고 최근 돈·점논쟁과의 관계도 언급했다.

Ⅲ부 불교수행의 요체에서는 불교의 모든 견성해탈법을 한 권의 책으로 축약한 대념처경(大念處經)을 한글번역본, 영역본, 팔리어원본, 일어 번역 등을 참조하여 번역하고 금세기 동남아 최고의 선지식 중 한 분인 마하시 사야도가 실수행의 측면에서 설명한 해설본을 소개했다.

Ⅳ부 '수행의 실제'에서는 부처님의 수행법을 독자 스스로 이해하고 실천할 수 있도록 설명했다. 특히 37조도품을 경전에 입각하여 구체적으로 계발하는 방법을 수록했다.

수행은 생활속에서 수행하는 분, 그리고 입산수도하는 스님들 등 모든 분들에게 도움이 되도록 설명해 보았다.

Ⅴ부 '현재 테라바다의 수행'에서는 남방에서 실천하고 있는 많은 수행법 중 가장 널리 이용하고 있는 마하시 사야도 수행 중심으로 살펴보았다. 여기에서는 기초적인 수행 단계에서 궁극의 열반에 이르는 과정들을 자세하게 설명하여 혼자서 수행하는 분들에게 많은 참조가 되도록 했다. 여기 소개한 책은 현재 미얀마 마하시 수도원과 스리랑카, 태국의 마하시 계통의 사원에서 교과서나 다름없이 이용하는 책이다.

이 책의 자료들을 편집하고 펴내기까지는 국내외에서 여러 사람들의 도움이 필요했다.

우선 거해스님의 깊은 배려로 남방에 가서 비구로 수행하면서 위빠싸나 수행법을 직접 접할 수 있는 기회를 가졌다. 수행중에 미얀마·태국·말레이지아에 있는 위빠싸나 수도원의 도서관을 다 뒤졌다. 말레이지아 MBMC 수도원에서는 중국계 말레이지아인 찰리웡(Challiwong)이라는 학생이 필요한 책을 찾는 데 도와주었고, 일본 모지(門司)선원에서는 우 위말라(U. Wimalla)스님이 필요한 경전과 주석서를 손수 찾아주었다. 일본 동경대에서 연구중인 정원스님과 정형선 법우가 바쁜 시간 가운데 요긴한 자료들을 찾아주었으며, 또한 미국 죠지아 대학 종교학과에서 연구하면서 평소에도 많은 자료를 보내준 절친한 도반, 마리안느(Marian Caudron)도 요청한 자료들을 미국에서 직접 보내주었다. 그리고 한국에서는 '고요한 소리'에서 많은 자료들을 참조할 수 있었다.

참으로 많은 분들이 국내외에서 시간과 노고를 아끼지 않고 도와준 덕분에 부족하지만 이 책을 출간할 수 있었다. 다시 한 번 도움의 자비를 베풀어 준 모든 분들에게 깊이 감사드린다.

처음 책을 구상할 때는 미진한 필자의 능력으로는 감히 엄두가 나지 않았다. 그러나 평소 수행중에 부처님은 어떻게 깨달았고, 그분의 제자들에게 어떻게 가르쳤는가에 대해 집요하게 생각해 왔기에 이 책을 쓰면서 부처님을 친견하는 마음으로 가능하면 모든 내용을 경전에 입각하여 구성했다. 만약, 잘못이 있다면 필자의 수행과 전문지식 부족으로 인한 것이니 널리 양해해 주시고 아낌 없는 충고와 질책을 부탁드리는 바이다.

　처음부터 끝까지 정독해 가면 어떤 것이 부처님의 수행법이고 어떻게 하면 올바르게 깨달음을 성취할 수 있는가를 독자 스스로 이해하게 되리라 생각한다.

　나아가 독자들에게 감히 바라는 것은 고오타마 싯달타는 길에서 우리와 같은 인간으로 태어나 위빠싸나로 부처님이 되었고, 부처님이 된 후 위빠싸나로 중생을 제도하시다가 위빠싸나로 열반에 드셨다. 이 책을 읽는 현재 이 순간까지 2500년 전 부처님께서 발견한 깨달음을 얻는 유일한 길인 위빠싸나가 우리의 몸과 마음에 전승되어지고 있다는 것을 잊지 말길 바란다. 그러므로 이 책을 읽음으로써 부처님의 수행법에 대한 이해의 차원에서만 머무르지 말고 꼭 체험으로 증득하여 풍전등화같은 이 생애에서 영원불멸의 니르바나를 실현하여 지혜와 자비로 이웃과 사회에 영원한 등불이 될 수 있길 빈다.

　끝으로 이 책의 출간을 위하여 도와준 불광출판부 여러분과 부족한 필자에게 용기와 격려의 말씀을 주신 여러 스님들과 도우(道友)들에게 감사드린다. 특히 상묵스님, 문성스님, 증악스님과 현음 스님, 선우회회원, 그리고 항상 옆에서 격려와 경책의 말씀을 주신 청정궁(박월향), 자재성(정혜경) 보살님과 같이 수행을 한 초연행, 문수화, 명성행, 지택 보살님, 최혜륜교수 모두에게 감사드리고, 교정을 보아 주신 보문심 보살님께도 거듭 감사드린다.

우리 모두 고(苦)의 끝을 발견하고
해탈의 자유를 누리길 바라면서
불원(不遠) 김열권 합장

차례

추천사 · 우빤디따 사야도
서문
발문 · 강건기

I부 · 경전상에 나타난 부처님의 수행법

1장 ·············· 내가 찾아낸 견성해탈법 ·· 19

랑마카 초암(草庵)에서의 두 가지 가르침 | 성스러운 구함이란
젊은 날의 추억:노(老) · 병(病) · 사(死)에 대한 무상을 절감하다
출가 후 두 스승 밑에서 사마타 8선정 성취
숲 속에서 공포를 극복하다 | 세 가지 비유
고행을 포기하다 | 위빠싸나 수행으로 전환
해탈의 기쁨을 누리다.

2장　　초전 법륜과 외도들 교화 ·· 66

1. 법의 바퀴를 굴리시다 ·· 66
감로의 첫 법문을 토하시다
무상정등정각(無上正等正覺)을 선언하시다
첫 번째 제자 콘단냐를 인가하시다
'무아'에 대한 설법 | 신사파 숲의 메시지
지혜로운 관찰로 최상의 해탈을 성취함
팔정도·사념처는 삼세제불의 수행법
부처님의 가르침은 중도·연기·팔정도이다
인연법과 연생법에 대해 말하다
일승도(一乘道, ekāyana, 유일한 길)는 계·정·혜이다
일승도가 사념처이다

2. 외도들 교화품 ·· 80
신통으로써 까사빠(가섭) 삼형제를 교화하다
사리풋타(사리불)와 목갈라나(목련존자)의 귀의
여래는 법으로써 중생을 유혹한다
살인마 앙굴리 마라의 깨달음

3장　　견성해탈법에 대한 부처님의 설법 ·· 99

1. 견성해탈로 가는 유일한 길 ·· 99
불사의 경지 | 법의 보존에 대한 아난다의 견해
위대한 사람이란

일체처, 일체시에 마음챙김으로
완성자 여래의 특성 | 단지 알아차리기만 하라
초보자의 깨달은 자를 위한 보임수행이란
아나율의 사념처관(성취의 기준)
몸에 병이 들었을 때
위빠싸나 수행으로 병을 극복하다
문둥병 환자의 견성담
환자 비구를 간호하신 부처님
뿟띠갓따띳사 비구의 과거생 이야기
법을 보는 자는 나를 본다 | 번뇌를 조복하는 법
악마(마라)의 정체 | 각박한 생활 속에서의 수행
여섯 가지 장애 | 수행에 방해되는 것
직접적인 수행과 우회적인 수행
숲속(토굴)에서 혼자 수행하려면-메기야
위빠싸나 수행자는 결코 타락할 수 없다
유일한 길(ekāyana magga)

2. 호흡에 대한 관찰 ·· 133

목숨을 호흡 사이에
호흡의 관찰은 사념처, 견성해탈을 포함한다
호흡으로 사념처 수행
호흡 수련으로 마음 집중을 완성함
호흡으로 7각지를 완성함

마지막 숨에 대한 관찰
호흡의 수련을 돕는 다섯 가지 요인
호흡의 수련이 여래의 세계

3. 몸에 대한 관찰 ·· 142
몸을 정복하면 마음을 정복한다
몸의 관찰로 해탈을 이룬다 | 아난다의 찬탄
몸의 관찰로 육신통을 얻는다

4. 감각(느낌)에 대한 관찰 ·· 144
세 가지 감각(느낌)의 이해
세 가지 느낌에서 탐·진·치 제거
세 가지 느낌에서 삼법인을 철견한다
느낌에서 무상함 관찰
수행자와 범부와의 차이

5. 마음 상태의 관찰 ·· 148
바로 이곳에서 경험할 수 있는 가르침
믿음을 넘어선 수행(와서 보라)
사리풋타 존자의 체험담

6. 비유로써 마음챙김법 설명 ·· 153
문지기 1 | 문지기 2 | 탐침(探針)
자비를 실천하면서 사념처 수행: 곡예사의 비유
주시와 지혜 | 거미줄에 비유
고양이가 쥐잡듯이 | 곡식의 씨앗
마음챙김의 두 가지 특성

4장 ······· 마지막 나날들··161

윤회를 벗어나는 네 가지 길
마하 목갈라나 존자의 입멸 | 무상의 이법
열반에 들 것을 선언하시고 가르침을 요약하시다
마음챙김과 계율을 당부하시다
아난다의 슬픔과 부처님의 수기
너 자신을 의지처로 하라
법귀의 자귀의 실례
선정으로 푸쿠다를 제도하시다
마지막 제자, 수밧다
최후의 유언 | 대열반의 실현
후계자를 지정하지 않은 이유

Ⅱ부 · 부처님 수행법의 요체

1장 ········· 불교의 정통 수행법··189

1. 사마타와 위빠싸나의 개요··189
부처님께서 가르치는 두 가지 담마
사마타와 위빠싸나의 뜻 사마타와 위빠싸나의 차이

2. 사마타 선정··194
세 가지 종류의 사마타
사마타 수련의 8선정(samatha Jhāna)

3. 멸진정(Nirrodha-Samapatti) ·· 201
오매일여(寤寐一如) 이상의 경지

4. 위빠싸나 4선정의 성취 ·· 203
다섯 가지의 선정요소
위타카와 위짜라의 상관성
위빠싸나 4선정
선정과 5장애의 관계

5. 경전상에 나타난 5장애 극복방법 ·· 214
5장애 극복과 4선정
5장애의 극복방법
부정관의 실례
수행 중의 욕망 극복
각성은 용맹정진을 불러 일으킨다

6. 경전상에 나타난 올바른 선정이란 ·· 227
복혜쌍수
위빠싸나 4선정
잡아함경에 나타난 4선정
선정에 든 사리풋타
사마타 선정에서 위빠싸나로 전환
사마타(定)와 위빠싸나(慧)는 상호 보완
8선정, 멸진정, 탐·진·치의 그침
8선정과 멸진정 이상의 즐거움은 욕심을 떠난 즐거움
정(止)·혜(觀)쌍수

거룩한 침묵이 선정
은근한 정진이란
멸진정 · 무상정 · 무소유정의 차이
오락 열반경(娛樂 涅槃經)

2장 ⋯⋯⋯⋯ 여래와 성위 4과 수행 ‥ 262

1. 성위4과(聖位四果) ‥ 262
4과란 무엇인가
경전상의 4과 법문
4과의 기준이란
비유법으로 4과 설명
4과를 이룬 사람들의 내생

2. 위빠싸나 4과 수행은 돈오인가, 점오인가 ‥ 276
돈 · 점 논쟁에 대한 소견
계행과 정견으로 구경각 성취
돈오돈수는 용맹정진에서
자스민 꽃이 떨어지기 전에 대오
언하에 대오한 서른 명의 비구들
삭발 중 아라한이 된 사미
형장에서 깨달음을 성취하다
하나는 무엇인가

3. 여래와 아라한 I ‥ 292
여래와 아라한의 차이

여래의 여섯 가지 힘
여래가 체득한 세 가지 신통이란
여래가 전생에 쌓은 보시·자제·금욕의 공덕
무학의 능력
술취한 여성을 제도한 여래의 법력
마하가섭 존자의 신통과 여래의 신통

4. 여래와 아라한 Ⅱ ·· 304
사리풋타 아라한
목갈라나 아라한
습관에 젖어있는 필린다 존자
아라한은 성내지 않는다
아라한은 성욕을 느끼지 않는다
아라한이 가는 길은 천인도 알지 못한다
아라한은 모든 욕망에서 벗어난다
아라한이 된 장관은 수행자인가

5. 근기에 따른 수행 주제의 선택 ·· 320
마하 라훌라 바다경
수행 주제를 바꾸어 지도하시다
수행 주제에 갈등을 느낀 비구들

6. 육신통은 어떻게 증득하는가 ·· 327
신족통(神足通, iddhi viddha)
천이통(天耳通, dibba - Sota - dhātu)
타심통(他心通, cetopari yañāṇa)
숙명통(宿命通, pubbenivāsa - anussati - ñāṇa)
천안통(天眼通, dibba - cakkhu - ñāṇa)
누진통(漏盡通, āsavakkhaya - ñāṇa)

제 2권

Ⅲ부 · 불교 수행의 요체

1장   대념처경(Mahāsatipaṭṭhāna Sutta) ·· 35

1. 총설 ·· 35

2. 몸에 대한 관찰(Kāyānupassanā) ·· 36
호흡에 대한 마음챙김
행동 태도(몸의 움직임 : 行 · 住 · 坐 · 臥)
모든 행동에 대한 분명한 앎
부정한 몸에 대한 관찰 | 사대요소에 대한 관찰
공동묘지에 대한 아홉 가지 관찰

3. 감각(受: 느낌)에 대한 관찰(Vedanānupassanā) ·· 44

4. 마음에 대한 관찰(Cittānupassanā) ·· 46

5. 법에 대한 관찰(法, Dhammānupassanā) ·· 47
다섯 가지 장애(蓋, nīvaraṇa)에 대한 관찰
다섯 가지 쌓임(五取蘊, khandha)에 대한 관찰
여섯 가지 안팎의 기관(六處, āyatana)에 대한 관찰
일곱 가지 깨달음의 요소(七覺支, bojjhaṅga)에 대한 관찰
네 가지 진리(四聖諦, Catuariyasacca)에 대한 관찰

6. 사념처 수행 결과 ·· 67

2장 ······ 대념처경 해설 ·· 69

1. 케마마하짜리 선사편 ·· 69
몸에 대한 관찰
감각(느낌)에 대한 관찰
마음(心)에 대한 관찰
법(法, Dhamma)에 대한 관찰

2. 마하시 사야도 해설 ·· 93
몸에 대한 관찰 | 감각에 대한 관찰
마음에 대한 관찰 | 법에 대한 관찰
사념처 수행의 결실

3. 대념처경의 실수행 ·· 110
몸의 관찰(身隨觀) | 감각 관찰(受隨觀)
마음 관찰(心隨觀) | 법의 관찰(法隨觀)

Ⅳ부 · 수행의 실제

1. 수행의 목적 및 수행자의 자세, 수행 결과 ·· 151
목적 | 수행자의 자세
수행으로 얻는 일곱 가지 이득 | 수행자란
수행자는 강물을 거슬러 올라간다
수행의 목적

2. 37조도품(Bodhipakkhiyadhamma) ·· 158

37조도품은 번뇌 조복의 지름길

사념처(四念處)

사정단(四正斷, 네 가지 노력)

사여의족(四如意足) | 5근(五根)

5근(五根)을 계발하기 위한 아홉 가지 방법

5근은 해탈로 가는 길

5근으로 아뇩다라삼먁삼보리 이룸 | 5력(五力)

7각지(七覺支)

7각지 계발을 위한 실례 · 배의 관찰 경우

7각지를 돕는 요인

경전에 나타난 7각지 계발

팔정도(八正道)

3. 올바른 견해(正見) ·· 192

고(苦) | 무상한 것은 고(苦)이다

무상(無常) | 무상의 눈물 | 무아(無我)

중도가 정견이다

정견(正見)과 사견(邪見)

삼법인 관찰로 아라한이 된 미녀

4. 올바른 마음챙김법 ·· 205

삿띠(Sati, 마음챙김 · 알아차림 · 주시)의 어원

붓다고샤의 반야 해설

우빤디따 선사의 마음챙김 해설
샨티데바의 마음챙김(관찰) 수칙 열두 가지
마음챙김법의 실제
경전에 나타난 경책
빈틈없이 정진하여 아라한을 성취한 사미
대강백의 깨달음

5. 올바른 노력 ·· 227
수행의 실제 | 경전에 나타난 경책어
도업(道業)을 성취하려면
젖은 나무는 타지 않는다
듣는 것만으로는 이룰 수 없다
낙숫물이 돌을 뚫는다 | 여래는 길잡이
게으르지 말고 노력하라

6. 번뇌(생사심: 生死心)를 다스리는 법 ·· 239
수행의 실제(배의 관찰 중심)
부처님께서 가르친 번뇌(生死心) 제거를 위한 다섯 가지 방법
독사가 방안에서 자고 있는데
번뇌 즉 보리 | 생사의 독부터 뽑아라

7. 수마를 극복하는 법 ·· 254
수행의 실제 | 부처님께서 말씀하신 졸음의 극복
아나율의 수마 조복

8. 경행으로 얻는 다섯 가지 이득 ·· 258

경행의 효과 | 경행으로 깨달은 실례

아난다 존자의 경행 수행

9. 수행을 진보시키는 다섯 가지 방법 ·· 264

10. 올바른 삶(正語·正業·正命): 생활이 수행이다 ·· 268

수행의 실제 | 경전에 나타난 경책어

무엇이 최상의 행복인가

무엇이 최상의 공덕인가

스무 가지 어려움

칼날에 묻은 꿀(집 떠난 수행자를 위하여)

진흙에 더럽혀지지 않는 연꽃 | 인과는 피할 수 없다

하루의 마음챙김은 부도덕한 백년의 삶보다 낫다

11. 기타의 장 ·· 287

음식의 절제 | 꼬살라 국왕의 식사 조절법

대화 | 도반의 중요성 | 도반

계율을 스승으로 | 계율은 스승이다

네 가지의 근본 계율

기생의 유혹을 물리치고 아라한이 되다

여자가 남자의 마음을 끄는 마흔아홉 가지 방법

12. 샨티데바의 깨어있는 삶을 위한 수칙 ·· 305

V부 · 현재 상좌부 남방선사들의 수행

1장 ┈┈┈ 마하시 사야도의 위빠싸나 수행법 ·· 311

1. 마하시 사야도(선사)의 약력 ·· 311

2. 마하시 사야도의 마음 챙김 수행법(Satipaṭṭhāna Vipassanā) ·· 317
기초수련 | 기본수련 4단계 | 요약
경행수련 | 수행의 진보
고급단계의 수련
열반의 성취

[추가설명] ·· 379
수행의 방법 | 배가 일어나고 사라지는(꺼지는) 움직임
몸의 관찰에서 출발
여섯 감각기관에서 일어나는 현상의 관찰
예비적인 선정 계발 없이 수련하는 지혜명상
접근적 선정에 의한 청정심의 달성

2장 ┈┈┈ 해탈에 이르는 16관문 ·· 389

1. 불교의 세 가지 가르침 ·· 389

2. 열반으로 가는 길 ·· 390
질문과 대답 | 수행자에게 주는 충고

3. 위빠싸나 지혜의 16단계 ·· 400
정신적 · 육체적 현상을 구분하는 지혜

원인(조건)을 식별하는 지혜

현상의 바른 이해에 대한 지혜

열여덟 가지의 위대한 통찰

일어나고 사라지는 현상에 대한 지혜

사라짐의 지혜 | 두려움의 인식에 대한 지혜

고(苦)에 대한 지혜 | 혐오감에 대한 지혜

해탈을 달성하려는 마음의 지혜

다시 살펴보는 지혜

현상에 대한 평등(무심)의 지혜 | 적응(수순)의 지혜

성숙한(종성) 지혜 | 도의 지혜

과의 지혜 | 반조의 지혜

사마빠띠(Samapati)

3장　　수행의 원리와 수행체험에 대한 보고 요령 ·· 450

1. 우빤디따 사야도의 약력 ·· 450

2. 우빤디따 선사와의 면담 ·· 451

3. 수행에 대한 스승과 면담방법 ·· 464

필요성 | 관찰법과 보고하는 요령

관찰의 세 가지 측면 | 본질적 특성의 세 측면

세 가지 특성을 실수행에 적용하는 법

수행의 원리와 수행방법

수행지침, 보고요령에 대한 정리·요약·보충

특별지침의 요약 | 두 개의 추가적인 공식
위빠싸나 수행을 위한 간단한 방법

VI부 · 한국의 대승위빠싸나

1. 원효의 대승위빠싸나 ·· 488
대승기신론소에 나타난 대승위빠싸나
금강삼매경론에 나타난 대승위빠싸나

참 고향으로 가는 옛길 ·· 505

참고문헌 ·· 531
발문 · 위빠싸나 선의 의의와 전망 | 강건기 ·· 535

일러두기

Ⅰ. 중부경(Majjhima – Nikāya)·상응부경(Saṃyutta – Nikāya)·증지부경(Aṅguttara – Nikāya)·장부경(Dīgha – Nikāya)·위나야(Vinaya 율장)로 표기한 것은 빨리어 니까야 출처이고, 중아함경·잡아함경·증일아함경·장아함경으로 표기한 것은 한글대장경(범어본) 출처이다. 이해의 폭을 넓히기 위해 대승경전과 논서도 인용했다.

Ⅱ. 참고문헌과 인용한 경전이 일련번호가 있으므로 페이지 기입은 생략했다.

Ⅲ. 인쇄를 거듭할수록 독자들의 많은 성원에 감사드린다. 독자들과 대화를 해본 결과 다음 몇 가지가 쉽게 이해가 가지 않아 부연 설명하고자 한다.

1. 삼법인(三法印)을 무상(無常), 고(苦), 무아(無我)로 말할 때는 무명(無明)을 바탕으로 한 5온(五蘊), 12연기(緣起)의 생멸(生滅)현상으로, 그리고 특히 북방불교에서는 무상(無常), 무아(無我), 열반(涅槃)이라고 말할 때는 5온, 12연기에서 무명이 제거된 진여(眞如)의 대기대용 상태로 보는 특성이 있다.

2. '알아차림(自覺, 智慧, 慧性)'은 빨리어로 반야(paññā)의 동사행인 빠자나띠(pajānāti)와 삿띠(sati, 念)를 나타내는 것이다.

부처님께서 보리수 하에서 반야로 사성제(四聖諦)를 철견했을 때 "나는 반야(paññā) 해탈을 얻었다."고 선언하셨다. 수행의 첫 출발을 반야의 동사형인 '알아차림'에서 시작하여 오온에서 탐·진·치를 제거한 반야의 완성인 사성제의 증득 즉 견성, 해탈로 끝난다. 탐·진·치의 번뇌는 무명의 현상인 어둠에 비유되고 알아차림인 반야는 빛에 비유된다. 이것을 『능엄경』에서는 처음 인행(因行)에서 열반(涅槃)의 빛인 무생멸심(無生滅心) 즉 알아차림(pajānāti)에서 시작하여 과지(果地)인 반야의 완성 즉 견성, 해탈, 열반으로 수행이 완성된다고 되어 있다. 부처님께서는 '알아차림(pajānāti, 慧性), 혹은 주시, 마음챙김(sati, mindfulness, 正念), 수관(anupassi, 隨觀), 관(vipassana, 觀)을 번갈아 가면서 사용하신다. 하나만으로 설명할 때는 나머지 요소들이 내포되어 있다. 이 모든 것은 동시에 작용한다.

3. '알아차림(慧性, 自覺)' 속에는 '정(定)'은 이미 구족되어 있다. 그리고 '정정(正定)'에는 '계(戒)'가 내포되어 있다. 계(戒), 정(定), 혜(慧) 삼학(三學) 즉 8정도가 '알아차림', '주시, 마음챙김(正念)', 관(觀) 속에 동시에 작용한다.

4. 보다 효과적인 이해를 위해 Ⅴ부 '현재 상좌부 남방선사들의 수행' 편부터 먼저 읽기 바란다.

5. '알아차림', 관(觀)'의 설명만으로 이해가 안 될 때는 위빠싸나 선사들에게 3개월 정도만 지도받으면 스스로 체득하게 된다. 그러므로 훌륭한 선사의 지도하에 수행해 나가길 바란다.

I부

경전상에 나타난 부처님의 수행법

●

"바히야여, 네가 어떤 것을 볼때 너는 네마음을 보고 있는
그 자체에 집중하고 그것을 분명히 자각하여라.
네가 어떤 소리를 들을 때에도 듣는 그 자체에 마음을
집중시키고 분명히 그것을 자각하여라.
네가 어떤 냄새를 맡을 때에, 혹은 어떤 음식을 맛볼 때,
무엇을 만질 때, 또 네가 어떠한 것을 생각할 때에도
너는 항상 그 대상에게 마음을 집중시키고
그것을 분명히 자각하여라. 그러나 그렇게 하면서도,
그것들이 다 마음의 대상일 뿐임을 알아, 거기에 어떤 분별을
일으키지 말고 집착이나 싫어함도
일으키지 말아야 하느니라."

1장 내가 찾아낸 견성해탈법

랑마카의 초암(草庵)에서의 두가지 가르침

이와 같이 들었다.

어느날 부처님께서 사밧티(사위성) 외곽에 있는 제타숲의 아나타핀디카 동산(祉園)에 머물고 계셨다.

그때 부처님은 아침 일찍 의발을 갖추시고 사밧티로 탁발하러 가셨다. 그런데 그때 많은 제자들이 아난다 존자가 있는 곳으로 와서 이와 같이 말했다.

"벗, 아난다여! 우리들은 부처님에게 직접 법을 듣고자 왔소 우리들이 부처님에게 직접 법을 들을 수 있는 것은 행복한 일이오"

"그렇다면 장로들이여! 바라문이 사는 랑마카의 초암으로 가도록 하오 틀림없이 직접 설법을 들을 수 있을 것이오"

"벗이여! 그렇게 하겠소"라고 비구들은 아난다 존자에게 답했다.

그때 부처님께서는 사밧티에서 탁발공양을 끝내고 돌아오셨다. 그리고는 아난다에게 말씀하셨다.

"아난다여! 우리는 공양이 끝났으니 풋바라마의 미가라마투(東園鹿母)강당에 올라가서 쉬도록 하자."

"스승이시여! 잘 알았습니다"라고 아난다 존자는 부처님께 답했다.

그리하여 부처님께서는 아난다 존자와 함께 풋바라마의 미가라마투

강당에 가시어 쉬셨다.

"아난다여! 우리 풋바콧타카(東浴室) 강물에 가서 몸을 씻도록 하자."

부처님께서는 아난다와 함께 목욕을 하고자 풋바콧타카 강으로 가셨다. 목욕을 하고 강둑으로 올라와 옷 하나만을 걸치고 몸을 말리면서 아난다는 부처님께 여쭈었다.

"스승이시여! 바라문 랑마카의 초암(草庵)이 근처에 있습니다. 스승이시여! 랑마카의 초암은 편안합니다. 그리고 랑마카의 초암에 있으면 마음이 청정해집니다. 스승이시여! 가능하다면 랑마카의 초암에 가서 쉬시는 것이 좋을 듯합니다."

그러자 부처님께서는 침묵으로 동의하셨다. 그리고 부처님은 바라문 랑마카의 초암으로 가셨다.

그때 많은 비구들이 설법을 듣고자 랑마카의 초암에 모여 있었다. 그래서 부처님께서는 문 밖에 서서 비구들의 이야기가 끝날 때까지 기다리고 계셨다. 부처님께서는 이야기가 끝난 것을 아시고 헛기침을 하면서 빗장이 걸린 문을 두드리셨다. 그러자 비구들은 부처님께 문을 열어 드렸다.

그때 부처님께서는 랑마카의 초암 안으로 들어오셔서 준비된 자리에 앉으시고는 제자들에게 일러 말씀하셨다.

"비구들이여, 그대들은 지금 무슨 이야기를 듣고자 여기에 모였는가? 또 무슨 이야기를 서로 하다가 중단했는가?"

비구들은 답했다.

"부처님이시여! 바로 부처님께서 설하신 법(法)에 관한 이야기를 하다가 중단했습니다. 때마침 부처님께서 도착하셨기 때문입니다."

부처님께서 말씀하셨다.

"비구들이여! 그것은 훌륭한 일이다. 그대들이 훌륭한 남성으로서 성실했던 생활을 버리고 출가자가 되어 법을 듣고자 모여 있는 것은 참으로 훌륭한 일이다. 비구들이여! 모여 있을 때는 두 가지 일만 해야 한다. 그 두 가지란 법(法)에 대한 이야기를 하거나¹⁾ 성스러운 침묵을 지키는 것이다."

—중부경 26—

성스러운 구함이란

비구들이여! '구함'에는 두 가지가 있다. 즉 '성스러운 구함'과 '성스럽지 못한 구함'이다.

비구들이여! 성스럽지 못한 구함이란 무엇인가? 여기에 한 남성이 있어 스스로 태어나는 존재이면서 태어나는 것을 구하고, 늙는 존재이면서 늙는 것을 구하고, 병든 존재이면서 병든 것을 구하고, 죽는 존재이면서 죽는 것을 구하고, 번뇌로운 존재이면서 번뇌로운 것을 구하고, 스스로 더러운 존재이면서 더러운 것을 구하고 있다. … 중략 …

비구들이여! '성스러운 구함'이란 무엇인가? 비구들이여! 여기에 한 남자가 있어, 스스로 태어나는 존재이면서 태어남의 허물을 알아 태어나지 않는 더없이 완전한 안락(열반)을 구하고, 스스로 늙는 존재이면서 늙음의 허물을 알아 늙지 않는 더없이 완전한 안락을 구하고, 스스로 병든 존재이면서 병듦의 허물을 알아 병들지 않는 스스로 더없이 완전한

---

1) 잡아함 411 논설경에서 부처님이 허락하신 대화의 주제는 4성제이다. 그리고 성스러운 침묵은 사념처 위빠싸나이다. 이것이 이 책의 주제이자 불교의 핵심이다. 중아함경 7권 상적유경(象跡喩經)에서도 "모든 교설은 사성제로 집약된다."라고 했다.

안락을 구하고, 스스로 번뇌로운 존재이면서 번뇌로움의 허물을 알아 번뇌롭지 않은 더없이 완전한 안락을 구하고, 스스로 더러운 존재이면서 더러움의 허물을 알아 더럽지 않은, 더없이 완전한 안락함을 구하고 있다.

비구들이여! 이것이 바로 '성스러운 구함'이니라.

비구들이여! 실로 나 역시 깨달음을 얻지 못했던 보살 시절에는 스스로 태어나는 존재이면서 태어남을 갈구했고, 늙는 존재이면서 늙음을 갈구했고 병든 존재이면서 병든 존재를 갈구했고, 죽는 존재이면서 죽음을 갈구했고, 번뇌로운 존재이면서 번뇌로운 것을 갈구했고, 더러운 존재이면서 더러운 것을 갈구했느니라.

-중부경 26-

젊은 날의 추억 : 노(老)·병(病)·사(死)에 대한 무상을 절감하다

비구들이여! 나는 더할 나위 없는 최상(最上)의 풍족(豐足)한 생활을 누렸느니라. 왕궁에는 나를 위해 만든 연못이 있었다. 그 연못에서는 청련·백련·홍련이 마치 나를 위해서 피는 듯 했다. 그리고 비구여, 나는 향유 중 최고의 향유인 베나레스산 향유만을 몸에 발랐다. 나의 세 가지 옷들도 최고품인 베나레스 직물로 만들었다. 언제나 하얀 양산이 내 머리 위를 밤낮으로 받치고 있어서 추위나 더위 그리고 먼지·티끌·이슬을 맞은 적이 없었다. 나는 세 개의 궁전에서 거처했다. 한 곳은 겨울, 한 곳은 여름, 또 다른 한 곳은 우기에 머물렀다. 우기(雨期)철에는 궁전에서 시녀와 악사들에 둘러싸여 넉 달 동안 밖으로 나오지 않고 안에서만 생활을 즐길 때도 있었다. 보통의 하인들과 종들은 붉은 쌀밥과 죽을 먹었지만, 왕궁에서는 하인과 종들에게 쌀밥뿐만 아니라 고기를 곁들인 요리를 주었다.

비구들이여! 그처럼 풍족하고 호화로운 생활을 누렸지만 이런 생각이 떠올랐다. 어리석음에 덮인 세상 사람들은 늙음을 피할 수 없고 언젠가는 늙어야 한다. 그러한 세상 사람들이 다른 사람들이 늙어가는 것을 볼 때 그들의 마음은 우울하고 병이 들 지경이다.

만약 나도 늙고 늙음을 피하지 못하는데 다른 사람들의 늙는 것을 보아야 하고, 내 마음은 무겁고 괴로워서 병이 들어야 한다면 그것은 어찌 할 것인가."

비구들이여.

이와 같은 생각에 사로잡히자 나는 내 젊음에 대한 모든 자부심이 서서히 사라져 갔다. 어리석음에 덮인 세상 사람들은 병드는 것을 피하지 못하고 속절없이 병들게 마련이다. 어리석음에 덮인 세상 사람들이 다른 사람들이 병들어 가는 것을 볼 때, 그들의 마음은 우울하고 괴로워 마음에 병이 든다. 나도 병들 것이고 병을 피하지 못한다. 병으로부터 피할 수 없는 내가 사람들이 병드는 것을 보아야 하고 내 마음은 무겁고 괴로워 병이 들어야 한다면 그것은 어찌할 것인가. 이와 같은 생각에 미치자 내 건강에 대한 자부심이 서서히 사라져 갔다.

어리석음에 덮인 세상 사람들은 죽음을 피하지 못하고 속절없이 죽어야 한다. 어리석음에 덮인 세상 사람들이 다른 사람들이 죽는 것을 보면 그들의 마음은 우울하고 괴로워 마음에 병이 들 것이다. 나도 죽어야 하고 죽음을 피하지 못한다. 나도 죽어야 하고 죽음을 피하지 못하는데 다른 사람들이 죽는 것까지 보아야 하고, 내 마음은 무겁고 괴로워 병이 들어야 한다면 그것은 어찌 할 것인가. 이와 같은 생각에 미치자 나는 내 삶에 대한 모든 자부심이 서서히 사라져 갔다.

-중지부경 I-

〔참고〕

한글대장경에는 다음과 같이 무상을 표현하고 있다.

* 생·로·병·사의 무상

늙음에 대하여 :
늙어지면 곧 빛깔이 쇠하고
병이 들면 광택이 없어지나니
살갗이 느슨하고 살이 쭈그러지며
죽음의 목숨만이 가까이 닥치누나.

늙으면 모양이 변하여져서
마치 헌 수레와 같은 것이니
법은 괴로움을 없앨 수 있는지라.
마땅히 힘써서 배워야 하리.

목숨은 밤낮으로 다하려 하므로
시기에 이르러서 부지런히 힘쏠지니
세간의 진리는 무상한지라
헷갈려서 어둠 속에 떨어지지 말지로다.

마땅히 배움에 뜻의 등불을 켜야 하고
스스로 익히면서 지혜를 구하며
번뇌를 떠나 더러움에 물들지 말 것이요
촛불 잡고 도의 땅을 자세히 살피리라.

병에 대하여 :
이 몸이야말로 단단하지 않구나

언제나 네 가지의 요소와 함께 하고
아홉 구멍에서는 부정한 것이 흐르며
늙음이 있고 병환이 있도다.

하늘에 가서 남도 모두가 무상하고
인간은 늙음과 병듦의 근심거리이니
몸을 살피매 마치 물거품 같은지라
세간에서 무엇을 즐길 수 있겠느냐.

죽음에 대하여 :

늙음·병듦·죽음을 자세히 살피면서
태자는 마음으로 길게 탄식하노라
인생에는 항상 있는 것이 없으므로
나의 몸도 당연히 그러하리라.

이 몸이 죽어지는 물건이 되면
정신은 형상이 없을 것이나
가령 죽었다 다시 난다 하더라도
죄와 복은 없어지지 아니하리라.

끝내 한 세상만이 아닌 것인데
어리석어서 오래함을 사랑하나니
이로부터 괴로움과 즐거움을 받으며
몸은 죽어도 정신만은 없어지지 않으리라.

공중도 아니요, 바닷속도 아니며
산과 돌 속에 들어가도 안 되리니

죽음을 벗어나서 그만두면 받지 않을
땅과 방소(方所)는 아무 데도 없으리라.

애달프다 이런
나고 늙고 병들고 죽는 고통 있으니
정신은 지은 죄에 도로 들어가
여러 고통들을 겪고 지나는구나.

이제 마땅히 여러 고통없애고
태어남과 늙음과 병듦과 죽음을 없애며
다시는 애욕과 만나지 않고
영원히 열반을 얻게 하리라.

출가품

출가를 만류하는 부왕에게 :

"이 모든 세간은 한 번 만나면 반드시 갈리나니 그러므로 원하건대, 이 집을 떠나 진정한 해탈을 구하려 하나이다."

다시 만류하는 아버지에게

"오직 네 가지 일만 보전할 수 있다면 마땅히 출가할 마음 그치리이다. 저의 목숨 보전하여 영원히 살고 병없고 또 늙지 않으며 모든 살림살이 모자라지 않는다면 명령대로 집떠나기 그치리이다."

"네 가지 원을 보전할 수 없다면 아들의 집나가기 허락하시고 부디 만류하여 걱정하지 마소서. 아들 지금 불난 집에 있거니 어찌하여 나가기를 허락하지 않나이까. 나누어 갈라짐은 떳떳한 이치거니 누가 능히 허락을 구하지 않겠나이까. 만일 스스로 닳아 없어질 것이라면 법으로써 그것을 떠남만 못하나니 법으로써 떠나지 않는다면 죽음이 닥쳐올 때 누가 능히 보전하리."

―한글대장경, 본연부, 불소행 찬 1권―

출가를 만류하는 장로들에게 태자는 다음과 같은 게송으로 답한다.

    사람이 태 안에 있으면서 깨끗하지 못함이 없게 하며
    깨끗한 데 있으면서 깨끗하지 못한 데에 더럽히지 않게 하며
    괴로움이 수없이 많게 하지 아니하듯이
    가령 이렇게만 된다면 누가 세간을 즐기지 않으리까.

    사람이 늙어서 형상이 여러 가지로 변하지 않게 하며
    선행을 하던 이가 악행을 하지 않게 하며
    사랑하다가 이별하여도 고통이 되지 않게 하듯이
    가령 이렇게만 된다면 누가 세간을 즐기지 않으리까.

    병들어 야윔과 다시 큰 두려움이 없게 하며
    후세에 모든 나쁜 과보가 없게 하며
    지옥에 떨어져도 괴로움이 없게 하듯이
    가령 이렇게만 된다면 누가 세간을 즐기지 않으리까.

    젊은이는 형체가 변하여 부서지지 아니하고
    해서는 안될 일에 마음이 탐착하지 아니하고
    죽음에 이르렀을 때 뭇 두려움이 없고
    가령 이렇게만 된다면 누가 세간을 즐기지 않으리까.

    어리석어서 더욱더 미련해지지 않게 하며
    성을 내며 억지로 원수를 짓지 않게 하며

다섯 가지 즐거운 마음으로 나쁜 것에 물들지 않게 하듯이
가령 이렇게만 된다면 누가 세간을 즐기지 않으리까.

여러 어리석은 사람들과 같이 살지 않게 하며
뭇 어리석은 법들이 스스로 사람을 멀리 떠나게 하며
모든 어리석은 이들의 생각이 없게 하듯이
가령 이렇게만 된다면 누가 세간을 즐기지 않으리까.

여러 악한 종류의 무리들이 많지 않게 하며
모든 악이 다하고 스러져서 스스로 사람을 여의게 하며
모든 악한 생각들이 없게 하듯이
가령 이렇게만 된다면 누가 세간을 즐기지 않으리까.

세간에서 악을 행하고도 가장 높고 으뜸이 되게 하며
악한 행이 없어져서 다시는 생기지 않게 하며
여러 악한 행이 다하여 진실로 없게 하듯이
가령 이렇게만 된다면 누가 세간을 즐기지 않으리까.

여러 하늘들의 음식과 복이 언제나 변동함이 없게 하고
세상 사람의 수명이 언제나 존재될 수 있게 하며
여러 처소로 다니거나 나아가지 않게 하듯이
가령 이렇게만 된다면 누가 세간을 즐기지 않으리까.

모든 가까운 이와 원수가 되지 않게 하며
모든 여섯 가지 감각기관에 괴로움이 없게 하며
온갖 세간을 괴로움이 아닌 것으로 되게 하듯이
가령 이렇게만 된다면 누가 세간을 즐기지 않으리까.

왕궁을 나섬

머뭇거리는 차익(찬다, 마부)에게 게송으로 말씀하신다 :

　이제 나는 세상이 즐겁지 아니하니

　차익아, 머무적머무적 하지 말아라.

　나의 본래 서원을 이루게 되면

　너의 삼세 고통을 없애 주리라.

갑자기 날뛰는 말에게 :

　나고 죽음에 오랫동안 있다가

　수레 타는 것을 이제야 끊으련다.

　칸타카야, 나를 내어 보내 주어라

　도를 얻으면 너를 잊지 않으리라.

출가를 막는 성문에서 :

　나고 죽음을 오랫동안 하면서

　정신은 오도(五道)에서 지냈었나니

　나의 본래 서원을 이루어서

　장차 열반의 문을 열어야겠소

이별이 서러워 머뭇거리는 말에게 다시 게송으로 :

　몸이 강하여도 병이 들면 꺾이고

　기운이 왕성해도 늙음이 오면 쇠하며

　죽어지면 살아서 이별하거늘

　어찌하여 세간을 즐기겠느냐.

이에 마부인 차익(찬다, 마부)은 말과 함께 눈물을 흘리며 예배 후 왕궁으로 돌아갔다.

―수행보기경, 한글대장경 18―

출가 후, 두 스승 밑에서 사마타 8선정 성취

비구들이여, 내가 아직 완전한 깨달음을 성취 못했을 때 단지 보살에 지나지 않았던 나 자신 역시 태어남과 병듦과 죽음, 그리고 슬픔과 멸함에서 벗어나지 못하고 있었을 때 나는 무엇 때문에 태어나고 병듦과 죽음, 그리고 슬픔과 멸함이 있는가를 생각했다.

비구들이여, 그때 이런 생각이 떠올랐다.

'무엇 때문에 나는 이와 같이 찾고 있는가. 생(生)·노(老)·병(病)·사(死), 슬픔과 멸함에 매어있는 상태가 비참함을 알았을 때, 나는 이러한 고(苦)에서 벗어나 생사없는 열반(涅槃)의 영원한 안전함을 갈구하게 되었기 때문이다.'

얼마 안 있어 비구들이, 아직 검은 머리의 젊은 청년으로 막 어른이 된 한창 나이에 나는 울며 만류하는 부모님의 뜻을 외면하고 머리와 수염을 깎았다. 황색 옷으로 갈아 입고 집을 떠나 집없는 곳으로 향하였다.

무소유처정 (無所有處定 Ākiñcaññāyatana, 無色界3禪定)성취

이렇게 출가 사문이 되어 선(善)한 길을 향해 떠났다. 궁극의 열반의 길을 찾아서 길을 떠났다. 나는 알라라 칼라마에게로 가서 이렇게 말했다.

"형제 칼라마여. 나는 당신의 법과 가르침 아래에서 수행의 길을 걷고 싶습니다."

"그대의 갸륵한 마음을 받아들이노라. 이 법의 성질이 바로 그러한 것이니 영특한 사람은 잠깐 동안에도 스스로 배우고 깨달아 법다이 사느니라."

비구들이여, 그리하여 나는 잠깐 동안에 빨리 법을 성취했다. 함께 수행하던 다른 사람과 더불어 입으로만 주워섬기면서 지혜로운 이들과 선덕들의 흉내를 내면서 "알았다, 깨달았다"하고 외쳤다.

그때 비구들이여, 이런 생각이 떠올랐다.

단순한 믿음만 가지고 스스로 이 법을 익히고 깨달았으며, 그대로 살고 있다고 알라라 칼라마가 말하는 것이 아니다.

알라라 칼라마는 확실하게 법을 알며 이해하고 있다.

그래서 나는 알라라 칼라마에게 가서 말했다.

"형제, 칼라마여. 당신이 스스로 수행하여 깨달아 그 깨달음속에 주하고 있는 깨달은 법은 어떤 경지입니까?"

알라라 칼라마는 '비 존재의 세계(無所有処定)'에까지 이른다고 대답했다. 그때 나에게 이런 생각이 스쳐갔다.

알라라 칼라마만 믿음을 갖고 있는 것이 아니라, 나 역시 믿음이 있다.

알라라 칼라마만이 힘을 갖고 주의력·집중력·지혜를 갖고 있는 것이 아니라, 나 역시 그것들을 갖고 있다. 그렇다. 이제 그가 스스로 수행하고 깨달아 그 깨달음속에 살고 있다는 그 법의 깨우침을 내 스스로 힘써 얻으면 어떨까.

비구들이여, 나는 잠깐 사이에 그 법을 스스로 익히고 깨달아서 그대로 살게 되었다. 나는 곧 알라라 칼라마가 머무는 곳에 가서 이렇게 말했다.

"형제, 칼라마여. 이것이 당신 스스로 수행하여 깨달아서 그 깨달음속에서 살고 있다는 법의 경지입니까."

"형제여, 이것이 내 스스로 익히고 깨달아서 그대로 살고 있는 법의 경지니라."

"형제 칼라마여. 나 또한 이 법을 익히고 깨달아서 그대로 살게 되었습니다."

"형제여, 우리는 행운아다. 그대와 같은 참다운 수행자를 만남은 더할 바 없는 최상의 기쁨이다. 나는 법을 가르쳤고 그대는 그것을 배웠다. 그대는 법을 배웠고 다른 법을 베풀었다. 내가 법을 아는 그대로 그대 또한 법을 안다. 내 있음 그대로 그대 있고, 그대 있음 그대로 내가 있다. 자, 형제여! 나와 함께 이 수행자들을 이끌어 갑시다."

그리하여 스승, 칼라마는 나를 제자로 삼고 당신과 동등한 자리까지 끌어올려 크나큰 영광을 베풀었다. 그때 비구들이여, 내게 이런 생각이 떠 올랐다.

'이 법은 나를 집착(執着) 없는 곳으로, 갈애가 없는 곳으로, 고(苦)가 멸한 곳으로, 또한 적정한 곳으로, 더 높은 지혜로 궁극의 깨달음으로, 열반으로 이끌지 못했다. 다만, 무소유처정의 경지로만 들게 했을 뿐이다.'

비구들이여, 나는 그 경지에 만족하지 못하여 그곳을 떠났다.

비상비비상처정(非想非非想處定　Nevasaññānāsaññāyatana, 無色界4禪定) 성취

그리하여 비구들이여, 진리의 길 궁극의 열반의 길을 찾아서 나는 라마의 제자, 웃다카 라마 풋타가 머물고 있는 곳을 찾아가서 이렇게 말했다.

"형제, 라마여. 나는 당신의 법과 가르침 아래에서 깨달음을 얻고 싶습니다."

그때 비구들이여, 라마의 제자 웃다카 라마 풋타는 나에게 다음과 같이 말했다.

"그대의 갸륵한 마음을 받아들이노라. 이 법의 성질이 바로 그러한 것이니 영특한 사람은 잠깐 동안에도 스스로 배우고 깨달아 법다이 사느니라."

비구들이여, 그리하여 나는 잠깐 동안에 그 법을 성취했다. 함께 수도하던 다른 사람들과 더불어 입으로만 주워섬기면서 지혜로운 이들과 선덕들의 흉내를 내어 "알았다, 깨달았다"라고 외쳤다.

그때 비구들이여, 이런 생각이 떠올랐다.

'단순한 믿음만 갖고 스스로 이 법을 익히고 깨달았으며 그대로 살고 있다'라고 라마가 말하는 것은 아니다. 라마는 확실하게 법을 깨달았으며 이해하고 있다.

그래서 나는 라마에게 가서 이렇게 말했다.

"형제, 라마여. 당신이 스스로 익히고 깨달아 그대로 살고 있는 법은 어떤 경지입니까?"

그는 '생각도 생각아님도 아닌 경지(非想非非想處定)'에까지 이른다고 대답했다. 그때 비구들이여, 나는 이런 생각이 떠올랐다.

'라마만 믿음을 갖고 있는 것이 아니라, 나 역시 믿음을 갖고 있다. 라마만 힘을 갖고 주의력·집중력·지혜를 갖고 있는 것이 아니라, 나 역시 그러한 것들을 갖고 있다. 그렇다, 이제 라마가 스스로 익히고 깨달아 그대로 살고 있다는 그 법의 깨우침을 내 스스로 노력하여 얻자.'

비구들이여, 나는 잠깐 사이에 그 법을 수행하여 깨닫게 되었다.

나는 즉시 라마의 제자, 웃다카 라마 풋타가 머무는 곳으로 가서 말했다.

"형제, 웃다카여. 이것이 당신 스스로 수행하여 깨달아서 살고 있다는 경지입니까."

"형제여, 이것이 내가 스스로 익히고 깨달아서 스스로 살고 있는 법의 경지이니라."

"형제, 웃다카여. 나 또한 이 법(法)을 수행하여 깨달아서 그대로 살게 되었습니다."

"형제여, 우리는 행운아다. 그대와 같은 진정한 수행자를 만남은 최고의 기쁨이다. 나는 법을 가르쳤고 그대는 그 법을 배웠다. 그대는 법을 배웠고 나는 그것을 베풀었다. 내가 아는 그대로 그대 또한 법을 안다. 나 있음 그대로 그대 있고, 그대 있음 그대로 내가 있다. 자, 형제여! 나와 함께 이 수행자들을 이끌어 갑시다."

그리하여 라마의 제자, 웃다카 라마 풋타는 나를 제자로 삼고 당신과 동등한 자리에까지 끌어올려 크나큰 영광을 베풀었다. 그때 비구들이여, 내게 이런 생각이 떠올랐다.

'이 법은 나를 해탈(解脫)시키지 못하고, 이 법은 나를 갈애가 없는 곳으로, 고(苦)가 멸(滅)한 곳으로, 완전한 지혜로, 궁극의 깨달음으로, 열반으로 이끌지 못했다. 다만, 생각도 생각 없음도 아닌 경지(非想非非想處定)로 들게 했을 뿐이다.'

비구들이여, 나는 그 법에 만족할 수 없어 그곳을 떠났다.

그리하여 비구들이여, 진리의 길, 궁극의 열반의 길을 찾아서 나는 마가다국의 여기저기로 떠돌아 다녔다. 마침내 우르벨라 시 근처에 이르렀을 때 나는 알맞은 장소를 발견했다. 고요하고 울창한 숲과 몸을 씻고 생기를 되찾기에 알맞은 맑은 시냇물과 탁발하러 갈 만한 마을들이 그 근처에 있었다. 비구들이여, 그때 이런 생각이 들었다. '여기에는 열심히 수행하는 사람들에게 필요한 모든 것이 갖추어져 있구나.' 그리하여 수행하기에 안성맞춤인 그곳에 머물렀다.

-중부경전 26-

숲속에서 공포를 극복하다

아직 깨달음을 완성 못 하여 무상정등정각(無上正等正覺)을 성취하고자 용맹스럽게 정진하고 있을 때 이런 생각이 떠올랐다.

'마을로부터 격리되어 깊은 숲속에 홀로 산다는 것, 고독과 은둔을 기쁘게 받아들인다는 것은 어렵구나. 무심(無心)에 이르지 못한 수행자의 동요하는 마음을 가라앉히기도 쉽지 않구나.'

그때 나는 속으로 생각했다.

깊은 숲속의 외진 곳에 거주하는 모든 고행자(苦行者)들과 바라문들은 아직 몸(身)·말(口)·생각(意) 등의 삶이 청정(淸淨)하지 않다. 갈애와 질투·정욕(情慾)·증오(憎惡)·탐욕으로 가득 찼다. 나태와 무기력, 마음의 부조화와 불균형, 의심과 불확실로 그들의 마음은 혼란스러웠다. 혹 그들은 제 잘난 맛에 숲속 생활을 하며 남을 헐뜯는다. 명예와 명성을 얻고 지키기 위해 비굴해진다. 나태해지고 무기력해지며, 의욕을 상실하고 나약해져서 방일(放逸)하게 된다. 지능은 감퇴되고 자제력은 줄어들며 마음은 쉽게 동요된다. 이러한 청정하지 못함 때문에 그들은 이성(理性)을 잃어버리고 바보처럼 두려움과 공포를 자초한다. 그러나 깊은 숲속 외진 곳에 홀로 살면서도 나는 몸(身)·말(口)·생각(意)·행동 등의 삶에 청정함을 유지했다.

탐욕을 극복하고 자비심을 기르고 나태와 무기력을 추방하였다. 마음은 고요하고 모든 의심은 사라져 자신을 뽐내지도 남을 헐뜯지도 않았다. 자랑하거나 두려움도 없이 그저 작은 것에 만족하여 전심전력으로 줄기차게 정진했다. 나는 깊은 선정(禪定)에 들어, 보다 높은 지혜(智慧)속에서 법열을 누렸다. 숲속의 홀로 떨어진 곳에 자리잡은 성자(聖者)들은 모두 그렇게 하여 청정해지며 깨달음을 성취한다. 마치 내가 한 것처럼.

이러한 청정심과 높은 지혜와 선정을 이루었을 때, 숲속 생활에서 오는 청명(淸明)함이 전신에 스며들었다. 그때 스스로 생각했다.

자, 이제 달이 여덟번째 찼다가 기우는 그 상서로운 보름밤에 나는 숲속의 나무 아래로 가리라. 공포가 넘쳐 머리카락이 곤두서는 곳에 자리를 마련하고 밤을 세워 정진하리라. 그리하여 그 공포와 두려움을 관찰하리라.

이윽고 달이 여덟번째 찼다가 기운 그 상서로운 밤이 왔다. 나는 숲속의 나무 아래로 갔다. 공포가 전신을 휩싸고 머리카락이 곤두서는 곳에 자리를 잡고 그곳에서 밤을 지켰다. 그러는 동안에 사나운 짐승들이 가까이 왔다. 공작새가 나뭇가지를 부러뜨려 내리자, 떨어지는 나무 잎새에 바람소리가 설렁였다. 나는 생각했다.

'이제 두려움과 공포가 오는구나.'

그리하여 나는 생각했다.

그런데 나는 왜 두려움이 오기를 기다리고 있는가. 두려움과 공포가 실제로 닥쳤을 때 나는 예전에 했듯이 바로 그렇게 그 두려움과 공포를 극복해야 한다.

내가 이리저리 왔다갔다 하면서 서성이고 있을 때 마침내 두려움과 공포가 밀려왔다. 나는 걸음을 멈추지도 않고 왔다갔다 하면서 앉거나 눕지도 않았다. 여전히 앞뒤로 걸으면서 공포와 두려움을 극복했다. 그리고 이번에는 가만히 서 있을 때도 두려움과 공포가 밀려왔다. 나는 이리저리 서성이지도 않고 앉거나 눕지도 않았다. 여전히 가만히 선 채로 공포와 두려움을 극복했다. 단, 이번에는 앉아있는 동안 두려움과 공포가 밀려왔다. 나는 눕지도 않고 가만히 서 있거나 이리저리 서성이지도 않았다. 여전히 앉은 채로 공포와 두려움을 극복했다. 내가 누워 있는 동안에도 두려움과 공포는 몰려왔다. 나는 앉지도 않고, 가만히 서 있거나 이리저리 움직이지도 않았다. 여전히 누운 채로 공포와 두려움을 극복했다.

세상에는 밤을 낮과 똑같게 느끼고, 낮을 밤과 똑같게 느끼는 고행자와 바라문들이 많이 있다. 나는 그것을 고행자와 바라문들이 맛보는 환각의 기쁨이라고 부른다. 이제 나는 알았다. 밤이 올 땐 밤이요, 낮이 올 땐 낮이다.

참으로 그러하다고 말할 수 있는 이는 참으로 그러함을 이렇게 말할 수 있으리라. 환각을 벗어난 사람이 태어났도다. 중생의 이익을 위하여, 세상을 향하는 자비심에서 신들과 인간의 안녕과 행복을 이루어주기 위하여, 그리하여 서늘하고 평온한 몸과 고요하게 집중된 마음으로 나는 사려깊고 고요하고 빈틈없는 정진을 계속하여 그곳에 머물렀다….

-중부경전 4(브라만 잔누쏘니에게 설한 내용)-

세 가지 비유

"아기베싸나여,[2] 지금까지 들어본 적이 없는 세 가지 비유가 홀연히 떠올랐다. 가령 아기베싸나여, 눅눅하고 흙투성이인 나뭇조각이 물에 던져져 있다고 해보자. 그때 어떤 사람이 스스로 나뭇조각 하나를 갖고 그

---

2) 브라만족의 사람이름

곳에 나타나서 이렇게 생각한다. 물 속에 있는 나뭇조각과 나의 것을 맞비벼서 불을 얻을 수 있다면 온 주위를 환하게 비추련만 어떤가 아기베싸나여, 과연 그 사람이 눅눅하고 흙투성이인 그 나뭇조각과 맞비벼서 불을 얻을 수 있겠는가?"

"그럴 수 없습니다, 고오타마 부처님이여."

"왜 그런가."

"그 나뭇조각은 눅눅하고 흙투성이인데에다 물 속에 빠져 있었기 때문입니다. 아무리 애쓰고 수고하여도 그것은 헛일입니다."

"바로 그렇다. 아기베싸여, 어떤 고행자나 바라문들 또한 그와 같다. 그들은 육신을 극복하지 못한다. 치솟는 욕망 가운데 끈끈한 갈망과 유혹, 갈등과 목마름 그리고 타오르는 갈애를 내면으로부터 없애지도 온전히 가라앉히지도 못한다. 만일, 이 선한 고행자나 바라문들이 안에서 솟구치는 찌르는 듯 괴롭고 두려운 그러한 느낌을 갖는다면 지혜와 통찰력이 그들에게 있다고 할 수 없다.

위없는 완전한 깨달음(無上正等正覺)과는 도저히 비교가 안된다. 설사 그러한 고행자나 바라문들이 안에서 솟구치는, 찌르는 듯 괴롭고 두려운 그러한 느낌을 갖지 않는다 할지라도 역시 지혜와 통찰력을 갖추었다고 할 수 없다. 위없는 완전한 깨달음과는 도무지 비교가 되지 않는다. 아기베싸나여, 이것이 홀연히 내게 떠오른 일찍이 들은 적 없는 세 가지 비유 중의 첫번째다.

아기베싸나여, 일찍이 들은 적 없는 두번째 비유가 홀연히 내게 떠올랐다. 가령 아기베싸나여, 눅눅하고 흙투성이인 나뭇조각이 이번에는 물에서 멀리 떨어진 땅 위에 던져져 있다고 하자. 그때 어떤 사람이 스스로 나뭇조각 하나를 갖고 그곳에 나타나서 이렇게 생각한다. 땅 위에 있는 저 나뭇조각과 나의 것을 맞비벼서 불을 얻을 수 있다면 온 주위를 환하게 비추련만. 어떤가 아기베싸나여, 과연 그 사람이 눅눅하고 흙투성이인 그 나뭇조각과 맞비벼서 불을 얻을 수 있겠는가."

"그럴 수 없습니다, 부처님이여."

"왜 그러한가."

"부처님이시여, 그 나뭇조각은 비록 물에서 떨어져 땅 위에 놓여 있지만 여전히 눅눅하고 흙투성이인 까닭입니다. 아무리 노력하고 애써도 그것은 헛일입니다."

"바로 그렇다. 아기베싸나여, 어떤 고행자나 바라문들 또한 그와 같다. 그들은 육신을 극복하지 못한다. 사무치는 욕망으로 끈끈한 갈망과 유혹, 갈등과 목마름 그리고 타는 듯한 갈애를 내면으로부터 없애지도 온전히 가라앉히지도 못한다. 만일 이 선한 고행자와 바라문들이 안에서 솟구치는, 찌르는 듯 괴롭고 두려운 그러한 느낌을 갖는다면 지혜와 통찰력이 그들에게 있다고 할 수 없느니라. 위없는 완전한 깨달음(無上正等正覺)과는 도무지 비교가 안 된다. 설사 그들 선한 고행자나 바라문들이 안에서 솟구치는, 찌르는 듯 괴롭고 두려운 그러한 느낌을 갖지 않는다 할지라도 역시 지혜와 통찰력을 갖추었다고 할 수 없다. 위없는 완전한 깨달음과는 도무지 비교가 되지 않는다.

아기베싸나여, 이것이 홀연히 내게 떠오른 일찍이 들은 적 없는 세 가지 비유 중의 두번째이니라.

아기베싸나여, 일찍이 들은 적 없는 세번째 비유가 홀연히 내게 떠 올랐다. 가령 아기베싸나여, 이번에는 잘 마르고 깨끗한 나뭇조각이 물에서 멀리 떨어진 땅 위에 던져져 있다고 하자. 그때 어떤 사람이 스스로 나뭇조각 하나를 갖고 그곳에 나타나서 이렇게 생각한다. 땅 위에 있는 저 나뭇조각과 나의 것을 맞비벼서 불을 얻을 수 있다면, 온 주위를 환하게 비추련만 어떤가 아기베싸나여, 과연 그 사람이 잘 마르고 깨끗한 그 나뭇조각과 맞비벼서 불을 얻을 수 있겠는가."

"그렇습니다, 부처님이여."

"왜 그러한가."

"그 나뭇조각은 잘 말라 있고 깨끗한 데다, 물기 아닌 땅 위에 놓여 있기 때문입니다."

"바로 그러하다. 아기베싸나여, 어떤 고행자나 바라문들 또한 그와 같다. 그들은 육신을 극복한다. 사무치는 욕망 가운데서도 끈끈한 갈망과 유혹, 갈등과 목마름 그리고 타는 욕망을 내면에서 없애고 온전히 가라앉힌다. 설사 이들 선한 고행자나 바라문들이 안에서 솟구치는, 찌르는 듯 괴롭고 두려운 그러한 느낌을 갖건 갖지 않건, 그들에게는 지혜와 통찰력이 있다. 그러나 결코 위없는 깨달음(無上正等正覺)에는 미치지 못한다. 아기베싸나여, 이것이 홀연히 내게 떠오른 일찍이 들은 적 없는 세번째 비유이다. 일찍이 들은 적 없는 세 가지 비유가 홀연히 내게 떠올랐던 것이다. 또한 그때 이런 생각이 일어났다."

선정으로 고통을 극복

'이를 굳게 물고 혀를 입천장에 갖다 붙인 채 마음으로 생각을 집중하여 빈틈없이 몰아붙이면 어떨까.' "그리하여 아기베싸나여, 나는 곧 이를 굳게 물고 혀를 입천장에 갖다 붙인 채 마음으로 생각을 빈틈없이 집중하여 밀어붙였다. 아기베싸나여, 이와 같이 정진하는 동안 내 양쪽 겨드랑이 밑에서는 땀이 비오듯 흘러내렸다. 마치 두 사람의 힘센 사람이 힘약한 한 사람의 머리와 어깨를 거머잡고 몰아쳐 빈틈없이 밀어 붙이듯이 나는 마음으로 생각을 몰아 빈틈없이 밀어붙였다. 아기베싸나여, 참으로 나의 힘은 왕성하여 동요가 없었다. 그러나 나의 몸은 혹독한 고통에 겨워 뒤흔들리고 흐트러졌다. 진실로 아기베싸나여, 그렇지만 치밀어 오르는 괴로운 느낌들은 나의 굳건한 생각을 흐트러뜨릴 수는 없었다.

그때 아기베싸나여, 또한 이런 생각이 일어났다. 호흡을 잠시 멈추고 주의력을 선정에 기울이면 어떨까. 아기베싸나여, 그래서 나는 입과 코로 숨을 들이쉬고 내쉬는 일을 멈추었다. 그리하여 입과 코로 숨을 들이쉬고 내쉬는 일을 계속 멈추었더니 귀를 통해 공기가 빠져나가는 굉장한 소리가 들렸다. 마치 용광로의 풀무질하는 듯한 커다란 소리를 내며 내 귀로 공기가 빠져 나갔기 때문이다. 참으로 아기베싸나여, 그렇지만 나의 힘은 왕성하여 쇠잔하지 않았으며 집중력은 여전하여 동요가 없었다. 그러나 나의 몸은 혹독한 고통에 겨워 뒤흔들리고 흐트러졌다. 진실로 아기베싸나여, 치밀어 오르는 괴로움의 느낌들은 나의 집중력을 흐트러뜨리지 못했다.

그때 아기베싸나여, 또한 이런 생각이 일어났다. 호흡을 멈추고 주의력을 선정에 더욱 기울이면 어떨까. 아기베싸나여, 그래서 나는 입과 코와 귀로 숨을 멈추었다. 입과 코와 귀로 숨을 들이쉬고 내쉬는 것을 계속 멈추었더니 요란한 바람줄기가 내 머리속을 뒤흔들었다. 마치 힘센 사람이 날카로운 칼끝으로 정수리를 찔렀을 때와 같이 아기베싸나여 입과 코와 귀로 숨을 들이쉬고 내쉬는 일을 멈추고 있는 동안, 요란한 바람 줄기가 일어나 내 머릿속을 뒤흔들었다. 참으로 아기베싸나여, 그렇지만 나의 힘은 왕성하여 쇠진하지 않았으며 집중력은 여전하여 동요가 없었다. 그러나 나의 몸은 혹독한 고통에 겨워 뒤흔들리고 흐트러졌다. 진실로 아기베싸나여, 치밀어 오르는 괴로움의 느낌들은 나의 집중력을 흐트러뜨리지는 못했다.

그때 아기베싸나여, 또한 이런 생각이 일어났다. 호흡을 멈추고 주의력에 박차를 가하여 더더욱 선정에 기울이면 어떨까.

아기베싸나여, 그래서 나는 입과 코와 귀로 숨을 들이쉬고 내쉬는 일을 계속 멈추었다. 입과 코와 귀로 숨을 들이쉬고 내쉬는 일을 계속 멈추었더니 극도의 아픔이 머리에 느껴졌다. 마치 힘센 사람이 질긴 가죽 끈으로 머리를 세차게 갈겼을 때와 같이 입과 코와 귀로 숨을 들이쉬고 내쉬는 일을 멈추고 있는 동안 지독한 아픔이 머리에 느껴졌다. 참으로 아기베싸나여, 나의 힘은 왕성하여 쇠잔하지 않았으며 집중력은 여전하여 동요가 없었다. 그러나 나의 몸은 혹독한 고통에 겨워 뒤흔들리고 흐트러졌다. 진실로 아기베싸나여, 그렇지만 치밀어 오르는 괴로움의 느낌들은 나의 집중력을 흐트러뜨리지는 못했다.

그때 아기베싸나여, 또한 이런 생각이 일어났다. 호흡을 멈추고 더욱 주의력을 선정에 집중하면 어떨까. 그래서 아기베싸나여, 나는 입과 코와 귀로 숨을 들이쉬고 내쉬는 일을 멈추었다. 아기베싸나여, 숨을 계속 멈추었더니 폭풍이 뱃속을 지나면서 오장을 찢어 발기는 것 같았다. 마치 귀머거리 백정이나 백정의 제자가 있어 살을 갈라 내는 예리한 칼로 뱃속을 도려내는 때와 같이, 입과 코와 귀로 숨을 들이쉬고 내쉬는 일을 멈추고 있는 동안 폭풍이 지나가면서 뱃속을 갈갈이 찢어발기는 것 같았다.

참으로 아기베싸나여, 나의 힘은 왕성하여 쇠잔하지 않았으며 집중력은 여전히 동요가 없었다. 그러나 나의 몸은 혹독한 고통에 겨워 뒤흔들리고 흐트러졌다. 진실로 아기베싸나여, 치밀어 오르는 괴로움의 느낌들은 나의 집중력을 흐트러뜨리지는 못했다.

그때 아기베싸나여, 또한 이런 생각이 떠올랐다. 호흡을 멈추고 주의력을 더욱 선정에 기울이면 어떨까. 그래서 아기베싸나여, 나는 입과 코와 귀로 숨을 들이쉬고 내쉬는 일을 계속 멈추었다. 아기베싸나여, 입과 코와 귀로 숨을 들이쉬고 내쉬는 일을 계속 멈추었더니 내 몸속에 거세게 타오르는 불덩이가 있는 것 같았다. 마치 힘센 사람 둘이서 힘약한 한 사람의 양팔을 거머잡고 시뻘겋게 타오르는 석탄 구덩이로 내던졌을 때와 같이 입과 코와 귀로 숨을 들이쉬고 내쉬는 일을 멈추고 있는 동안 내 몸이 안으로부터 거세게 타오르는 것 같았다. 참으로 아기베싸나여, 나의 힘은 왕성하여 쇠진하지 않았으며 집중력은 여전하여 동요가 없었다. 그러나 나의 몸은 혹독한 고통에 겨워 뒤흔들리고 흐트러졌다. 진실로 아기베싸나여, 그렇지만 치밀어 오르는 괴로움의 느낌들은 나의 생각을 흐트러뜨리지는 못했다.

―중부경전 36/마하사짜카경(자이나 교도에게 행한 설법)―

고행을 포기하다

그때 아기베싸나여, 하늘 사람이 나를 보고 말했다. 고행자 고오타마는 죽었다. 그러자 다른 하늘 사람이 말했다. 고행자 고오타마는 죽지 않았다. 다만, 죽어가고 있다. 또 다른 하늘 사람이 말했다. 고행자 고오타마는 죽지 않았고 죽어가고 있지도 않다. 고행자 고오타마는 아라한이 되어 아라한의 경지에 머물고 계신다.

그때 아기베싸나여, 이런 생각이 떠올랐다. 이제부터 음식을 완전히 끊으면 어떨까. 그러자 하늘 사람이 내곁에 내려와서 말했다.

"스승이여, 음식을 완전히 끊지 마소서. 설사 스승께서 음식을 완전히 끊으셔도, 저희가 스승의 땀구멍을 통해 하늘 음식이 한 방울씩 스며들게 하오리다. 진실로 스승의 삶이 다하지 않도록."

그때 아기베싸나여, 이런 생각이 들었다.

'나는 철저한 단식수행을 하고 싶다.'

그러나 하늘 사람들이 나의 땀구멍을 통해 하늘 음식을 공양해 온다면 그리하여 나의 건강이 유지된다면 그것은 실다운 단식이 아닐 것이다. 한낱 거짓에 지나지 않는다. 그리하여 아기베싸나여, 하늘 사람들의 배려를 거절하며 나는 말했다. "이대로 충분하다."

그때에 아기베싸나여, 내게 이런 생각이 떠올랐다. '음식을 조금씩 조금씩 줄여가면 어떨까. 두 손바닥을 오므려 참을 만큼의 콩죽이나 완두콩죽, 렌즈콩죽 정도로.' 그리하여 아기베싸나여, 나는 한 움큼이나 두 움큼의 콩죽·완두콩죽·렌즈콩죽 정도로 음식을 줄여 나가는 동안, 나의 몸은 극도로 여위어 갔다. 팔과 다리는 가시나무처럼 시들었으며 나의 엉덩이는 마치 낙타발과 같았다.

끝없이 음식을 줄여 나가는 동안, 등뼈는 한낱 구슬 꿴 줄같이 변했으며 게다가 툭 튀어 나왔다. 이렇게 끝없이 음식을 줄여 나가는 동안 마치 지붕 서까래가 앙상하게 드러난 낡은 집처럼 나의 갈비뼈는 툭툭 불거져 나왔으며 내 눈동자는 깊은 우물 밑바닥에 아른거리는 희미한 별 그림자처럼 간신히 볼 수 있을 정도로 눈 깊숙이 가라앉았다. 갓 따온 야생 조롱박이 강렬한 햇빛 아래에서 속이 비어가고 겉이 시들듯이 이렇게 끝없이 극도로 음식을 줄여 나가는 동안, 나의 머릿속은 텅비고 겉 살은 쪼글쪼글해졌다.

그리하여 아기베싸나여, 배를 만지면 내손이 등뼈에 닿고 등을 만지면 손이 뱃가죽에 닿았다. 아기베싸나여, 끝없이 음식을 줄여 나가는 동안 내 배는 등가죽에 달라붙었다. 혹 대소변을 봐 몸을 일으키면 그 자리에서 앞으로 고꾸라졌다. 조금이라도 기운을 내기 위해서는 손으로 팔다리를 문질러대지 않으면 안 되었다.

그렇게 손바닥으로 사지를 문질러대면 끝없이 음식을 줄여 나가는 동안 간신히 지탱하고 있던 터럭들이 살갗으로부터 우수수 떨어져 내렸다.

아기베싸나여, 사람들은 나를 바라보며 말했다. 고행자 고오타마는 검다. 다른 사람들이 말했다. 고행자 고오타마는 검지 않다. 고행자 고오타마는 갈색이다. 또 어떤 사람들은 말했다. 고행자 고오타마는 검지도 않고 갈색도 아니다. 고행자 고오타마는 황색이다. 나의 깨끗하고 청정한 피부색은 끝없이 음식을 극도로 줄여 나가는 동안 이렇게 사라져 갔다.

그때에 아기베싸나여, 이런 생각이 들었다. 과거에 살았던 고행자나 바라문들 가운데서 일찍이 이토록 타는 듯하며 쓰라린 느낌을 맛본 이 있을까. 어느 누구도 더 이상은 나아가지 못한다. 이것은 고행의 끝이다. 장차의 고행자나 바라문들 가운데서 능히 이토록 괴롭고 쓰라린 느낌을 맛보는 이가 있을까. 이것은 고행의 끝이다. 현재의 고행자나 바라문들 가운데에서 이토록 괴롭고 타는 듯 하며 쓰라린 느낌을 맛보는 이가 있을까? 어느 누구도 더 이 이상은 나아가지 못한다. 이것은 고행의 극치다. 이 지독한 고행을 통하여 이제 나는 인간을 넘어선 것이 아니라, 참으로 진실된 하나의 지혜를 명백히 터득했다. 깨달음의 길은 거기에 없었다. 깨달음의 길은 필경 다른 데에 있으리라.

그때에 아기베싸나여, 이런 생각이 들었다. 나는 뚜렷이 기억한다. 내 아버지가 석가족의 일을 하고 있는 동안, 나는 장미빛 사과나무의 그늘 아래 앉아서 욕심과 선하지 않은 일을 여의고 마음집중으로 관찰에 몰두했었다. 마음의 장애로부터 벗어난 가운데 행복과 환희로 충만한 초선의 경지에 들어섰었다. 깨달음의 길은 곧 그런 게 아닐까.[3] 그러

---

3) 그당시 모든 수행법의 한계를 직접 체험으로 확인하고 위빠싸나로 전환하여 궁극의 깨달음을 찾아가는 과정이 이제부터 시작된다.
　불법에선 마음의 흐름을 두 가지로 본다. 하나는 주객으로 조건지워진 오온・12연기의 흐름이고 다른 하나는 주객의 조건을 반야로 있는 그대로 보아[照見] 그 본성인 열반을 실현하는 반야관이다.
　지금까지 수행한 것은 오온 즉, 주객이 잠시 하나로 통일된 사마타 수행

자, 아기베싸나여! 마음 집중을 한 후에 이러한 자각이 떠올랐다.
'이것이 깨달음의 길이구나.'

아기베싸나여, 또 이런 생각이 들었다. '나는 왜 행복을 코앞에 두고 두려워 망설이고 있는가. 이것은 관능의 욕망에서 오는 행복도, 좋지 않은 일을 통하여 오는 행복도 아니건만.' 그러자 아기베싸나여, 이 같은 생각이 떠올랐다. '이렇게 쇠약해진 몸으로 쉽게 이러한 행복에 다다르지 못하리라. 이제부터는 일상의 음식과 묽은 쌀죽을 먹는 게 어떨까.'

그리하여 나는 단단한 음식과 묽은 쌀죽을 먹고 기운을 회복했다. 아기베싸나여, 그 무렵 내 근처에는 다섯 고행자가 살고 있었다. 그들은 '고행자 고오타마가 머지 않아 법을 깨달으면 우리들에게도 나눠주리라'라고 생각했다. 그러나 아기베싸나여, 내가 단단한 음식과 묽은 쌀죽

이고 앞으로 수행할 위빠싸나는 조건지워진 주객 이전의 열반을 실현하는 수행이다. 범부는 오온에 의지하여 오온을 '나'로 착각하여 주객의 인식론 유·무의 존재론에서 벗어나지 못한다. 이것이 부처님 당시 육사외도나 우파니샤드의 한계점이었다.

위빠싸나 수행자는 반야로 오온(12연기)을 무상·고·무아로 보아[照見] 탐·진·치를 제거하여 위없는 깨달음인 열반을 실현하는 것이다.

오온에서 오온으로 흐르는 것이 12연기이다. 반면 반야는 열반에 연결되어 있으므로 열반의 빛인 반야로 12연기의 무명을 제거함으로써 깨달음이 가능하다. 그 구체적인 방법이 팔정도이고 그 핵심이 위빠싸나이다. 오온의 탐·진·치가 제거되는 정도에 따라 4과로 나누어진다(p.262).

중부경 123, 상응부경 47, 대념처경 등에서는 깨닫고 나도 탐·진·치가 없는 가운데 사념처 위빠싸나를 실천하는 것으로 되어 있다.

탐·진·치가 없는 4선정이 숙달되었을 때 6신통을 자유자재로 활용하면서 자비를 베푸는 것이다. 결국 지혜와 자비의 완성이 위빠싸나의 핵심이다.

을 먹는 것을 보자 그들은 내 곁을 떠나갔다.

"고행자 고오타마는 정진을 포기했다. 유혹에 떨어져 버렸다" 이렇게 말하면서 내곁을 떠나가 버렸다. 기운을 회복한 후, 나는 근처에 있는 보리수 아래로 가서 앉았다.[4]

 ―중부경전 36―

〔참고〕

고행중 악마를 물리치다

보리수 나무 아래에 앉기 전에 고행을 하고 있을 당시 마라의 유혹을 물리치는 장면이다.

네란자라 강 기슭에서 평안을 얻기 위해 힘써 닦고 명상하는 나에게 악마 나무치는 위로의 말을 건네며 다가왔다.

"당신은 야위었고 안색이 나쁩니다. 당신은 죽음에 임박해 있습니다. 당신이 죽지 않고 살 가망은 천에 하나입니다. 당신은 살아야 합니다. 생명이 있어야만 모든 착한 일도 할 수 있지 않습니까?. 당신이 베다를 배우는 사람으로서 청정한 행을 하고 성화(聖火)에 제물을 올리는 고행을 쌓는다 해서 무슨 소용이 있겠습니까? 애써 정진하는 길은 가기 힘들고 행하기 힘들며 도달하기도 어렵습니다."

이 같은 시를 읊으면서 악마는 눈뜬 분 곁에 섰다.

악마가 이렇게 말하자, 나는 다음과 같이 말했다.

"게으름뱅이의 친척이여, 악한 자여! 그대는 세속의 선업(善業)을 구해서 여기에 왔지만 내게는 세속의 선업을 찾아야 할 필요는 털끝만큼도 없다. 악마는 선업의 공덕을 구하는 자

---

4) 고행중과 보리수 나무 아래에서 마왕 파순이의 방해를 받는다. 숫타니파아타와 한글대장경에서 발췌했다.

에게 가서 말하라. 내게는 믿음이 있고 노력이 있고 지혜가 있다. 이처럼 전념하는 나에게 너는 어찌하여 생명의 보전을 묻는가.

 힘써 정진하는 데서 일어나는 이 바람은 강물도 마르게 할 것이다. 오로지 수도에만 정진하는 내 몸의 피가 어찌 마르지 않겠는가. 몸의 피가 마르면 쓸개도 가래침도 마를 것이다. 살이 빠지면 마음은 더욱더 밝아지리라. 내 생각과 지혜와 순일한 마음은 더욱더 편안하게 될 것이다. 나는 이토록 편안히 살고 가장 큰 고통을 받고 있으므로 내 마음은 모든 욕망을 돌아볼 수가 없다. 보라, 이 마음과 몸의 깨끗함을! 너의 첫째 군대는 욕망이고, 둘째 군대는 혐오이며, 셋째 군대는 기갈, 넷째 군대는 애착이다. 다섯째 군대는 권태와 수면, 여섯째 군대는 공포, 일곱째 군대는 의혹, 여덟째 군대는 겉치레와 고집이다. 잘못 얻은 이득과 명성과 존경과 명예와 또한 자기를 칭찬하고 남을 경멸하는 것. 나무치여, 이것들은 너의 병력(兵力)이다. 검은 악마의 공격군이다. 용감한 사람이 아니면 그를 이겨낼 수가 없다. 용자는 이겨서 즐거움을 얻는다. 내가 문자풀을 입에 물 것(항복) 같은가? 이 세상의 생은 달갑지 않다. 나는 패해서 사는 것보다는 싸워서 죽는 편이 오히려 낫겠다. 어떤 수행자나 바라문들은 너의 군대에게 패해버리고 보이지 않는다. 그리고 덕 있는 사람들의 갈 길조차 알지 못한다. 병력이 사방을 포위하고 악마가 코끼리를 탄 것을 보았으니, 나는 그들을 맞아 싸우리라. 나를 이곳에서 물러나지 않게 하라. 신들도 세상 사람도 너의 병력을 꺾을 수 없지만, 나는 지혜를 가지고 그것을 깨뜨린다. 마치 굽지 않은 흙단지를 돌로 깨뜨려 버리듯이 생각대로 사유(思惟)를 하면서 신념을 굳게 하고 이 나라 저 나라로 편력할 것이다. 여러 제자들을 거느리고 그들은 내 가르침을 실행하면서 게으르지 않게 노력하고 있다. 그곳에 가면 근심할 것이 없고, 욕망이 없는 경지에 그들은 도달하리라."

 악마는 말했다.

 "우리들은 지금까지 그를 한 걸음 한 걸음 따라다녔다. 그러나 항상 조심하고 있는 정각자(正覺者)에게는 뛰어들 틈이 없었다. 까마귀가 기름을 발라놓은 바위 둘레를 맴돌며 '이곳에서 말랑말랑한 것을 얻을 수 없을까. 맛 좋은 먹이가 없을까'하며 날아다니는 것과 마찬가지였다. 그곳에서 맛있는 것을 얻을 수 없었기 때문에 까마귀는 날아가 버렸다. 바위에 가까이 가 본 그 까마귀처럼, 우리는 지쳐서 고오타마를 떠나간다."
　근심에 잠긴 악마의 옆구리에서 비파(琵琶)가 뚝 떨어졌다. 그만 그 야차는 기운 없이 그 자리에서 사라지고 말았다.

-숫타니파아타. 정진품 -

　한글대장경의 불본행집경 제28권 마하보살품에서 마왕의 딸들이 다음과 같이 고오타마 사문을 유혹한다. 이곳은 보리수하에 자리잡은 후의 장면이다.
　그때 그들 마왕의 모든 딸들은 여자의 요염한 행동을 잘 알고 다시 그 밖에 속이고 매혹시키는 법으로 추파를 지어 보살을 어지럽히려 게송을 읊었다.

첫봄이라 아름답고 꽃다운 때에
과일나무숲 나무에 꽃은 피었네.
이렇게 좋은 경치 즐길 만 하고
당신의 멋진 모습 훌륭도 하오.

지금은 젊은 나이 정이 넘치니
바로 대장부가 행락할 때라
보리도를 구하기는 매우 어려우니
당신은 마음 돌려 세상 낙이나 받으소.

우리네 천녀들 어여쁜 얼굴
부드러운 몸매를 당신은 보소
온갖 영락으로 곱게 꾸몄소
누구라 이런 몸을 어찌 얻으랴.

당신은 느끼면서 왜 받지는 않고
내 몸은 향기롭고 깨끗해 연꽃인데

세간에 이와 같은 복덕 사람들
어찌해 버리고 쓰지 않나요.

머리 털은 검푸른 빛으로 빛나
항상 여러 가지 향수로 감고나서
기이한 마니로 보배 화관 만들고
꽃으로 그 위에 살짝 꽂았네.

우리는 이마 넓고 머리도 둥글어
눈과 눈썹 반듯하고 길게 올라갔네.
청정하기 마치 청련화 꽃송이
이 코는 모두 다 앵무새 같소

입술은 밝고 빛난 주홍의 빛이요
마치 붉게 익은 빈바라과일 같고
또 산호와 연지 같아라.
이빨은 옥과 조개인 양 희기도 하지.

혀는 얇어서 연꽃 잎을 닮았고
말과 노래에 묘한 소리 내어
긴나라 여신(女神)의 소리와 같네.
두 젖과 온갖 교태 모두 정묘해
또 다시 석류 열매 같네.

허리는 가늘어 활의 줌통과 같고
등심지 널따랗고 평편하기가
코끼리의 이마와 같다고 할까.
넙적다리 부드럽고 희고 곧아서
그 모양은 코끼리 코와 같다네.

두 종아린 바르고 가늘어서
깨끗하기 마치 사슴의 앞다리인 양
발바닥도 고르고 차 굽지 않으며
붉고 흰 연꽃이 빛남과 같네.

우리들의 신체는 이렇게 예뻐
온갖 좋은 모습 모두 다 구족하며

재주란 모든 재주 다 갖췄나니
모든 음악 다 알고 소리도 잘해
교묘한 춤과 노래 사람 마음 흔드네.

모든 하늘 우릴 보면 다 기뻐하고
모두 우리를 부러워 욕심내거든
당신이라 우리들을 미워 하겠소
그런데 보고도 왜 모르는 척 하오

어떤 사람 금은 보배 창고 보고도
마다고 버리고 멀리 도망치듯이
재물이란 참으로 낙인 줄을 모르네
당신의 마음도 또한 그렇소

오욕의 쾌락을 왜 모르나이까
적정한 선정이란 취할 것 없소
그것이 좋다는 건 크게 어리석어라.
어이해 세상 쾌락 받지 않나요
열반의 길은 매우 멀고 먼 것을.

그때 보살은 고요한 마음으로 모든 마녀(魔女)들을 자세히 보며 눈을 잠깐도 놓지 않고, 바른 생각으로 미소하며 모든 근(根)[4-1]을 거두며 그 몸이 안정되어 부끄러움도 없고 급하거나 느리지도 않으며 곧게 바로 앉았는데 마치 수미산 같아 마음과 뜻을 기울이지 않았다. 다른 방편의 지혜문으로 지난날 일찍 모든 번뇌를 없앴는지라, 불쌍히 여기는 말소리가 범천의 소리인 양 마치 가릉빈가 새소리같이 게송으로 그 마녀들에게 일렀다.

4-1) 근(根) : 여섯 감각 기관 즉 눈·귀·코·입·몸·마음(意). 12연기의 6처(6입)에 해당한다.

저 모든 세간의 오욕이란
괴로움과 허물 많고 온갖 번뇌덩이
번뇌로 말미암아 신통을 잃어
무명으로 어둠의 세계에 떨어지나니
중생은 이것 받아도 싫은 줄 모르나
나는 오래 전에 모든 번뇌 버렸네.

사나운 불구덩이 독약그릇 같나니
내 일찍 피하고 멀리했네
사람이 만약 탐애심만 기른다면
이것은 큰 어리석음이라 이름하리라.

오욕이란 물거품 같으며
또한 도깨비불같이 참됨이 없나니
헛되고 거짓되어 범부를 미혹해도
지자는 그 누구라 이것을 즐기랴

머리털은 본래 머리에서 나오는 것
냄새나고 더러운 극심한 종기
이빨은 마시는 것 더욱 기르고
입술과 입, 귀와 코, 눈들도
일체가 모두 물거품 같네.

허리나 허리뼈, 등허리와 엉덩이
냄새나는 곳은 부정한 피가 따를 뿐
배와 밥통은 똥, 오줌의 주머니라
부정한 모든 것이 가득 차 있네.

이 업(業)은 모두 사랑에서 나는 것
마치 수레바퀴 만들어 맷돌을 돌리듯
미련한 사람 낙을 받음도 또한 그렇다.
만약 모든 지혜로운 사람이
이런 온갖 환란을 분별한다면
여기서 이런 낙을 받지 않나니.

몸에선 밤낮으로 항상 피흘러
냄새 나는 곳이라 즐겨 보지 않는다.
두 다리 두 종아리 두 발이란
힘줄과 뼈가 서로 얽혀 서 있는 것뿐.
내 너희들을 이제 이렇게 보나니

환화(幻化)와 같고 꿈과 같아라.
일체가 모두 다 인연에서 나는 것
오욕이란 진실로 덕이 없으며
오욕이란 모든 성도(聖道)를 잃게 하나니
사람을 이끌어 악도로 들어간다.

오욕은 마치 큰 불구덩이 같고
또한 온갖 독이 그릇에 담긴 듯
성난 뱀의 머리는 다치지 못하거니
여기 어리석은 이는 모두 미혹해
굳이 깨끗한 줄 알고 헛되이 탐내네.

오욕이란 삯받고 고용살이 하는 것

모든 여인의 노예가 되는 것이라. 　　내 저 세간을 해탈한지라
청정한 계행과 도심도 버리고 　　　허공의 바람을 묶을 수 없듯
또 지혜와 선정도 떠나서 　　　　 너희들 마녀(魔女)가 이렇게 많아도
요란하고 시끄러운 속에 머물러 　　또 세간의 일체 모든 중생이라도
모든 묘법을 버리고 욕락에 노니 　 내 마음은 마침내 나눌 수 없다.
그 사람 지옥에 떨어짐 의심이 없네.

　　　　　　　　　　　　　　　잠신들 너희들과 오욕락을 행하랴
이런 모든 환화를 나는 보았기에 　 내 오래도록 진애와 한(恨)을 제하여
그러므로 생각에 탐착치 않고 　　　어리석은 탐욕이 모두 없나니
필경에 자재락을 구하고 나서 　　　모든 부처, 큰 지혜, 성스러운 세존은
또한 남에게 가르쳐서 함께 하련다. 마음에 걸림 없이 허공과 같네.

그때 마왕 파순의 딸들은 여자의 환혹시키는 법을 잘 아는지라 다시 정과 태도를 더하여 더욱 애교를 나타내어 그 몸을 장엄하고 묘한 말과 방편으로 보살에게 교태를 부렸다. 이런 게송이 있었다.

"당신의 얼굴모습 청정한 꽃인 듯 　미묘한 음악 소리 끊임이 없소
원컨대 우리들 이야기를 들으소서.
다만, 또 세상의 왕위를 받아서 　　보리의 과보는 매우 얻기 어렵나니
마음대로 가장 높은 어른 되소서. 　또 다시 모든 부처 지혜의 몸이라.
앉고 누우며 일어나 다니면 　　　　해탈의 바른 길은 가기도 어렵소
　　　　　　　　　　　　　　　당신은 그 누가 능히 가는 것 보았소"

이 때 보살은 또 대답하였네.

"내 마땅히 결정코 법왕이 된다. 　 십력[4-2]이 구족하여 두려움이 없거니
저 천인 가운데 자재한 어른 되어 　삼계에 있어서 홀로 드높으리.
위 없이 묘한 법바퀴를 굴리리라.

4-2) 십력(十力) : 여래만이 갖고 있는 열 가지 능력으로 6신통을 응용하여 우주의 근본이치와 현상계·중생계의 모든 삼세인과, 연기의 법칙 등을 앎.

모든 학(學)과 무학의 제자들
천 억만의 수가 나를 에워싸고
입으로 항상 이렇게 찬탄하되
대성인이 나셨으니 의심을 풀어주소서.

마왕의 딸들은 또 보살에게 말했네.

"당신은 지금 매우 젊고 아까워
늙고 쇠잔할 때가 아직 멀어서
색력(色力)이 강성하고 정이 넘치네.

반드시 쇠잔하여 감당하지 못하리
그때는 단정한 몸 버려려니와
우리들 꽃다운 자태 보름달 같나니

보살은 다시 또 말하였다.

"오늘 이미 사람의 몸을 얻었으니
노력하여 모든 어려움에서 멀리 떠나고
저 감로문에 들어가기 부지런히 구하라.
능히 세간의 고난을 버릴 때
곧 인간과 천상의 모든 고난 여의리.
이제 늙고 병들고 죽음에 이르지 않았고

그러자 마녀들은 또 게송을 읊었다.

"당신의 얼굴 모습 초생달 같고
우리의 얼굴 모양 연꽃과 같네.

내가 마침내 그런 설법을 할 때
마음대로 곳곳에 유행(遊行)하리라.
그러므로 나는 세간 가운데서
일체 오욕의 욕락을 즐기지 않노라."

바로 당신과 어진 벗이 되리라.

오욕이란 즐거운 것 가장 좋거니
어이타 그토록 우리를 싫어하나요.
당신은 지금 우릴 못 본 척해도
우리들은 끝까지 따라 가겠오."

모든 악의 다툼도 다시 알지 않으니

우리들은 빨리빨리 행하여
속히 이런 모든 어려움을 떠나서
항상 적연히 두려움 없는 데 머물면
이것이 그 진실한 열반성이로다."

치아도 깨끗하고 희고 고와라.
이렇게 묘한 여자는 하늘에도 드문데

하물며 세간에서 당신은 얻었소

이 때 보살은 또 게송으로 말하였다.

"너희들 몸을 보니 부정이 흘러
수억의 구멍에 온갖 벌레뿐.
모든 악이 몸에 가득해 견고치 않고
생·노·병·사가 항상 따른다.

내 세간의 최상의 어려움을 구하나니
진정 물러나지 않음이 지인(智人)의 길
이라

그 육십사종의 교묘한 재주를 보니

손에는 영락 귀에는 귀걸이 흔들리고
그 애욕의 화살을 쏘고자 방긋 웃으며
성자께서는 어찌해 전도치 않느냐지만
모든 근심을 보는 대인은

몸과 마음 유순해 어기지 않으리."

아름다운 오욕도 독한 떡같이 보네.

칼날에 발린 꿀은 혀를 상하고
오욕은 뱀의 머리 같고 불구덩이 같거니
사자같이 사람이 행동할 때는
수목과 산과 벽이 무너지고 만다.
내 이제 위덕은 세속을 여의고
너희들을 버림도 그와 같도다."

그 마녀들이 백 가지 재주를 부려
보살을 현혹하나 움직이지 않고
보살은 코끼리·사자왕같이
마치 수미산인 듯 움직이지 않네.

그들은 달래고 속여도 어찌하지 못해서 마음에 부끄러움을 내고 머리를 숙여 공경하고 기뻐하고 찬탄하였다.

"존자의 얼굴은 연꽃같이 깨끗하고
또 제호같고 가을 달같아
드높은 빛은 금산과 같으니

마음의 구하는 원을 이루시어
스스로 건지고 다른 수억 사람도 건지소
서."

갖가지 수단과 방법을 가리지 않고 마왕 파순은 고오타마 보살을 협박했으나 그러나 보살은 다음과 같은 게송으로 단호하게 마왕의 유혹을 물리친다.

"옛날 모든 선인, 고행하는 이들은 용맹정진이 아직 깊지 않아 그 복보의 착한 힘이 굳지 않았으나 나는 옛날 지계와 맹세가 굳나니 파순 아내, 만약 도를 증득하지 않고서는 이 숲을 버리지 않으리."

"허공에서 칼과 창이 내 몸에 소낙비처럼 내려와 마디 마디 조각내 몸을 베어도 내 만약 생사의 바다를 건너지 못하면 이 보리수 하에서 옮기지 않노라."

― 불본행집경 28권, 마하보살품 중에서 ―

위빠싸나 수행으로 전환

마왕의 딸들(오욕락)의 유혹을 물리치고 선정에 들어 위없는 정각을 얻게 되는 장면을 살펴본다.

보리수 밑에서 위빠싸나 선정에 들다

욕심과 선하지 않은 일을 여의고 마음집중과 관찰에 몰두하여 장애로부터 벗어난 충만한 기쁨과 법열이 넘치는 가운데 초선의 경지에 몰입했다.[5] 그러나 아기베싸나여, 그렇게 해서 생긴 기쁨은 나를 사로잡지 못했다. 겨냥하는 주시(위타카)와 집중시키는 생각의 힘(위짜라)을 고요하게 한 뒤 아기베싸나여, 마음의 선정력이 강화된 상태에서 나는 2선의 경지에 몰입했다. 주시와 유지시키는 집중의 마음이 멎은 곳에 평온과 환희, 기쁨과 행복감으로 충만했다.

그러나 아기베싸나여, 그렇게 해서 생긴 기쁨은 나의 생각을 사로잡

---

5) 이 때 수행법으로 출입식념(anāpāna-sati)에 전념했다(PTS 영역본 중부경전 36에서 인용한 주석서 및 부처님 그 분;피야다시 스님/정원 스님 역 p.53).

초기에 결집된 아함경의 주된 수행은 호흡관찰이다. 부처님은 깨달은 후에도 호흡관찰을 계속하셨다. 수행대상이 사념처 중 어느 것이든 4선정을 통과한 후에 완전한 열반(깨달음)을 실현한다.

지 못하였다. 그 기쁨은 곧 사라지고 나는 한결같이 마음집중을 일념으로 유지해 나갔다. 나의 몸은 성자들이 말하는 바, 평등심과 마음 집중된 상태에서 통찰을 함께한 즐거움에 머문다는 그 쾌적한 상태를 이루어 나는 3선의 경지에 들어갔다. 그러나 아기베싸나여, 그렇게 해서 생긴 기쁨은 나의 생각을 사로잡지 못했다. 기쁨과 슬픔을 초월하여 나는 제 4선에 머물렀다. 기쁨과 슬픔은 사라지고 순·역 경계에 무심(無心)한 평등심에 들었다. 그러나 아기베싸나여, 내게 일어난 그와 같은 기쁨은 나의 생각을 사로잡지 못하였다.(이 부분의 설명은 2부 1장 위빠싸나 선정 편 참조)

전생을 회상하다

이와 같이 가라앉고 순수하며 청명하고, 순수직관적이고 청정하고 순일하며 실행할 준비가 되어 있는 견고하고 변함없는 마음으로 나는 전생의 기억을 더듬어 내려갔다. 나는 수많은 전생의 일들을 기억해 내었다. 한 번의 삶, 두 번의 삶, 세 번의 삶, 네 번의 삶, 열 번의 삶, 스무 번의 삶, 쉰 번의 삶, 백 번의 삶, 십만 번의 삶… 그리고 세상이 여러 가지로 변화했던 시대와 세상이 여러 가지로 개벽했던 시대를 참으로 이 세상이 여러 가지로 변화하고 개벽했던 시대를 기억해 내었다. 아무때 아무곳에서 나의 이름은 아무개였으며 나의 가족은 누구였고 나의 모습, 그리고 나의 길은, 그러한 것이었다. 그러저러한 선과 악을 경험한 끝에 급기야 아무개 아무곳에서 삶을 거두었었다. 그러나 나의 삶은 거기서 끝나지 않고 또 다른 삶으로 연이어졌다. 다시금 내가 있게 되고 내 이름은 그러하며 내 가족은 저러하고 내 나라 내 일과 모습은 각각 그러저러 했었다. 갖가지 선과 악을 경험한 끝에 급기야는 아무때 아무곳에서 삶을 거두었었다. 그러나 나의 삶은 거기서 끝나지 않고 또 다른 삶으로 이어졌다. 이와 같이 나는 전생의 여러 모습을 아주 세세하게 그리고 그 삶들간의 관계까지 여실히 기억해 내었다. 초야에 떠오른 최초의 지혜였다. 자세히 관찰하고 열심히 정진하는 동안 무지는 사라지고 지혜가 나타났다. 어둠은 가고 빛이 왔다. 그러나 아기베싸나여, 내게 일어난 그와 같은 기쁨도 나의 생각을 사로잡지는 못했다.

천안(天眼)으로 재생(再生)을 관찰하다

이와 같이 가라앉고 순수하며 청명하고 순수직관적이고 청정하고 순일하며, 실행할 준비가 되어 있는 견고하고 변함없는 마음으로 나는 존재의 죽음과 재생에 관한 관찰쪽으로 마음을 향하게 했다. 인간의 눈을 능가하는 천안(天眼)으로 나는 보았다. 뭇 생명들이 죽고 다시 태어나는 모습과 천하고 고상한 모습과 아름답고 추한 모습, 그리고 행복하고 서러운 모습을 나는 보았다. 어떻게 모든 중생들이 자신이 지은 행위에 의하여 다시 환생하는가를, 그리하여 나는 생각했다. 이 뭇 생명들은 확실히 행위가 바르지 못하며 말이 바르지 못하며 생각이 바르지 않다. 공경해야 할 것을 헐뜯고, 오히려 위태로운 일을 중히 여긴다. 그들은 위태로운 일을 행한다. 죽은 뒤 몸이 해체되면 그들은 파멸로 향하는 하계(下界)로 지옥에까지 간다. 그러나 뭇 생명들 가운데는 행위가 올바르며, 말이 올바르며 생각이 올바른 이들이 있다. 그들은 공경해 마땅한 것을 헐뜯지 않고, 올바른 것을 중히 여긴다. 죽은 뒤 몸이 해체되면 축복받은 길을 따라서 하늘 세계에 간다. 인간의 눈을 능가하는 천안으로 모든 중생들이 이와 같이 죽어가고 다시 태어나는 모습과 천하고 고상한 모습과 아름답고 추한 모습, 그리고 행복하고 서러운 모습을 보았다. 뭇 생명들이 어김없이 자신의 행위에 걸맞는 삶을 받아 가지는 인과응보의 이치를 깨달았다.

한밤중에 떠오른 두번째 지혜였다. 자세히 살피고 열심히 정진하는 동안 무지는 사라지고 지혜가 나타났다. 어둠은 가고 빛이 왔다.
그러나 아기베싸나여, 내게 일어난 그와 같은 기쁨도 나의 생각을 사로잡지는 못했다.

마침내 위없는 정각(正覺)을 얻다 [四聖諦]

이와 같이 가라앉고 순수하며, 청명하고, 순수직관적이고, 청정하고, 순일하며 실행할 준비가 되어 있는 견고하고 변함없는 마음으로 나는 괴로움(죽음에 이르는 강, 번뇌 망상)의 소멸을 위한 관찰쪽으로 마음을 챙겨 나갔다. 그리하여 나는 마침내 있는 그대로의 실제 모습을 보았다. 이것이 고(苦)이다. 있는 그대로의 모습을 여실히 보았다. 이것이 고의 소멸이다. 있는 그대로의 모습을 여실히 보았다. 이것이 고의 소멸에 이르는 길이다. 그리하여 있는 그대로의 모습을 여실히 보았다. 모든 것은 괴로움이다(一切皆苦). 이것이 괴로움의 원인이다. 이것이 괴로움의 소멸이다. 이것이 괴로움의 소멸에 이르는 길이다. 이와 같이 알고 이와 같이 보아서 내 마음은 관능적인 삶을 동경하는 망상에서 벗어났다. 존재하고자 하는 갈망에서 풀려났으며, 무명에서 비롯된 환상으로부터 자유로워졌다.

그리하여 이 같은 자유와 해탈 안에서 나는 명백히 깨달았다. 윤회는 이제 끝났다. 더 높은 삶이 성취되었다.

－중부경전 36－

나의 오도송

법구경 153에 의하면 이때 깨치신 감회에 젖어 오도송을 다음과 같이 읊으셨다.

"수많은 태어남, 그 윤회속을 헤매어 왔네
집을 짓는 자(사대와 오온)가 누구인지 알려고

찾아 헤매이다, 헤매이다 찾지 못하였네
거듭거듭 태어남은 괴로움이어라.

아 집을 짓는 자여!
마침내 너를 찾아냈도다.
너는 이제 다시는 집을 짓지 못하리라.
모든 서까래(번뇌)는 부서졌고
대들보(무명)는 산산조각이 났도다.

나의 마음은 열반에 이르렀고
모든 갈애는 사라졌다네."

상응부경전 4. 1의 마라와의 대화에서도

"나는 저 고행을 완전히 버렸다. 아무런 도움이 되지 않은 고행을 버린 것은 정말로 잘한 일이다. 흔들리지 않는 정념(正念)을 가지고 깨달음에 도달했으니 정말로 잘한 일이다."
"죽음이 없는 해탈의 경지를 얻기 위해서 고행했으나
모두가 헛수고 임을 알았노라.
육지에 올려진 배와 같이 아무런 도움도 주지 못했네.
　나는 계(戒)·정(定)·혜(慧)에 의해 보리의 도를 얻게 되어 이제 무상정등정각(無上正等正覺)을 성취했노라." 했다.

(이것이 깨달음의 원리와 비결이다. 계·정·혜·는 8정도의 압축이다. 더욱 상세한 것은 Ⅱ부 1장. 사마타와 위빠싸나 개요, 2장 6. 누진통 Ⅳ부 4. 올바른 마음 집중편 참조바람)

해탈의 기쁨을 누리다

보리수하에서 연기법을 관찰하다

그때에 깨달음을 얻은 부처님께서는 네란자라 강둑 우루벨라에 있는 보리수 밑에서 계셨다. 해탈을 얻은 후 7일 동안, 보리수 아래에서 해탈의 기쁨을 누리면서 가부좌 하시고 계셨다. 그리하여 이레째 되던 날, 초저녁에 정각자(正覺者)이신 부처님은 12연기법을 순관, 역관하셨다.

무명(無明)[6]을 연(緣)해서 작용(行)이 발동하고
작용을 연(緣)해서 식(識)이 생기고
식을 연(緣)해서 명색(名色)이 생기고
명색을 연(緣)해서 여섯 감각(六處)이 생기고
여섯 감각의 기능을 연(緣)해서 접촉(부분)이 생기고
접촉을 연(緣)해서 느낌(受)이 생기고
느낌을 연(緣)해서 갈망(愛)이 생기고
갈망을 연(緣)해서 집착(取)이 생기고
집착을 연(緣)해서 모양(有)이 생기고
모양을 연(緣)해서 태어남(生)이 생기고
태어남을 연(緣)해서 노사(老死)·슬픔·통곡·질병·비애 그리고 절망이 온다.

---

6) 무명(無明, Avijjā):모든 죄악과 윤회를 일으키는 근본번뇌로서 명(明 vijjā)의 반대가 된다. 상응부경 무명장에서 세존은 오온(물질, 마음)의 생멸을 모르는 것을 무명이라 했고 잡아함경 256·490에서 사리풋다도 오온의 무상(생·멸)과 사제를 모르는 것을 무명이라 했고 오온의 생멸을 아는 것이 명(明)이며 그 길은 팔정도라 했다. 사념처의 알아차림인 정념(正念)은 8정도의 핵심으로 무명을 제거하는 기능을 갖고 있다. 오온의 무상을 알아차릴 때 무상은 사라진다.

이 모든 괴로움(苦)이 생(生)하는 것이 이와 같다. 다시 무명의 소멸로 인하여 작용(行)이 소멸하게 된다.

작용(行)이 소멸함으로써 식이 소멸하며
식이 소멸함으로써 명색이 소멸하며
명색이 소멸함으로써 여섯 기능이 소멸하며
여섯 기능이 소멸함으로써 접촉 부분이 소멸하며
접촉을 소멸함으로써 느낌(受)이 소멸하며
의식이 소멸함으로써 명색이 소멸하며

이 모든 괴로움(苦)이 소멸하는 것이 이러하다. 이것을 깨달은 정각자이신 부처님은 이렇게 엄숙하게 설했다.

"참으로 용맹스럽게 수행하는 바라문에게 사물의 참모습을 인·과로 철견할 때 그는 모든 의심에서 벗어나느니라."6 1)

그리하여 한밤중에 정각을 이룬 부처님은 마음집중하여 다시 연기법을 순관·역관 하시며 관찰했다. 이 모든 괴로움(苦)의 소멸이 이러하니 이것을 깨달은 정각자이신 부처님은 이렇게 엄숙하게 선언하셨다. "참으로 용맹스럽게 수행하는 바라문에게 사물의 이치가 밝혀질 때 그 원인이 소멸하는 것을 알게 되어 모든 의심은 사라지느니라."

그리하여 삼경에 깨달음을 얻은 부처님은 마음집중하여 또다시 연기법을 순관·역관 하시고 이렇게 엄숙하게 선언하셨다.

"참으로 용맹스럽게 수행하는 바라문에게 사물의 이치가 밝혀질 때 그는 선 자리에서 수많은 악마의 무리를 쫓아버리느니라. 마치 하늘에 빛나는 태양과 같이."

여기에서 보리수 아래에서 일어났던 일은 끝났다.

6-1) 12연기를 관찰하실 때 vipassana(觀)의 동사형인 passami와 ñāna(智)의 동사형인 janami를 사용하셨다. 즉 조건지어진 무명업식인 오온, 12연기를 지혜로 입체적으로 관찰하여 생사해탈하셨다. 이를 반야심경에서는 "반야로 오온을 조견(照見)하다."로 했다.

아자파아라나무 아래에서

그때에 깨달음을 얻은 부처님은 보리수 아래에서 명상하다가 7일만에 일어나서 양떼들이 있는 아자파아라 반얀나무 아래로 자리를 옮겼다. 그곳에서 가부좌하여 7일 동안 해탈의 기쁨을 누렸다. 그때에 성품이 오만한 한 바라문이 부처님이 계시는 곳으로 가까이 와서 인사를 나누었다. 자만심에 찬 말로 인사를 나눈 뒤 옆에 바짝 다가서서 부처님에게 말했다.

"고오타마여, 사람은 어떻게 함으로써 바라문이 될 수 있습니까. 바라문을 만드는 특성이나 요건은 어떠한 것입니까."

이 말은 들은 부처님은 엄숙하게 설했다.

"사악함을 물리치고, 오만하지 않으며, 불순하지 않으며, 자제할 줄 알고, 지혜를 닦아가며, 성스러운 삶을 사는 자가 바라문이니 바라문은 마땅히 말씨가 성스러워야 하며 세속적인 욕망을 떠나 있는 자를 말하느니라."

여기에서 아자파아타나무 아래에서 일어난 일은 끝난다.

무차린다나무 아래에서

그때에 깨달음을 이룬 부처님은 아자파아라나무 아래에서 명상하시다가 7일 만에 일어나서 무차린다나무 아래로 자리를 옮겼다. 그곳에 무차린다나무 아래에서 가부좌하고 7일 동안 꼼짝 않고 계속해서 해탈의 기쁨을 누렸다.

그때에 우기철의 먹구름이 나타나서 찬 날씨와 폭우와 어둠이 7일동안 계속되었다. 그리고 나가 왕(뱀의 왕)무차린다가 그의 거처에서 나와 7일 동안 깨달은 자의 몸을 보호했다. 넓은 두건을 펴서 깨달은 자의 머리를 감싸고 속으로 생각했다.

'냉기가 깨달은 자를 범치 못하게 하소서. 더위가 깨달은 자를 범치 못하게 하소서. 파리와 모기, 소나기와 땡볕이 그리고 도마뱀이 깨달은 정각자를 해치지 못하게 하소서.'

그리하여 7일 만에 나가 왕 무차린다는 구름 한 점 없이 활짝 개인 하늘을 보고 깨달은 자를 감았던 것을 풀고는 모습을 감추어 버렸다. 이윽고 그는 젊은이의 모습으로 깨달은 자 앞에 합장하고 서서 경배하니 이것을 알아보신 부처님은 다음과 같이 엄숙하게 말했다.

"홀로 있어 부족함이 없고, 진리를 들어 이해하는 자는 행복하도다. 이 세상에 전혀 악의를 품지 않고 생명있는 모든 것을 향해 자신을 제어할 수 있는 이는 행복하도다. 세상의 모든 탐욕과 감각적인 욕망에서 벗어난 자는 행복하도다. '나'라는 오만한 식견에서 벗어난 자는 최상의 행복을 누린다."

여기에서 무차린다나무 아래에서 일어난 일은 끝난다.

라자야타나나무 아래에서

그때에 다시 일어나서 라자야타나나무 아래로 자리를 옮겨 7일 동안 가부좌하여 해탈의 기쁨을 누렸다. 여기에서 두 상인 차푸싸와 바리카로부터 공양을 받으셨다.

"부처님이시여! 저희들은 부처님과 법에 귀의합니다. 세존이시여, 저희들을 신도로 거두어 주십시요"

이리하여 그들은 첫번째 재가 신도가 된다.

아자파아라의 반야나무 아래에서

그때에 부처님은 라자야타나나무 아래에서 명상하다가 7일 만에 일어나서 아자파아라나무가 있는 곳으로 자리를 옮겼다. 이곳에서 법을

펼 것을 망설이다가 바라문, 사함 파티의 권청을 받고 대자대비심으로
법을 펼 것을 다음과 같이 결심하셨다.

-위나야 마하바가(율장, 대품)-

법을 펴실 것을 숙고하다

'내가 깨달은 이 법(法, Dhamma)은 너무나 심오하여 알아차리기도
이해하기도 힘들며, 평화롭고 숭고하며 단순한 사유의 영역을 넘어서
있고 미묘하여 오로지 현자만이 알아 볼 수 있을 것이다. 그러나 요즘
사람들은 감각적 쾌락을 좋아하여 그 즐거움에만 탐닉하고 있다. 이런
사람들이 이 진리, 즉 연기법을 알아차리기는 어려우리라. 이 진리, 즉
모든 형성력의 정지(靜止), 일체 생성원인의 방기(放棄), 갈애의 소진·
무탐·생멸(生滅)이 멸해버린 열반을 알기는 어려우리라. 설혹 내가 가
르친다 하더라도 아무도 내 말을 이해하지 못한다면 얼마나 번거롭고
피곤할 것인가?'

이와 같은 생각을 하자 부처님께서는 법을 가르치고 싶은 마음이 일
어나지 않았다. 그러나 불안(佛眼)으로 세계를 둘러보니 사람들 가운
데에는 마음의 눈이 엷게 가리운 사람도 있고, 두텁게 가리운 사람도 있
고, 근기가 높은 사람도 있고, 낮은 사람도 있고 선량한 자질을 가진 사
람, 나쁜 자질을 가진 사람, 가르치기 쉬운 사람, 어려운 사람, 현재의 그
릇된 행동 때문에 위험에 당면하고 있는 사람과 그렇지 않은 사람들이
두루 섞여 있는 것이 여실하게 보였다. 이리하여 부처님께서는 마침내
다음과 같은 장엄한 말씀으로 법을 기꺼이 설하실 뜻을 천명하셨다.

"귀있는 자들을 위해서 불사(不死)의 문을 열었도다. 범천이여, 그들
의 신심을 일으킬지어다."

-중부경 26-

법을 설해줄 사람들을 살펴본 후, 다섯 수행자들에게 법을 가르치기로 했다. 그곳으로 가는 도중 우파카라는 자가 부처님께 말을 걸었다.

"친구여, 당신의 안색은 조용히 가라앉았고 피부는 맑게 빛난다. 당신은 누구의 가르침으로 속진을 벗어났는가. 당신의 스승은 누구인가."

부처님은 다음과 같은 게송으로 답한다.

"나는 모든 적을 이겨냈다. 나는 모든 것을 알았다. 모든 번뇌를 벗어버렸다. 나는 일체를 버렸으며 타는 듯한 갈애에서 벗어났다. 내 스스로 깨쳤으니 누구를 내 스승이라 부르리요. 내게는 스승이 없으니 나와 견줄 사람은 하나도 없다. 중생과 신들의 세계에서 나와 동등한 자는 아무도 없다. 나는 이 세상에서 성스럽고 가장 높은 스승이며 아라한으로 지금까지 깨달은 자 가운데서 홀로 완벽한 정각을 이루었으며 초월하여 열반에 다다랐다. 지금 나는 법륜을 굴리기 위하여 카아시스(베나레스)의 도성으로 가고 있다. 이 세상에 어둠 속에서 나는 불멸의 북을 치리라."

우파카가 말했다.

"친구여, 그렇다면 당신이 영원한 승자가 되기에 합당하다는 것이오"

"나처럼 번뇌를 근절한 자는 누구나 승리자다. 나는 죄의 구렁텅이에서 일어났다. 그러니 우파카여, 나는 승리자다."

우파카는 "그럴수도 있겠지요"라고 빈정거리듯 머리를 끄덕이며 대답하고는 다른 길로 가버렸다.

-법구경 353, 중부경 26-

2장 초전법륜과 외도들 교화

1. 법의 바퀴를 굴리다

감로의 첫법문을 토하시다

그리하여 부처님께서는 다섯 수행자를 재회한 후에 이와 같이 말했다.

"수행자들이여, 세속을 떠난 자가 마땅히 피해야 하는 두 극단이 있다. 무엇이 그 두 극단인가. 하나는 삶을 향락에 내맡겨 향락과 욕정을 일삼는 것이니, 이는 타락하고 관능적인 것이며 저속하고 수치스러우며 무익한 삶이다. 또 다른 삶은 고행을 일삼는 것이니, 이 또한 고통스럽고 수치스러우며 무익한 것이다.

수행자들이여, 이 두 극단을 피함으로써 여래는 중도의 지혜를 얻었으니 이 중도로 깨우침과 지혜의 길을 열고 고요와 선정과 무상정등정각인 열반에 드는 것이다. 수행자들이여, 여래가 터득한 통찰과 지혜의 길을 열고 선정과 지혜로 최상의 깨달음과 열반을 성취하는 그 중도란 무엇인가? 그것은 구체적으로 말해 8정도다.

정견(正見, 올바른 견해), 정사(正思, 올바른 생각)
정어(正語, 올바른 말), 정업(正業, 올바른 행위)
정명(正命, 올바른 생활수단), 정정진(正精進, 올바른 노력)

정념(正念, 올바른 마음 집중), 정정(正定, 올바른 선정)이다.
　이것이 바로 여래가 얻은 여덟 가지 성스러운 길이며, 이는 통찰과 지혜에 이르게 하며, 선정과 무상정등정각 그리고 열반에 드는 길인 것이다.
　수행자들이여, 이것이 괴로움의 성스러운 진리(苦諦)이다. 태어남은 괴로우며, 쇠망은 괴로우며, 병듦은 괴로우며, 죽음은 괴롭다. 미워하는 이와 함께 있음은 괴롭고 사랑하는 이와 헤어짐은 괴롭고, 원하는 바를 얻지 못함은 괴롭다 …"
　고(苦), 집(集), 멸(滅), 도(道)에 관해 계속 설법하신다.

— 위나야 마하바가(율장, 대품) —

무상정등정각(無上正等正覺)을 선언하시다[1]

　위의 네 가지 각 항목을 설명하시면서 부처님은 다음과 같이 말씀하신다.
　"비구들이여! 전에는 들어본 적도 없는 법들에 관해서 눈(眼, Cakkhu)·지(智, ñāna)가, 혜(慧, Paññā)·밝음(明, Vijjā)·빛(光, Aloka)이 나의 내면에서 나타났다. 비구들이여! 이 네 가지 성스러운 진리에 관한 나의 지혜와 통찰이 움직일 수 없는 확실한 것으로 밝혀지기 전에는 나는 결코 자신이 비할 바 없는 무상정등정각(無上正等正覺)을 얻었다고 선언하지 않았다. 그러나 비구들이여! 네 가지 성스러운 진리에 관한 나의 지혜와 통찰이 움직일 수 없는 확실한 것으로 분

---

1) 부처님이 깨달은 무상정등각은 네 가지 성스러운 진리, 즉 연기·중도이며, 이것은 사념처 중 법의 관찰에 해당한다. 사성제에 대한 눈, 지, 혜, 밝음, 빛은 본래 누구나에게 있는 것이며 그 핵심이 반야지혜이다. 반야지혜로 사념처를 관찰하는 것이 위빠싸나 수행이고 사성제를 실현하는 것이다.

명해지자 그때 비로소 나는 비할 바 없는 무상정등정각을 얻었음을 선언했던 것이다. 그리고 바로 그때에 나의 내면에서 지혜와 통찰이 솟아났다. 내 마음의 해탈(心解脫)이 확고한 것이며, 금생이 나의 마지막 태어남이며, 더 이상 몸 받음(后有)이 없다는 것을 스스로 알게 되었다."[2]

－상응부경, 5.420 전법륜경－

첫번째 제자 콘단냐를 인가하시다

이 법이 설해졌을 때 콘단냐 존자는 법안(法眼)이 열렸다. 즉 무엇이건 생겨나는 것들은 모두가 사라진다는 깨침이었다. 그리고 부처님께서는 다음과 같은 장엄한 발언을 하셨다. "참으로 콘단냐는 그것을 감지했구나" 그때부터 콘단냐 존자는 안나타 콘단냐(법을 받은 자)라는 이름을 받았다.

"스승이시여, 당신 아래서 수도하게 하소서, 계를 주소서"

"콘단냐여, 법을 이해했구나. 괴로움을 완전히 종식시키기 위하여 성스러운 삶을 살아라" 이렇게 해서 존자는 계를 받았다.

그리고 부처님께서는 다른 나머지 수행자들에게도 법에 관한 말씀을 고구정녕하게 일러주고 지도했다. 그리하여 그들도 부처님 설법을 듣고 법안(法眼)을 얻었다. 곧 '무엇이나 시작이 있는 것들엔 끝이 있는 법이다'라는 깨침이었다.

---

2) 잡아함경 72에 의하면 "아라한은 다른 세상의 죽음은 있지도 않고 없지도 않으며, 있기도 하고 없기도 한 것이 아니니 넓게 말하면 한량이 없어서 모든 수(數)가 멸하였다"고 했다. 그러므로 분별식으로 가득한 범부의 견해로서 함부로 후유(后有)에 대해 논하지 말고 스스로 위빠싸나로 심해탈하여 증득하고 체험한 후에 논증해야 할 숙제이다. 중도(中道)는 유무(有無)를 초월해 있기 때문이다.

"스승이시여, 당신 아래에서 수도하게 하소서, 계를 주소서."
"자아, 비구들이 법을 잘 이해했구나. 고(苦)를 종식시키기 위하여 성스러운 삶을 살아라." 이렇게 나머지 존자들도 계를 받았다[2] [1)]

―율장·대품―

2-1) 팔리어 경전과 주석서를 보면 콘단냐는 사성제 법문을 듣고 수다원과를 성취하고 그 다음으로 이어지는 오온(五蘊)에서 '무아'에 대한 설법을 듣고 구경각인 아라한과를 성취한다. 수다원과에서는 10가지 결박의 번뇌 중 3가지가 사라진다(p.263 참조). 나머지 7가지 번뇌는 오온의 생멸을 완전히 관찰함으로써 사라진다.

오온의 흐름이 12연기이다. 오온은 객관적인 대상(色)과 더불어 주관적인 정신 즉 감각(愛), 인식(想), 반응(行), 판단 분별하는 의식(識)이 함께 일어나는 것을 말한다. 오온은 다시 6근, 6경, 6식으로 나누어진다(위빠싸나 II권 1장 대념처경 4성제 참조).

오온의 생멸을 모르는 것이 무명이고, 무명의 반응이 행이고 그로인해 식, 6입… 생사의 12연기가 일어난다(「보면 사라진다」 1장 참조).

사성제에서 고(苦)의 원인을 한마디로 오온에 대한 집착이라 했다. 콘단냐가 '생겨난 것은 사라진다'의 깨침은 "생기고 사라지는 것은 단지 오온의 생멸흐름에 지나지 않는다는 것을 안 것이다." 여기에서 더 나아가 '무아'에 대한 설법에서 오온의 미세한 흐름인 근본 무명까지 완전히 관찰했을 때 아라한이 된 것이다.

오온을 반야(慧)로 입체적으로 관(照見)하여 모든 고가 소멸(一切苦厄)하는 것이 반야심경과 모든 경전의 핵심이자 위빠싸나 수행의 요체이다(그 방법은 p.61, p.74의 연기관찰과 II권 III부 1장 참조).

'무아'에 대한 설법

그리하여 부처님께서 다섯 비구들에게 이렇게 말씀하셨다.

"비구들이여, 육신(色, rūpa)은 내가 아니다. 육신이 나라면 육신은 병에 굴복하지 않을 것이며, 우리는 우리들 자신의 육신은 이러저러한 것이니 이러저러해서는 안 된다고 말 할 수 있어야 할 것이다. 그러나 비구들이여, 육신은 내가 아닌 까닭에 육신은 이러저러한 것이니 나의 육신을 이러저러해서는 안 된다고 말 할 수 없는 것이다.

'비구들이여, 감각(受)은 내가 아니다 … 인식(想)은 내가 아니다 … 의지작용(行)은 내가 아니다 … 의식(識)은 내가 아니다 … (하략).

비구들이여, 이제 그대들은 육신이 영원하다고 생각하는가 아니면 무너져가는 것이라고 생각하는가."

"육신은 무너져가는 것입니다, 스승님이시여."

"그렇다면 무너져가는 것이 괴로움의 원인이 되는가 기쁨의 원인이 되는가?"

"괴로움의 원인이 됩니다, 스승님."

"그럼 무너져가며 괴로우며 변화해야만 하는 것을 보고 '이것은 내것이다, 이것은 나다, 이것은 나 자신이다'라고 생각할 수 있겠는가."

"할 수 없습니다, 스승님."

(수·상·행·식에도 똑같은 대화가 뒤따른다.)

"그러므로 비구들이여, 육신의 과거와 미래와 현재의 상황은 모두가 유정이건 무정이건, 큰 것이건 미세한 것이건, 못났거나 잘났거나, 멀거나 가깝거나 그것은 내것이 아니며 나를 위한 것이 아니며, 나 자신이 아니다. 그러므로 진리에 부합되는 올바른 앎으로 숙고해야 하는 것이다."

(수·상·행·식에 관해서도 같은 대화가 계속된다.)

"비구들이여, 지혜롭고 성스러운 제자들은 이것을 잘 헤아려서 육신에서 떠나며 감각에서 떠나며, 인식에서 떠나며 의지작용에서 떠나며 의식에서 벗어난다.

떠남으로 해서 욕망을 버리고 욕망을 버림으로 해서 자유로워지며, 자유로워짐으로 해서 지혜를 얻게 된다. 곧 속박에서 자유로워져 윤회가 다했음을 알며, 거룩한 삶이 완성되었음을 알며 할일을 다 했음을 알게 된다. 이러한 상태에서는 더는 다른 생을 받지 않는 것이다."

이와 같이 부처님이 말씀하시자 다섯 비구는 기쁘게 받아들였다. 그리고 세속의 집착에서 벗어나 세상의 고뇌에서 해탈되었다. 그때에는 이 세상에 여섯 분의 아라한이 계셨다.

― 율장 무아경 ―

신사파 숲의 메시지

한때 부처님께서는 코삼비의 신사파나무숲에서 머무셨다. 그때 부처님께서는 손에 신사파 나뭇잎들을 주워들고서 비구들에게 말씀하셨다.

"비구들이여! 어떻게 생각하느냐? 내 손에 있는 신사파 잎사귀와 저 숲속에 있는 잎들과 어느 쪽이 더 많은가?"

"부처님이시여! 부처님께서 손에 드신 잎사귀는 얼마되지 않습니다. 저편 숲에 있는 잎들이 훨씬 많습니다."

"그렇다. 비구들이여, 내가 완전히 깨닫고서도 그대들에게 설하지 않은 것은 많다. 내가 그대들에게 설한 것은 극히 일부분이다. 비구들이여, 왜 내가 그 모두를 설하지 않는가. 그것들은 유익하지도 않고 청정한 삶에 꼭 필요한 것도 아니기 때문이다. 그런 것들은 탐욕·성냄·어리석음의 제거, 적정(寂靜)·신통·완전한 깨달음·열반으로 이끌어 주지 않는다. 비구들이여! 이것이 내가 그것들을 설하지 않은 이유이다."

"그러면 비구들이여, 내가 설한 것은 무엇인가?

이것은 괴로움이다―이것을 나는 설한다.

이것은 괴로움의 발생이다―이것을 나는 설한다.

이것은 괴로움의 소멸이다―이것을 나는 설한다.

이것은 괴로움의 소멸에 이르는 길이다―이것을 나는 설한다.

비구들이여! 나는 왜 이러한 진리를 설하는가.

이 진리들은 실로 유익하고 청정한 삶에 반드시 필요한 것이기 때문이다. 이러한 진리들은 탐욕·성냄·어리석음의 제거, 적정·신통·완전한 깨달음·열반으로 이끌어 준다. 비구들이여! 이것이 내가 이 진리를 설하는 이유이다.

비구들이여! 따라서 이것이 괴로움이고 이것이 괴로움의 발생이고, 이것이 괴로움의 소멸이고 이것이 괴로움의 소멸에 이르는 길임을 깨닫기 위하여 모두 노력을 기울여야 하느니라."³⁾

―상응부경 5·437/잡아함경 404―

지혜로운 관찰로 최상의 해탈을 성취함

그때 부처님은 우안거를 마친 뒤 비구들에게 이렇게 말씀하셨다.

---

3) 부처님은 사성제, 연기를 철견했을 때 정각을 성취했다고 선언하셨다. 아함경의 전편에 걸쳐 설하는 주된 내용은 사성제이다. 사성제는 불교의 핵심으로 대승경전에서는 공(空)의 차원에서 4성제를 중도(中道), 연기(緣起)로 보는 특징이 강하다. 화엄경의 이무애(理無碍)·이사무애(理事無碍)·사사무애(事事無碍)도 연기에 바탕을 둔다.

"비구들이여! 지혜로운 관찰과 지혜롭고 올바른 정진으로써 나는 최상의 해탈을 얻고 최상의 해탈을 실현하였다. 비구들이여! 그대들 또한 지혜로운 관찰과 지혜롭고 올바른 정진으로써 최상의 해탈을 얻고 최상의 해탈을 실현하라."

그때 사악한 악마가 부처님 계신 곳으로 다가갔다. 그리고 부처님께 이와 같이 말하였다.

"그대는 하늘·인간·악마의 온갖 속박에 매여 있다. 그대는 큰 속박에 매여 있다. 그대는 나에게서 벗어나지 못하리라."

부처님은 말씀하셨다.

"나는 하늘·인간, 그리고 악마의 모든 온갖 속박에서 벗어났다. 나는 큰 속박에서 벗어났다. 사악한 악마여, 너는 멸망하였다."

그때 사악한 악마는 알아차렸다.

'부처님은 나를 아는구나.' 그래서 그는 괴로워하고 비탄해 하면서 사라져 버렸다.

―율장·대품―

팔정도·사념처는 삼세제불의 수행법

한때 부처님께서 사밧티에 머무실 때 다음과 같이 말씀하셨다.

"형제들이여, 깨달음을 성취하지 못해 아직 미혹이 남아 있는 보살일 때 나는 이렇게 생각했다. '아아, 세계는 온통 괴로움에 빠져있구나. 태어남(生)·노쇠함(老)·병(病)·죽음(死)과 생성과 소멸이 끊일 새 없다. 그러나 그 괴로움, 늙음과 죽음에서 벗어나는 길을 바르게 아는 이는 없도다. 오, 괴로움과 늙음, 죽음으로부터 벗어나는 길이 과연 있을까.' 형제들이여 또 이런 생각이 떠올랐다. '무엇때문에 뭇 생명들은 늙고 죽어가야 하는가. 늙음과 죽음을 조건지우는 것은 무엇인가.' 형제들이여, 그 이치를 관찰한 끝에 나는 하나의 깨달음을 얻었다. '태어남으로 인하여 늙음과 죽음이 있게 된다. 태어남이 늙음과 죽음의 조건이다.' 그때 형제들이여, 이런 생각이 떠올랐다. '무엇으로 인하여 모든 생명들의 태어남이 있는가. 무엇으로 말미암아 뭇 생명들에게 생성·집착·갈애·느낌·감촉·정신과 물질이 있는가. 무엇이 정신과 물질(名色)을 조건지우는가. 그 이치를 자세히 관찰한 끝에 나는 하나의 깨달음을 얻었다. 식(識)을 연(緣)해서 정신과 물질이 있다. 또한 이런 생각이 들었다. 무엇으로 말미암아 뭇 생명들에게 식이 있는가. 식을 조건지우는 것은 무엇인가.'

 그 이치를 자세히 관찰한 끝에 나는 하나의 깨달음을 얻었다. 식이 있는 곳에 정신과 물질(名色, Nama-rūpa)이 있다. 정신과 물질이 식을 조건짓는다. 형제들이여, 그때 이런 생각이 떠올랐다. '식의 아래에는 더 이상 아무것도 있지 않다. 다만, 정신과 물질에 의해서 조건지워질 뿐 거기로부터 시작해서 태어남이 있고 늙음이 있고 죽음이 있으며, 모든 생성과 소멸이 있게 된다. 이와 같이 식은 정신과 물질을 말미암아 있고 정신과 물질은 식에 의해 조건지워진다. 감각 기능은 정신과 물질을 연(緣)해서 일어난다. 접촉은 감각기능을 연(緣)해서 일어난다. 그와 같이 서로서로의 인연(因緣)으로 말미암아 느낌·갈애·집착·생성·태어남(生)·늙음(老)·죽음(死)이 일어난다. 슬픔·한탄·괴로움·절망의 모든 괴로움은 그렇게 해서 일어난다, 일어난다, 일어난다.' 그렇게 깊이 생각하는 가운데서 형제들이여, 나는 일찍이 생각지도 못했던 사물의 참다운 실상(實相)을 보았다. 올바른 앎과 통찰력, 그리고 지혜와 깨달음이 생겨났다.

 형제들이여, 그때 내게 이런 생각이 들었다. '이제 뭇 생명들이 어떻게 하면 늙음과 죽음에서 벗어날 수 있을까.' 이와 같은 이치를 자세히 관찰한 끝에 나는 하나의 깨달음을 얻었다. 태어남이 없으면 늙음과 죽음이 없다. 태어남이 멎으면 늙음과 죽음이 멎는다. 형제들이여, 또 이런 생각이 들었다. '이제 어떻게 하면 뭇 생명들이 태어남을 면할 수 있을까. 생성·집착·갈애·느낌·접촉·감각기능·정신과 물질로부터 벗어날 수 있을까. 무엇이 멎으면 정신과 물질이 멎을 것인가.' 그 이치를 자세히 관찰한 끝에 나는 하나의 깨달음을 얻었다. 이 식(識)이 없으면 정신과 물질이 없다. 식이 멎으면 정신과 물질이 멎는다. 형제들이여, 또한 이런 생각이 들었다. '나는 깨달음의 길을 성취했다. 정신과 물질이 멎으면 식이 멎는다는 사실로부터, 식이 멎으면 정신과 물질이 멎는다는 사실로부터, 감각이 멎으면 접촉이 멎고 … 느낌·갈애·집착·생성·태어남·늙음과 죽음 그리고 슬픔·한탄·괴로움·절망도 그렇게 해서 멎는다는 사실로부터 이와 같이 하여 모든 괴로움의 덩어리가 다 소멸한다.'

소멸한다, 소멸한다 그렇게 깊이 생각하는 가운데 형제들이여, 일찍이 생각지 못했던 사물의 진실된 모습을 나는 보았다.

바른 앎과 통찰력과 지혜와 깨달음이 솟구쳤다.[4]

형제들이여, 한 사람이 숲속을 살피다가 거대한 나무들 사이로 난 오래된 길, 옛 사람이 지나간 흔적있는 길을 발견했다. 그 길을 따라 한참 걷다보니, 오래된 도시와 옛 왕국이 있었다. 훌륭한 뜰과 연못·담장·비옥한 땅에서 옛 사람들도 살았었다. 형제들이여, 그것을 본 그 사람은 얼른 자기 나라의 왕과 대신에게 달려가 이렇게 말했다.

---

4) 연기의 관찰은 사념처 중 법의 관찰에 해당하면서 불법 즉, 모든 사념처 수행을 포함한다(觀心-法總攝諸行). 식과 명색의 무상을 관찰하면 식과 명색이 사라져 깨닫게 된다.

대반열반경(25)에서도 '12인연을 요견(了見)한 자는 즉시 만법을 정견한 자요, 만법을 정견한 자는 즉시 불타를 철견한다. 불타라는 것은 불성이다. 왜냐하면 일체제불이 이것으로써 자성을 삼기 때문이다'라 했다. 성철 스님은 선문정로에서 견불(見佛)이 견성(見性)이고, 이것을 중도, 불타, 열반, 제일의 공(第一義 空), 12인연, 법성, 정변지(正遍知) 등으로 설명했다.

"왕이시여, 제가 숲속을 살피다가 거대한 나무 사이로 난 오래된 길, 옛 사람들이 지나간 흔적있는 길을 발견했습니다. 그 길을 따라 한참 걷다보니, 오래된 도시와 옛 왕국이 있었습니다. 훌륭한 뜰과 연못·담장·비옥한 땅에서 옛 사람들은 살았었습니다. 왕이시여, 어서 그 왕국을 거두소서.

왕은 그 말을 좇아 왕국을 거두어들였다. 마침내 그 왕국은 더욱 번영하고 풍요해졌으며 인구가 늘고 마을이 점점 불어나 강대해졌다. 이와 같이 형제들이여, 나 역시 오래된 길, 옛 사람들이 걸었던 옛 길을 발견했다.

형제들이여, 무엇이 오래된 길인가. 무엇이 일찍이 옛 사람들이 걸었던 옛 길인가. 성스러운 여덟 가지 즉 올바른 견해(正見)·올바른 생각(正思)·올바른 말(正言)·올바른 행위(正業)·올바른 생활(正命)·올바른 노력(正精進)·올바른 마음 집중(正念)·올바른 삼매(正定)가 바로 그것이다. 형제들이여, 이것이 오래된 길, 일찍이 옛 사람들이 걸었던 옛 길이다. 그 길을 따라 나는 늙음과 죽음의 실상(實相)을 완전히 알게 되었다. 늙음과 죽음의 비롯됨을 완전히 알았다. 늙음과 죽음의 소멸을 완전히 알았다. 그 길을 따라 걸은 후, 나는 태어남의 참모습을 완전히 알게 되었다. 뿐만 아니라 태어남·집착·갈애·느낌·접촉·감각·정신과 물질, 그리고 식(識)의 실상(實相)을 완전히 알게 되었다. 그 길을 따라 걸은 후, 나는 행위의 참모습을 완전히 알게 되었다. 행위의 생성과 소멸을 완전히 알았다.

내가 완전히 알게 된 이 사실을 형제와 자매들에게 선언하노라. 형제들이여, 이 진실된 삶은 번성하고 풍요로우며 널리 알려지리라. 슬기로운 사람들과 하늘신장들이 잘 보호하여 매우 번창하리라.

―상응부 12·65―

부처님의 가르침은 중도·연기·팔정도이다

"연기를 보는 사람은 법을 보며 법을 보는 사람은 연기를 보느니라."
—상응부 22·87—

"밧가리여, 법을 보는 사람은 나를 보며 나를 보는 사람은 법을 보느니라. 밧가리여, 법을 보아서 나를 보며 나를 보아서 법을 보느니라."
—상응부 22·87—

불성은 있는 것도 아니며 없는 것도 아니며, 또한 있는 것이며 또한 없는 것이니, 있는 것과 없는 것이 합하는 까닭에 중도라고 한다.[5]
—열반경—

"비구들이여, 무엇을 여래가 현등각(現等覺)한 바로서, 눈(眼)을 생하고 지혜(智)를 생하고 적정(寂靜)·증지(證智)·등각(等覺)·열반(涅槃)에 도움이 되는 중도(中道)라 하는가? 그것은 8정도이다."
—남전대장경. 율부—

인연법과 연생법에 대해 말하다.

"나는 이제 마땅히 인연법과 연생법을 말하리라. 어떤 것을 인연법이라 하는가. 이것이 있기 때문에 저것이 있다"라고 하느니라.

무명을 연(緣)하여 행(行)이 있으며 행(行)을 연(緣)하여 식(識)이 있으며 내지 이렇고 이렇게 하여 순수한 큰 괴로움의 무리(純大苦聚)가 모이느니라. 어떤 것을 연생법이라 하는가. 무명이 지어짐을 말하느니라. 부처님이 세상에 나오거나 부처님이 세상에 나오지 않거나 이

---

5) 능엄경 3권에서도 오온, 6입, 12처, 18계에서 여래장을 보이고 중도가에서도 "무명의 참성품이 곧 불성이요(無明實性卽佛性), 허깨비 같은 빈 몸이 곧 법신이로다(幻化空身卽法身)"라고 했다. 이것이 남방과 북방의 열반에 대한 차이점이다(p.339 5항 참조)

법은 항상 머물며 법은 법계에 머무니라. 그것을 여래가 깨달아 알아서 등정각(等正覺)을 이루고 사람들을 위해 연설하여 열어보이고 드러내 밝히니 무명을 연하여 행(行)이 있고, 내지 생(生)을 연하여 노사(老死)가 있다고 하느니라. 부처님이 세상에 나오거나 부처님이 세상에 나오지 않거나 이 법은 항상 머물러 법은 법계에 머무니라. 그것은 여래가 스스로 깨달아 등정각을 이루고 사람들을 위해 연설하여 열어 보이고 드러내 밝히니, 생(生)을 연하므로 노(老)·병(病)·사(死)와 우(憂)·비(悲)·뇌(惱)·고(苦)가 있다고 하느니라. 이들 모든 법은 법이 머무르며(法住) 법이 공하며(法空), 법이 여여하며(法如), 법이 그러하며(法爾), 법이 여여함을 떠나지 아니하며, 법은 여여와 다르지 아니하며 참으로 진실하여 전도되지 아니하니 이와 같이 연기에 수순하는 것을 연생법이라고 하느니라.[6]

- 잡아함경 12권 -

일승도(一乘道 ekāyana, 유일의 길)는 계·정·혜이다

"여래응등정각(如來應等正覺)께서 알고 보는 바는, 타오르는 번뇌를 떠나 청정한 곳에 뛰어나는 도를 세 가지 설하여, 일승도로써 중생을 정화하고 근심과 슬픔을 여의며 괴로움과 번뇌를 넘어 진여의 법을 얻게 한다. 무엇이 셋인가. 이와 같이 성스런 제자는 청정한 계율에 머무니

---

6) 대열반경 25에서는 "12인연을 불성(佛性)이라 부르나니 불성은 즉시 제일의 공(第一義空)이요, 제일의공은 중도(中道)라 하며 중도는 불타(佛陀)니 불타는 열반이라 하느니라"라고 했다. 연기를 보는 현재의 남방불교와 북방불교의 가장 큰 차이점 중 하나이다. 독자 스스로 시비에 휘말리지 말고 체험으로 판단하길 바란다. 추론이나 구두선같은 이론에서 오는 견성해탈은 여럿도 가능하겠지만 체험에서 오는 견성해탈은 하나이기 때문이다.

…또 이차여, 이와 같이 청정한 계율을 구족하면 탐욕, 악, 선하지 않은 법을 여의며 내지 제사선(四禪定)을 구족하여 머무른다. 또 삼매를 바르게 받아 지녀서 이 고성제(苦聖諦)에서 열심히 이를 알고, 고집성제(苦集聖諦), 고멸성제(苦滅聖諦), 고멸도적성제(苦滅道跡聖諦)에서 열심히 알고 구족한다…

- 잡아함경 29권 -

일승도가 사념처이다

여러 비구들이여, 이 일승도(一乘道)가 있어서 중생을 청정하게 하고, 근심과 슬픔을 초월하여 괴로움과 걱정을 멸하며 바른 도리를 증득하여 열반을 증득하게 하니 이른바 사념처(四念處)니라. 어떤 것을 사념처라 하는가. 몸에서 몸을, 감각에서 감각을, 마음에서 마음을, 법에서 법을 전심전력으로 마음집중하여 분명한 앎으로 관찰하여 세상의 탐욕과 슬픔을 조복하여 머무니라. 여러 비구들이여, 이 일승도가 있어서 중생을 청정하게 하고 근심과 슬픔을 초월하며 괴로움과 걱정을 멸하고 바른 도리를 증득하여 열반을 증득하게 하니, 이른바 사념처니라.

- 상응부 5 -

2. 외도들 교화품

신통으로써 까사빠(가섭) 삼형제를 교화하다

화광 삼매에 들어 용왕을 제도하다

그때 부처님은 이곳저곳을 편력하시다가 우루벨라에 도착하셨다. 그곳에는 세 결발자(Jatilas, 머리를 위로 땋아올린 수행자)가 살고 있었는데 그들은 우루벨라 까사빠(가섭), 나리까사빠, 그리고 가야 까사빠이다. 그 중에서 우루벨라 까사빠는 오백이 넘는 결발자들 가운데 최고의 지도자이며 나리 까사빠는 삼백 명이 넘는 추종자들을 거느리고 있었고, 가야 까사빠는 이백이 넘는 결발자들 가운데 최고의 지도자였다.

네란자라 강가에서 부처님은 결발자, 우루벨라 까사빠에게 말씀하셨다.

"까사빠여, 불편을 끼치지 않는다면 하룻밤만 그대의 불을 모시는 방에서 머물게 해주시오"

"위대한 사문이시여, 나로서는 허락할 수 없습니다. 그곳에는 매우 사납고 신통이 있는 용왕과 무시무시한 독사가 있는데 당신을 해치지나 않을런지요"

"그들은 나를 해치지 않을 것이오 바라건대 불을 모시는 그대의 방에 나를 하룻밤 묵게 해주오"

모든 공포로부터 이미 벗어난 부처님은 까사빠가 허락한 것을 보고 두려움 없이 안으로 들어가셨다. 이때 용은 부처님이 들어오시는 것을 보고 신경질내고 비탄해 하면서 연기를 뿜었다. 부처님께서도 동요하지 않고 연기를 내뿜으셨다. 그러자 용은 견디다 못 해 분노하면서 화염을 내뿜었다. 부처님께서도 또한 화광삼매(火光三昧)에 들어가서 화염을 내뿜으셨다. 양쪽이 화염으로 빛을 뿜을 때 결발자들은 말했다. 위대하신 사문의 모습은 참으로 훌륭하다. 그런데 용이 해칠려고 하다니 그리고 밤이 지나갔을 때 용의 화염은 꺼졌으나 신통을 가진 부처님의 갖가지 빛깔의 화염은 남아 있었다. 새파란 남빛과 빨강, 엷은 빨강과 노랑 그리고 휘황찬란한 수정 및 화염이 부처님의 몸에서 비쳐나오고 있었다. 부처님은 용왕을 발우에 넣고서 바라문에게 보여주며 말씀하셨다.

"까사빠여, 용이 여기 있다."

그의 불은 나의 불로 정복되었다.

우루벨라 까사빠는 이 신통의 결과로써 부처님을 믿게 되었다. 그리고 부처님께 말했다. "위대하신 사문이시여, 저와 함께 머물러 주십시오. 제가 매일 공양을 올리겠습니다."

타심통을 보이시다

그때 결발자, 우루벨라는 생각했다. '곧 나의 큰 제사가 다가오고 있다. 앙가와 마가다의 신도들이 진수성찬을 장만해 올 것이다. 만일 위대하신 사문이 나의 신도들 앞에서 신통을 보인다면 모두들 그를 공경할 것이다. 아, 저 위대하신 사문이 내일 방문하지 않았으면!'

그때 부처님은 신통력으로 우루벨라 까사빠의 마음을 간파하시고 우타라 꾸루로 가셨다.

그날이 지나고 우루벨라 까사빠는 부처님이 계신 곳으로 다가갔다.

"어제는 공양이 준비되었었는데 어찌하여 오지 않으셨습니까?" 부처님은 대답하셨다. "그대 까사빠여 이렇게 생각하지 않았느냐. '곧 나의 큰 제사가 다가 온다(하략)···'

나는 신통력으로써 그대 마음에 일어난 생각을 알아차리고 우타라꾸루로 갔다."

그때 우루벨라 까사빠는 생각했다. '위대하신 사문은 참으로 비범한 신통력과 위력을 가지고 있다. 그는 신통력으로써 다른 사람의 생각을 알 수 있다. 그러나 나처럼 아라한은 아니다.'

-율장·대품-

여러 가지 신통으로 마침내 까사빠를 교화하시다

그때 부처님은 쓰레기장에 버려진 천을 주어서 가사를 만들려고 했다. '어디에서 이 천을 세탁할까?'

그때 부처님의 생각을 알아차린 천신의 왕인 샤카가 그 자신의 손으로 물을 떠와서 부처님께 갖다 드렸다.

"부처님이시여, 여기에다 세탁을 하십시오"

그리고 부처님은 생각했다. '어디에다 이 천들을 문지를까?'

그때 샤카 왕은 부처님의 생각을 알아차리고 커다란 돌을 갖다 올리면서 말했다.

"부처님이시여, 이 돌 위에서 문지르십시오"(부처님은 여러가지 방법으로 이와 유사한 신통들을 까사빠에게 보이셨다.)

그때 우루벨라 까사빠는 생각했다.

'참으로 위대하신 사문은 탁월한 신통력과 위력을 소유하고 계신다. 신들을 통치하는 샤카 왕이 저토록 신봉하는 것을 보면. 그러나 그는 나와같은 아라한은 아니다.'

부처님은 우루벨라 까사빠가 올리는 공양을 들면서 계속 그 숲속에서 머물고 계셨다.

어느날 우루벨라 까사빠가 부처님이 주무시는 곳으로 가서 말했다.

"위대한 사문이시여, 공양이 준비 되었습니다."

"먼저 가거라, 까사빠. 내가 곧 뒤따라 가겠다."

그리고 부처님은 밖으로 나가서 수천리 떨어진 곳에 있는 과일을 따 가지고 까사빠보다 먼저 도착해 까사빠가 불을 모시는 방에 앉아 계셨다. 그 광경을 본 까사빠는 "위대한 사문이시여, 어떻게 해서 저보다 빨리 오셨습니까? 저는 위대하신 사문보다 먼저 출발했는데 저보다 먼저 도착하여 불을 모시는 방에 앉아 계십니까?"

"그대가 떠난 후 나는 수천리 떨어진 인디아(푸리바비데하)에 있는 과일 나무에서 과일을 땄다. 그리고 그대가 도착하기 전에 와서 불을 모시는 방에 앉아 있다. 이 과일이 향기롭고 맛이 한창 들었으니 원하면 하나 들게나."

"아닙니다. 위대하신 사문이시여, 사문께서 드십시오"

그때 우루벨라 까사빠는 생각했다. '참으로 그는 위대한 신통과 위력을 갖고 계신다. 나를 먼저 보낸 후 수천리 떨어진 곳에서 과일을 따서 나보다 빨리 도착한 것을 보면, 그러나 그는 나처럼 아라한은 아니다.'

어느날 결발자들은 불을 모시기 위해 장작을 쪼개려고 했으나 그렇게 하지 못하고 있었다.

"이것은 의심할 바 없이 그 위대하신 사문의 신통력이다. 우리들은 나무를 쪼갤 수가 없다."

이것을 보신 부처님께서 우루벨라 까사빠에게 말씀하셨다.

"그 나무들을 쪼개려고 하느냐? 까사빠!"

"그러하옵니다, 위대하신 사문이여."

그때 순식간에 오백 개나 되는 장작이 쪼개어졌다.

우루벨라 까사빠는 생각했다. '참으로 … (중략) … 그러나 그는 나와 같은 아라한은 아니다.'

그리고 나서 결발자들은 불을 모시기 위해 장작에 불을 지르려 했으나 불이 붙지 않았다. …(위와 같은 내용 반복)…

그리고 성스러운 불을 숭배한 후 결발자들은 불을 끄려고 했으나 실패했다.…(위와 같은 내용 반복)…

그 당시 추운 겨울날 밤 아스타카 축제일중에 눈이 내렸다.

결발자들은 차가운 강물 속에 뛰어들었다가 다시 나오기를 수차례 반복했다. 그래서 부처님은 불이 타고 있는 오백 개의 배를 만들었다. 강물 속에 뛰어들었다가 나온 결발자들을 따뜻하게 했다. 결발자들은 생각했다.

'참으로 위대하신 사문의 신통력은 대단하다. 이렇게 많은 불들을 여기에 나타나게 하다니.'

그때 부처님은 까사빠에게 말씀하셨다. "까사빠여, 불로써 그대 몸을 녹여라."

까사빠는 생각했다. '참으로 위대한 …(중략)… 그러나 나와 같은 아라한은 아니다.'

그때 어느날 소낙비가 쏟아져서 커다란 홍수가 나게 되었다.

부처님이 살던 곳이 물에 잠겨 버렸다. 바로 이때 부처님은 생각했다. '만약 내가 물을 서게 하여 빙빙돌게 하면서 그 가운데를 왔다갔다 하면 어떨까' 부처님은 그렇게 했다. 결발자 우루벨라 까사빠는 겁에 질려 물이 그 위대한 사문을 휩쓸어 갈까 두려워서 배를 타고 부처님이 계신 곳으로 갔다.

그때 까사빠는 부처님이 물을 멈추어 빙빙 돌게 하면서 물속을 왔다갔다 하는 것을 보았다. 까사빠는 물었다.

"위대한 사문이여, 거기에 계십니까?"

"까사빠여, 여기 내가 있네."

부처님은 대답하시고 공중으로 솟구쳐 올라 배 안에 내려앉았다. 우루벨라 까사빠는 생각했다.

'참으로 그는 위대한 신통력을…그러나 나와 같은 아라한은 아니다.' 그때 부처님은 생각했다. '이 어리석은 자는 아직도 그는 참으로 위대한 신통을 … 그러나 나와 같은 아라한은 아니다라고 생각하고 있구나. 내가 이 결발자의 마음을 동요시키면 어떨까?'

그래서 부처님은 우루벨라 까사빠에게 말했다.

"까사빠여, 그대는 아라한이 아니다. 그런 식으로 살아서는 성위에 오르든가 아라한이 결코 될 수 없다."

그러자 우루벨라 까사빠는 부처님 발에 머리를 엎드리고 큰절을 했다.

"스승님이시여, 나로 하여금 부처님의 계를 받게 하소서."

부처님께서 대답하셨다.

"까사빠, 그대는 오백명 결발자들 가운데 최고의 지도자이며 우두머리이다. 우선 그들에게 가서 그대의 의도를 알리고 그들에게 그들이 옳다고 생각하는 것을 그들 스스로 따르도록 하라. 그러자 우루벨라 까사빠는 다른 결발자들한테 가서 말했다.

"여러분, 나는 위대하신 사문의 지도 아래에서 수행의 길을 가고 싶노라. 여러분들은 여러분들이 옳다고 생각하는 대로 어떻게 행동해도 좋다."

결발자들은 말했다.

"스승이시여, 우리들은 오래 전부터 그 위대한 사문에 대해 믿음을 가져 왔습니다. 만약 스승께서 그 분의 지도하에 수행을 하신다면 우리 모두 또한 그렇게 하겠습니다."

그래서 그들 모두 그들이 부처님에게로 가서 계를 받을 것을 간청했다.

"어서 오너라 비구들이여, 법은 잘 베풀어져 있도다. 성스러운 길로써 고(苦)를 완전히 소멸시키도록 하라."

그리하여 이 수행자들은 모두 구족계를 받았다.

그때 나리까사빠가 우루벨라 까사빠 형님의 불을 섬기던 도구들이 강물에 떠내려 오는 것을 보고는 형님, 우루벨라 까사빠에게 무슨 불행이 닥쳤는지 겁이 났다.

몇몇 결발자들에게 "가서 내 형님에게 무슨 일이 일어났는지 알아보아라"라고 말했다. 그리고는 그 자신도 삼백 명의 결발자들과 함께 우루벨라 까사빠에게로 가서 다가가 말했다.

"까사빠 형님이여, 지금의 처지가 더 낫습니까?"

"그렇다네, 지금이 더 낫다네."

(위와 같은 상황이 나리 까사빠와 가야 까사빠에게도 똑같이 일어났다.) 까사빠 형제들을 교화할 때 사용했던 신통과 같은 것은 삼천오백 가지나 된다.

불에 관한 설법[1]

우루벨라에 머물고 있었던 부처님은 이전에 불을 섬긴 결발자였다가 비구가 된 천여 명의 제자들과 함께 가야시사로 향하여 갔다. 가야 근처에 천여 명의 비구들과 머물면서 부처님은 다음과 같이 비구들에게 설법했다.

"비구들이여, 모든 것은 불타고 있느니라. 그러면 무엇이 불타고 있는가. 비구들이여, 눈이 불타고 있고, 보이는 형상들이 불타고 있고, 안식(眼識)이 불타고 있느니라. 눈과 접촉에 연(緣)해서 일어난 어떠한 것

---

1) 불을 섬기던 결발자들에게 심지법문을 하신다.

들도 즐겁든 괴로운 것이든, 즐겁지도 괴롭지도 않은 것이든 그것 또한 불타고 있느니라, 무엇으로 인하여 불타고 있는가?

그대들에게 선언하노라. 그것은 욕망·성냄·어리석음으로 불타고 있고 생(生)·노(老)·병(病)·사(死)·슬픔(愁)·비탄(悲)·아픔(苦)·우울(憂)·불안(惱)으로 불타고 있느니라.

귀(소리)가 불타고 있고…(중략)… 혀가 불타고 있고…몸(감촉)이 불타고 있고…마음이 불타고 있고….

비구들이여, 이것을 이해한 성스러운 제자는 성스러운 길(8정도)을 따라 눈으로부터, 보이는 것으로부터, 눈의 느낌으로부터, 눈의 감촉으로부터 벗어나서 그것이 즐겁든·괴롭든, 즐겁지도 괴롭지도 않든 이 모든 것에서 벗어나느니라…(나머지 모든 감각 기관에도 마찬가지로 적용). 그 자신 갈애로부터 벗어나서, 모든 욕망을 떨쳐 버리고 해탈하느니라. 해탈이 되어 있을 때는 그가 해탈되었다는 것을 알게 된다.

그리하여 그는 다시 태어남(윤회)은 다해버렸고 청정한 삶은 완성되었으며, 할 일은 다 해 마쳤고 더이상 할 것이 남아 있지 않다는 것을 안다.

이 설법이 마쳐졌을 때, 천 명이나 되는 비구들의 마음은 세속에 대한 집착에서 자유로워졌고 모든 고통으로부터 벗어났다.[2]

---

2) 이렇게 하여 천 명의 결발자들은 모두 아라한이 되었다.
　우리가 절에서 조석으로 예불할 때 '천이백 제대 아라한' 할 때 여기에 소개한 이 분들과 사리불과 목련존자의 제자 이백오십 명이 포함된다. 그들 모두 외도의 길에서 방황하다가 부처님을 만나 깨달음을 얻었다.

사리풋타(사리불)와 목갈라나(목련존자)의 귀의

　당시 라자가하는 새로운 사조의 중심지로서 많은 철학 유파가 번성하고 있었다. 그 중에 '산자야'라는 사상가가 이끄는 학파가 이백오십 명의 추종자를 거느리고 있었다. 이들 중 우파티사와 콜리타는 뒤에 부처님께 귀의하여 2대 상수제자가 되었으니 사리불과 목련존자가 그들이다. 그들이 부처님을 만난 인연은 다음과 같다.
　우파티사와 콜리타는 산자야 밑에서 수행하고 있었다.
　누구든지 먼저 불멸의 진리를 발견하는 자가 서로에게 알려주기로 약속했다. 어느날 라자가하의 거리를 거닐고 있던 우파티사는 한 사문의 엄숙한 용모와 위엄있는 거동, 그의 시선을 땅으로 향한 채 마음집중되어 고요하게 경행하고 있는 모습을 보고 크게 감명을 받았다. 과거 수많은 생을 통해 궁극의 진리를 성취하고자 노력해온 우파티사의 끊임없는 노력이 이제 바야흐로 결실을 맺을 순간에 이르렀음인지 이날 따라 그 사문의 모습은 우파티사의 모습을 유달리 사로잡았다.
　이 사문은 다름아닌 부처님의 최초의 다섯 제자 중 한 사람으로 아라한과를 성취한 아싸지였다. 우파티사는 '이 사문이야말로 이 세상에서 아라한과를 증득한 사람이 틀림없구나'라고 생각하면서 그가 누구의 제자이며 어떤 가르침을 받고 있는지 알고 싶었다. 당장 묻고 싶었으나 그 사문에게 방해가 되지 않도록 탁발하러 나온 그 사문이 걸음을 멈출 때까지 계속 따라갔다. 아싸지가 탁발을 끝내고 그가 머무는 곳으로 돌아왔다. 그곳으로 다가가서 물었다.
　"벗이여, 당신의 모습은 우아하고 당신의 눈빛은 맑게 빛납니다. 누가 당신을 출가하도록 설득했습니까. 당신의 스승은 누구십니까"하고 묻자 아싸지 존자는 많은 말을 하기 꺼리는 듯 겸손하게 말했다.
　"나는 교의와 계율을 길게 설명하지는 못하고 그 대의만 간략히 말해

줄 수가 있습니다."
"좋습니다. 벗이여, 적든 많든 좋으실 대로 말해 주십시오. 제가 원하는 것도 그 대의입니다. 장황한 말이 왜 필요하겠습니까."
그러자 아싸지는 부처님의 모든 가르침을 내포하는 연기법을 한 마디로 요약한 다음과 같은 게송을 읊었다.

"모든 법이 일어남에는 원인이 있나니
여래께서 그 원인을 밝혀주셨네
또 법의 멸에 대해서도 설명하셨나니
이것이 위대한 사문의 가르침이라네."

우파티사는 이 게송을 듣자마자 그 뜻을 이해했다. '생겨난 것 모두 소멸하는 것'임을 그 자리에서 깨닫고 첫단계 예류과(預流果)인, 수다원을 성취했다. 기쁨으로 가슴이 벅찬 그는 서둘러 도반인 콜리타에게 달려가 아라한을 만난 사실과 가르침 받은 내용을 얘기해 주었다. 콜리타 역시 친구가 전해주는 게송을 듣고서 바로 깨침의 첫단계를 얻었다. 그 자리에서 두 사람은 바로 스승, 산자야에게 나아가 부처님을 따르자고 권했다. 그러나 종교 지도자로서 명망을 잃게 될까 두려워한 산자야는 우리 셋이서 이 교단을 끌고 가자고 간청하면서 거절했다. 산자야의 강한 만류도 뿌리치고 이백오십 명의 고행자들과 함께 부처님에게로 떠났다. 이때 산자야는 땅에 피를 토하면서 쓰러졌다고 한다.

부처님께서 이들이 오는 것을 보시고 "저기 두 명의 수행자가 온다. 그들은 나의 상수제자가 되리라. 오라, 비구들이여 법은 잘 설해져 있도다. 성스러운 삶을 통해 완전히 고(苦)에서 해탈하도록 하라."

그리고 그들을 승단에 가입시켰다. 그들은 해탈을 성취한 후, 부처님의 뜻을 받들어 승단을 이끄는 상수제자가 되었다.

여래는 법으로써 중생을 유혹한다

그 당시 마가다의 많은 귀족 청년들과 똑똑한 사람들이 부처님 교단에 귀의하기 시작했다. 드디어 주민들은 불평하기 시작하여 화를 내면서 이와 같이 말했다.

"고오타마 사문은 자식을 가진 부모들을 자식이 없게 만들고, 부인들은 과부가 되게 하고 가정의 뿌리를 흔들리게 한다. 그는 이제 천 명이나 되는 결발자들과 이백오십 명이나 되는 산자야의 제자들에게 구족계를 주었다. 마가다의 우수한 많은 사람들이 그의 문하에서 성스러운 수행을 해나가고 있다.

위대한 사문은 마가다국의 라자가하(왕사성)에 와서 산자야를 추종하던 많은 사람들을 꾀어 들였다. 다음은 누구를 꾀어들이려 하는가?"

이 소문을 들은 비구들은 부처님께 나아가서 주민들이 불평하고 있는 사실을 알렸다. 그때 부처님은 "비구들이여, 이 시끄러운 불평은 오래가지 않는다. 오직 7일 간만 계속된다. 7일이 지난 후에는 조용해질 것이다. 만약 그들이 너희들에게 이와 같이 야유를 한다면, 다음과 같이 말해 주어라. '여래가 이끄는 법은 참으로 훌륭합니다. 누가 왜 그 현자에게 불평을 하며 올바르게 지도해 나가는 그 현명한 사람들을 질투하는가.'라고."

이렇게 비구들이 그 주민들을 이해시켜 나가자 그 주민들은 "석가족의 위대한 사문은 중생들을 악병이 아닌 참다운 법(Dhamma)으로 인도하고 계시구나"라면서 이해하게 되었다.

7일이 지난 후 떠들썩한 소문들은 그곳에서 완전히 사라졌다.

－위나야 마하바가－

살인마 앙굴리말라의 깨달음

한때 부처님은 제따와나 수도원에 계셨다.

그 당시 앙굴리말라(Aṅgurimāla)는 꼬살라 국 빠세나디 왕의 왕실 제사장의 아들이었다. 그의 본 이름은 아힘사까(모든 생명을 해치지 않음)로서 부드럽고 자비심 넘치는 성품에다 매우 영특하여 명성이 높았다. 아힘사까는 나이가 들어 당시 유명한 교육 도시였던 탈실라로 유학을 떠났다. 그는 타고난 성품대로 스승에게 잘 순종했다. 그때문에 그는 스승과 스승의 아내로부터 큰사랑을 받았고, 또 공부에도 뛰어났다.

그가 그처럼 스승으로부터 사랑을 받고 공부도 잘하자 그의 동료들은 그에게 질투심을 느꼈다. 그들은 아힘사까를 모함하여 아힘사까가 스승 몰래 스승의 부인과 사랑을 나누고 있다고 스승에게 밀고했다. 학생들로부터 그런 말을 들었을 때 스승은 처음에는 그대로 믿으려 들지 않았다. 그렇지만 계속해서 또 다른 여러 학생들이 그렇게 말해 오자 스승은 점차 아힘사까를 의심하게 되었다.

마침내 스승은 분노가 치밀어 아힘사까에게 복수하기로 결심하고 이를 다른 학생들 앞에 공언했다. 스승은 자기가 직접 아힘사까를 살해하면 처벌을 받을 것이므로, 교묘한 방법을 써 결과적으로 그가 해를 입도록 해야겠다고 생각했다. 그는 아힘사까로 하여금 엄청난 일을 저지르도록 사주함으로써, 그가 자기 앞에 사죄하든지 자기의 결백이 증명될 때까지 투쟁하리라 결심했다.

어느날 스승은 아힘사까를 불러 이렇게 말했다.

"아힘사까야, 나에게는 값으로는 계산할 수 없는 특별한 가르침이 있느니라. 너는 그것을 알고 싶지 않으냐? 그것은 참으로 희귀한 것으로서, 아주 특별한 일을 해내는 자만이 쟁취할 수 있는 보배이니라."

이런 스승의 충동에 마음이 움직인 아힘사까는 이렇게 대답했다.

"그런 귀중한 것을 배우기 위해서 해야만 하는 일이라면 그것이 무엇이든지 저는 물불을 가리지 않겠습니다."

그러자 스승은 그에게 지시하는 것이었다.

"너는 지금부터 남녀를 가리지 말고 천 명의 사람을 죽여야 한다. 그러면 나는 네게 값진 가르침을 전해 주마."

아힘사까는 한 사람도 아니고 무려 천 명이나 되는 많은 사람들을 죽여야 한다는 말에 두려움을 느꼈지만, 값진 가르침을 열렬하게 원했기 때문에 마침내 스승의 지시대로 행동하겠다고 맹세했다.

그리하여 그때부터 아힘사까는 사람을 죽이기 시작했는데, 이제 그는 아힘사까가 아니라 힘사까(생명을 해침)인 셈이었다. 그 뒤 그가 사람을 죽인 숫자가 많아지자 그는 자기가 죽인 사람의 숫자를 기억하기 위해 죽인 사람의 엄지손가락을 잘라 줄에 꿰어 목에 걸고 다녔다. 그래서 사람들은 그를 앙굴리말라(손가락 목걸이)라고 불렀다. 그가 지나가기라도 하면 사람들은 공포에 떨며 대피했고, 미처 피하지 못한 사람은 그에게 희생되었다.

이 소식은 꼬살라 국왕, 빠세나디에게도 전해졌다. 앙굴리말라의 어릴 적 모습을 기억하고 있던 왕은 본래 어질고 착하던 그가 필시 누군가에게 이용당하고 있다는 것을 직감했다. 그렇더라도 그가 백성들에게 주는 피해가 엄청났던 만큼 왕은 곧 병사들을 동원하여 앙굴리말라를 체포하러 떠나려 했다. 이때 앙굴리말라의 어머니, 만따니는 국왕이 병사들을 동원하여 자기 아들을 잡으러 간다는 소식을 듣고, 자기가 먼저 가서 아들을 구해야겠다는 생각으로 국왕에 앞서 숲속으로 달려 갔다.

이때 앙굴리말라의 목에는 구백아흔아홉 개의 엄지손가락이 걸려 있었다. 그는 이제 한 개의 손가락만 더 채우면 목표를 달성하는 셈이었다. 그런데 사람들이 모두 도망치곤 했기 때문에 그는 아직껏 마지막 한 사람의 손가락을 얻지 못하고 있었다.

한편, 부처님께서는 이날 아침 일찍이 신통력으로 세계를 두루 살피시다가 앙굴리말라를 보시었다. 부처님께서는 그를 반조해 보시고 만약 그와 그의 어머니가 만나는 것을 막지 않으면, 그는 마지막 손가락 하나를 채우려는 욕심에 어머니까지 살해할 것이라고 생각하시었다. 그랬을 경우 앙굴리말라는 지옥에 떨어져 기나긴 세월 동안 큰 고통을 겪을 것이 뻔한 이치였다. 이에 부처님께서는 자비심을 내시어 앙굴리말라가 머물고 있는 숲으로 향하셨다. 이때 많은 사람들이 앙굴리말라의 잔인성을 이야기하며 위험하니 가셔서는 안 된다고 부처님을 말렸지만, 부처님께서는 "여래가 가지 않고는 그의 악행을 멈추게 하지 못하리라"고 말씀하시고 그를 찾아가시었던 것이다.

이때 앙굴리말라는 여러 날을 두고 잠을 자지 못하여 거의 지쳐 떨어지기 직전이었다. 그러나 한편으로는 이제 마지막 한사람만 죽이면 목표를 달성케 되는 만큼 마음이 아주 흡족했다. 그는 스스로 '이제는 어느 누구를 만나든 그 사람이 나의 표적이다. 어떤 일이 있더라도 나는 그 사람을 죽이리라'고 생각하고 있었다. 그가 이런 생각을 다지며 자리에서 고개를 들어 앞을 바라보는데 부처님께서 다가오고 계시었다. 그는 주저 없이 큰 칼을 높이 쳐들고 부처님을 향해 달려갔다.

그러자 부처님께서는 뒤로 돌아 느린 걸음으로 걷기 시작하시었다. 그런데 이상하게도 그가 아무리 쫓아가도 부처님과의 거리가 좀처럼 좁혀지지 않았다. 그는 죽을 힘을 다해 달렸지만 도저히 부처님 가까이에 접근할 수가 없었다. 그래서 그는 '나는 말을 달리면 말을 쫓아갔고 코끼리가 달리면 코끼리를 따라잡아, 타고 있던 사람을 붙잡아 죽였는데, 저렇게 천천히 걸어가는 수행자 하나를 쫓아가 잡지 못하다니'라고 생각했다. 결국 지친 그는 부처님을 향해 다음과 같이 세 번 소리쳤다.

"사마나(수행자)여, 거기 멈추어 섰거라!"

그러자 부처님께서는 조용한 목소리로 그를 돌아보시며 말씀하시었다.

"앙굴리말라여, 여래는 여기 멈추어 서 있느니라. 멈추어 서지 않는 것은 실은 네가 아니냐?"

그는 부처님께 물었다.

"비구여, 그대는 멈추어 서 있지만 나는 멈추어 서 있지 않다고 하는 것은 무슨 뜻인가?"

부처님께서 대답하시었다.

"앙굴리말라여, 여래가 멈추어 서 있다 함은 여래는 모든 생명을 해치기를 그치고 모든 생명을 잔인하게 다루기를 그쳐, 우주적인 자비와 인욕을 이루고 자신을 돌아보는 참된 지혜를 성숙시켰다는 뜻이니라. 그러나 너는 지금 사람 죽이기를 버리지 않고, 사람에게 잔인하게 대하기를 그치지 않으며, 자비와 인욕을 버리고, 너 자신을 돌아볼 줄 모르는구나. 그러므로 너는 멈추어 서 있지 않다고 한 것이니라."

앙굴리말라는 부처님으로부터 들은 이 말을 가만히 반조해 보고 문득 이런 생각이 들었다.

'이것은 분명 지극히 현명한 분의 말씀이다. 이 비구는 실로 드물게 현명하며, 또한 두려움을 모르는 위대한 분이다. 이런 분은 많은 비구들을 거느리고 지도하는 위치에 있어 마땅하다 하겠다. 참으로 이분이야말로 천상과 인간들을 통틀어 가장 위대한 스승이신 부처님 바로 그 분일 것이다! 아, 부처님께서 직접 나를 위해 이곳에 오시어 모든 악과 어리석음에서 벗어나도록 자비와 지혜의 빛을 보이고 계시는 것이다!'

이런 생각이 드는 순간 앙굴리말라는 자기가 그동안 저지른 큰 악행의 과보에 공포를 느끼고 뉘우치는 마음이 생겼다. 그는 손에 든 칼을 땅 속에 박고 피묻은 손가락들로 엮은 목걸이도 벗어 던졌다. 그런 뒤 부처님의 발앞에 엎드려 용서를 비는 한편, 자기를 부처님의 제자로 받아달라고 애원하였다. 이에 부처님께서는 크나큰 자비심으로 그를 너그러이 받아들이시고, 그가 편안한 마음을 가질 수 있도록 부드러운 말씀으로 위로해 주시었다.

부처님께서 그에게 '비구가 될지니라'라고 선언하시자 당장에 그의 머리카락이 저절로 깎이고 가사가 입혀졌다. 그리하여 앙굴리말라는 다시 예전의 아힘사까로 돌아가 어질고 착한 사람으로 변하여 부처님의 뒤를 공손히 따라 제따와나 수도원으로 들어왔다. 그러자 모든 사람이 부처님의 위신력과 대자대비에 탄복하는 한편, 자기들의 눈을 의심하였다.

한편 사밧티에서는 시민들이 왕에게 잔인한 앙굴리말라를 잡아 다스려야 한다고 성화가 대단했다. 그래서 왕은 오백 필의 말과 군사를 거느리고 앙굴리말라를 체포하러 떠나면서 먼저 부처님을 뵈었다. 왕은 수레가 갈 수 있는 데까지는 수레를 타고 간 다음, 수레에서 내려 걸어서 부처님께 갔다.

부처님께서 왕에게 물으시었다.

"대왕이여, 대왕은 왜 이토록 많은 군마를 동원하였소? 혹 빔비사라왕이 국경을 넘어 공격해 온 것이오? 아니면 반란이라도 일어났소?"

왕이 사뢰었다.

"부처님이시여, 그런 것이 아닙니다. 앙굴리말라는 희대의 살인마가 나타나 나라 안을 온통 공포속에 몰아 넣고 있기 때문에 그를 체포하러 가는 길입니다."

그러자 부처님께서는 왕에게 물으시었다.

"대왕이여, 만약 그 앙굴리말라가 지난날의 모든 악행을 다 버리고 머리와 수염을 깎고 가사 입고 비구가 되어 계행을 지키며 마음을 고요하게 다스리는 수행을 하게 된다면 그를 어떻게 대하시겠소?"

"부처님이시여, 그렇다면 저는 마땅히 인사를 올리고 일어나서 반갑게 맞이하여 자리를 내드리겠습니다. 그리고 제 왕궁으로 초청하여 공양을 올리며 머물 곳과 의복·음식·약품 등을 공급하면서 이치에 따라 보호하고 존경하겠습니다. 그러나 부처님이시여, 수많은 사람들의 생명을 해친 악랄하고 잔인하기 이를 데 없는 자가 어떻게 엄정한 계행을 지키고, 자신을 억제하여 마음을 고요히 할 수 있겠습니까?"

이때 앙굴리말라는 부처님 가까운 곳에 조용히 앉아 좌선하고 있었는데, 빠세나디 왕의 대답을 들으신 부처님께서는 오른손으로 앙굴리말라를 가리키시며 이렇게 말씀하시었다.

"대왕이여, 앙굴리말라가 저기에 앉아 있소"

그러자 빠세나디 왕은 깜짝 놀라 온몸을 부들부들 떨었다. 부처님께서는 왕을 위로하시며 "빠세나디 왕이여, 무서워 하지 마시오"라고 세 번이나 말씀하시었고, 그래도 왕이 안정을 찾지 못하자 다시 "왕이여, 무서워할 것은 없소"라고 말씀하시었다. 그제서야 왕은 가까스로 정신을 차리고 몸과 마음이 안정되었다.

왕은 잠시 후, 앙굴리말라에게 다가갔다.

"존경하는 성자, 앙굴리말라시여."

"예, 대왕이시여."

"성자께서는 무슨 계급의 어느 자손이신지요?"

"대왕이시여, 제 아버지는 각가이며 어머니는 만따니입니다."

왕은 그가 진짜 앙굴리말라인 것을 확인하고 나서, 이제부터 자기는 앙굴리말라의 신자가 되어 가사와 필요한 물품을 공급해 드리겠다고 제안했다. 그러자 앙굴리말라는 자기는 지금 가진 것만으로 만족한다면서 왕의 제안을 공손하게 사양했다. 빠세나디 왕은 부처님 곁으로 다시 다가와 부처님의 오른편에 앉아 합장으로 공경의 예를 표한 뒤에 이렇게 찬탄했다.

"부처님이시여, 참으로 훌륭하십니다! 부처님께서는 실로 정복하지 못할 자를 정복하시었고, 다스릴 수 없는 자를 다스리시었으며, 난폭한 자를 조용하게 만드시었고, 사나운 불과 같아서 꺼버릴 수 없는 자를 꺼버리시었으며, 저희로서는 창과 칼로도 다스릴 수 없는 자를 잘 다스리시었습니다. 부처님이시여, 참으로 위대하시고 거룩하십니다!"

이렇게 최상의 찬사를 드리고 나서 왕은 할 일이 많다면서 그곳을 떠나 왕궁으로 돌아갔다. 그리고 앙굴리말라는 그 뒤로 열심히 수행하여 얼마 지나지 않아 아라한이 되었다.

앙굴리말라가 아라한이 된 뒤의 어느날, 그는 탁발 도중에 사람들이 서로 패싸움을 하는 곳을 지나가게 되었다. 그들은 서로 돌멩이와 막대기 따위를 마구 던져댔기 때문에 그곳을 지나던 앙굴리말라는 본의 아니게 치명적인 부상을 입고 말았다. 그러나 그는 조금도 성내는 기색이 없이 모든 것을 자기의 행위에 대한 과보로 여겼다. 그는 그런 와중에서 일심으로 자기의 마음을 관찰하여, 피투성이가 된 몸을 이끌고 부처님이 계시는 수도원에 돌아왔다.

부처님께서는 그에게 이렇게 말씀하시었다.

"여래의 아들이여, 그대는 이제 모든 악을 다 멀리 던져버린 사람이니라. 앙굴리말라여, 부디 인욕하라. 널리 용서하라. 네가 지난날 범한 악행으로 인해 너는 지금 이런 과보를 받고 있는 것이니라. 만약 이 일을 겪지 않을진대 너는 이루 헤아릴 수 없는 고통을 겪으며 기나긴 세월을 나라야(지옥)에서 보내야 했으리라."

부처님의 이 설법이 끝난 뒤, 앙굴리말라는 평화롭게 대열반(빠리닙바나)을 실현했다.

다른 비구들이 부처님께 여쭈었다.

"앙굴리말라는 어디에 태어났습니까?"

"여래의 아들은 대열반을 실현하였느니라."

그러자 비구들이 그 말씀을 믿으려 하지 않았다. 그들은 부처님께 다시 여쭈었다.

"수많은 사람의 목숨을 빼앗은 잔인한 그가 어떻게 대열반을 실현할 수 있습니까?"

부처님께서는 이렇게 대답하시었다.

"비구들이여, 앙굴리말라가 그 같은 악행을 저질렀던 것은 그에게 진실한 벗(Kalynaa-mitta : 善友)이 없었기 때문이니라. 그러나 그는 뒤에 훌륭한 벗을 찾았고 벗들을 통해 법(Dhamma)을 알게 되었으며, 그 뒤로 열심히 수행하여 마음집중(위빠싸나)을 잘 이루었느니라. 그리하여 그는 마침내 아라한이 되었나니, 그의 수행의 힘이 그가 지난날 저지른 모든 악행을 훨씬 능가했던 것이니라."

그리고 부처님께서는 다음 게송을 읊으시었다.

> 그가 행한 착한 공덕(아라한과)이
> 과거에 지은 모든 악행을 압도했나니
> 이 세상에 밝은 빛을 남겼도다.
> 마치 구름을 벗어난 달이 밝게 빛나듯이

-법구경 173-

3장. 견성해탈법에 대한 부처님의 설법

1. 견성해탈로 가는 유일한 길

불사(不死)의 경지

비구여! 네 곳에 마음집중하는 수행법(四念處)이 있느니라. 무엇이 네 곳이냐?

몸에서 몸을, 감각에서 감각을, 마음에서 마음을, 법에서 법을 전심전력으로 마음집중(주시)하여 분명한 앎으로 계속 관찰하면서 세상의 욕망과 슬픔을 극복하여 수행하느니라.[1]

몸(감각, 마음, 법)에서 몸을 관찰하는 동안 몸(감각, 마음, 법)에 대한 어떠한 욕망도 제거하느니라. 욕망의 제거를 통하여 죽음이 없는 경지를 실현하느니라. (더욱 자세한 설명은 2권 Ⅲ부 참조)

―상응부경 47, 37―

---

[1] 만약 전심전력(ātāpī, ardently)으로 수행하지 않으면 장애(번뇌, 혼침)가 따른다. 분명한 앎(sampajano, clear comprehension)이 없으면 정과 사의 구별을 못하고 혼돈된다. 연약한 마음집중(sati, mindfuness)은 바른길과 잘못된 길을 구별하지 못한다. 그러므로 전심전력(正精進), 분명한 앎(正見正智慧), 올바른 마음집중(正念)이 필수불가결의 조건이다. 그리고 계속 관찰(anupassī, 隨觀)한다는 것은 빈틈없이 이어져 나가는 것을 말한다. 이러한 것들이 위빠싸나 수행의 핵심적 요소들이다. 이것들을 균형있게 수행하는 사람은 수행할 줄 아는 사람이다. 그렇지 못하면 구두선(口頭禪)이고 사선(死禪)이다.

법의 보존에 대한 아난다의 견해

"형제, 아난다여! 여래가 세상을 떠난 후 정법(正法)이 계속 보존된다면 그 원인은 무엇입니까?

형제, 아난다여! 여래가 세상을 떠난 후 만약 정법이 계속 보존되지 않는다면 그 원인은 무엇입니까?

형제, 밧다여! 그대 통찰은 훌륭하고 지혜는 찬탄할 만 하고 그대 질문은 탁월하다.

만약 네 가지 마음 집중법(四念處)을 올바르게 수행하여 계속 계발해 나가지 않는다면 정법은 여래가 세상을 떠난 후에 곧 소멸하리라.

그러나 형제여, 네 가지 마음집중법을 올바르게 수행하여 계속 계발해 나간다면 정법은 여래가 세상을 떠난 후에도 영원히 소멸하지 않으리라."[2]

-상응부경 47·22-

위대한 사람이란

"부처님이시여! 세상에는 위대한 사람, 위대한 사람이라고들 말합니다. 어떠한 사람이 위대한 사람입니까?"

"사리풋타여! 마음이 자유로운 사람이 위대한 사람이라고 나는 선언하노라. 마음이 자유롭지 못하면 위대한 사람이 아니니라. 그러면 사리풋다여! 어떻게 하면 마음이 자유로워질 수 있겠는가? 몸에는 몸을, 감각에는 감각을, 마음에는 마음을, 법에는 법을 전심전력으로 마음집중하

---

2) 정법, 말법은 시대에 있지 않고 오직 수행자의 올바른 정진력에 달려있으며 그 정진은 사념처 위빠싸나이다.

여 분명한 앎으로 계속 관찰하여 세상에서 욕망과 슬픔을 극복하면서 주하여야 하느니라."

―상응부경 47·11―

일체처, 일체시에 마음집중으로

"비구들이여! 비구 난다를 성스럽고 훌륭하고 존경할 만한 성자라고 불러도 좋으니라. 비구들이여! 만약 난다가 감각기관을 잘 지키지 않고, 먹는 데서 절제하지 않고, 마음집중과 분명한 앎을 계발하지 않았다면 그는 완전히 청정하고 성스러운 생활에 이르지 못했을 것이다.

지금은 난다가 어떻게 감각기관을 다스려 나가는가?

만약 난다가 동쪽을 보아야 한다면, 그는 모든 것에 마음을 챙긴 후에만 동쪽을 본다. 즉 '내가 동쪽을 향해서 보고 있는 동안 욕망과 슬픔이나 다른 불건전하거나 삿된 생각이 나의 마음에 들어 오지 않는다.' 이와 같이 그는 분명한 앎을 유지하고 있다. 만약 서쪽이나 남쪽, 북쪽을 봐야 할 경우…(전과 동일)…

비구들이여, 현재 난다의 마음집중과 분명한 앎은 이와 같으니라. 난다의 내부에 감각(느낌)이 일어날 때는 완전한 알아차림과 함께, 감정이 계속될 때는 완전한 알아차림과 함께, 감정이 사라질 때는 완전한 알아차림과 함께, 인식(想)이 일어날 때는 완전한 알아차림과 함께, 인식이 계속될 때는 완전한 알아차림과 함께, 인식이 사라질 때는 완전한 알아차림과 함께, 생각(思)이 일어날 때는 완전한 알아차림과 함께, 생각이 지속될 때는 완전한 알아차림과 함께, 생각이 사라질 때도 완전한 알아차림과 함께 한다.

비구들이여, 난다의 마음집중과 분명한 앎은 이러하느니라."[3]

―증지부 13·9―

완성자, 여래의 특성

"아난다여! 완성자의 위대한 특성을 명심하고 있어야 하느니라. 완성자의 위대한 특성은 완성자의 내부에서 감정이 일어나는 것을 알고, 감정이 계속되는 것을 알고, 감정이 사라지는 것을 알고, 자신의 내부에서 인식이 일어나는 것을 알고, 인식이 계속되는 것을 알고, 인식이 사라지는 것을 알고, 자신의 내부에서 생각이 일어나는 것을 알고, 생각이 계속되는 것을 알고, 생각이 사라지는 것을 아느니라. 아난다여! 이것이 완성자의 위대한 특성임을 명심하여야 하느니라."

―중부경 123―

단지 알아차리기만 하라

어느 때 장사꾼들이 배를 타고 바다를 항해하다가 도중에 배가 침몰하여 한 사람을 제외하고 배에 탔던 모든 사람이 다 죽은 일이 있었다. 이때 유일한 생존자는 물 위에 떠 있는 두꺼운 나무 판자를 붙들고 정처없이 표류하다가 숩빠라까라고 불리는 작은 항구에 닿게 되었다. 항구에 도착한 그는, 옷이 없으므로 붙들고 온 나무 판자로 자기 몸을 가리고 그릇 하나를 든 채 많은 사람들이 볼 수 있는 장소에 앉아 있었

---

3) 마음현상의 처음·중간·끝을 놓치지 않고 관찰(定·慧, 止·觀)하는 것이 위빠싸나 수행의 핵심이다. 아라한에서는 식(識, Viññaṇa)이 반야(慧, Paññā)로, 행(行, Saṅkāra)이 생각(思, Vitakka)으로 전환되어 무명업식이 지혜와 자비로 승화된다. 이것이 깨달은 후의 위빠싸나 수행이다.

다. 그러자 지나가는 사람들이 그에게 쌀이나 죽 따위를 주는 것이었다.

그 중 어떤 사람들은 그가 혹시 아라한이 아닐까 생각하며 자기네들끼리 그를 칭찬하는 말을 나누었다. 그런가 하면 어떤 사람들은 그에게 옷을 가져다 주었는데, 그는 자기가 옷을 입으면 사람들이 자기에게 돈이나 음식 따위를 바치지 않으리라 생각하여 옷 입는 것을 거절했다. 이런 일이 계속 되는 동안에 그는 마침내 자기가 아라한이라고 착각하게 되었다. 그러나 그것은 진실과는 달랐다. 그는 나무판 하나로 옷을 대신하여 몸을 가리고 있었기 때문에 바히야 다루찌리야라고 불리었다.

이럴 즈음 마하브라흐마(대범천)는 과거 전생에 자기 친구였던 바히야가 타락되어가는 것을 보고 매우 안타깝게 여기며 자기에게 그를 바른길로 인도해야 할 책임이 있다고 생각했다. 그래서 그는 밤중에 바히야를 찾아가 이렇게 충고했다.

"바히야, 너는 아라한이 아니지 않은가? 너는 아라한으로서의 아무런 자격도 갖추지 못했지 않느냐?"

그러자 바히야는 마하브라흐마를 올려다보면서 자백했다.

"그래, 나는 나 자신이 아라한이 아님을 인정한다. 나는 지금까지 내가 아주 잘못 행동해 왔다는 것도 인정해. 그렇지만 지금 이 세상 어디에 아라한의 경지에 오른 그런 위대한 사람이 있을 수 있겠나?"

그 말을 받아 마하브라흐마는 사밧티에 고오타마 붇다가 계시는데, 그분은 진정한 아라한이시며 완전한 깨달음을 성취하신 분이라고 가르쳐 주었다. 그제서야 바히야는 자기의 엄청난 죄를 깨닫고 절망감을 느끼게 되어 부처님을 만나 뵙기 위해 정신없이 사밧티를 향해 달려가기 시작했다. 이때 마하브라흐마는 신통력으로써 바히야를 도와 120요자나[4]의 그 먼 거리를 단 하룻밤에 갈 수 있게 되었다. 그리하여 바히야는 아침 일찍이 사밧티 성에 도착했고, 부처님께서 비구들과 함께 탁발하시는 것을 발견하게 되어 공손한 자세로 부처님의 뒤를 따랐다. 그러면서 바히야는 부처님께 법을 설해 주십사고 청했는데, 부처님께서는 지금은 탁발 공양을 하는 시간이지 법을 설하는 시간이 아니라고 대답하시었다. 그러자 바히야는 부처님에게 더욱 가까이 가서 이렇게 말씀드렸다.

"부처님이시여, 부처님께서는 제 생명에 위험이 닥쳐오는 것을 모르십니까? 제발 제게 지금 법문을 베풀어 주십시오!"

이때 부처님께서는 바히야가 120요자나의 그 먼 길을 단숨에 왔다는 것과 지금 여래를 만나 지나치게 흥분되어 있다는 것을 알고 계시었다. 그랬으므로 부처님께서는 그에게 즉시 법문을 베풀어 주시지 않고 그의 마음이 고요하게 진정되기를 기다리시었다. 법은 그런 상태에서 바르게 흘러들어가야 하는 것이기 때문이었다.

그런데도 바히야는 계속해서 끈덕지게 설법을 애원했다. 그래서 부처님께서는 하는 수 없이 서신 채로 설법을 하시게 되었다.

"바히야여, 네가 어떤 것을 볼 때 너는 네 마음을 보고 있는 그 자체에 집중하고 그것을 분명히 자각하여라. 네가 어떤 소리를 들을 때에도 듣는 그 자체에 마음을 집중시키고 분명히 그것을 자각하여라. 네가 어떤 냄새를 맡을 때에, 혹은 어떤 음식을 맛볼 때, 무엇을 만질 때, 또 네가 어떠한 것을 생각할 때에도 너는 항상 그 대상에게 마음을 집중시키고 그것을 분명히 자각하여라. 그러나 그렇게 하면서도, 그것들이 다 마음의 대상일 뿐임을 알아, 거기에 어떤 분별을 일으키지 말고 집착이나

---

4) 1요자나(19~20km)

싫어함도 일으키지 말아야 하느니라."

　위와 같이 부처님의 법문을 듣자마자 바히야는 즉시 아라한과를 성취하였고, 그는 부처님께 비구가 되게 해달라고 청했다. 그러나 부처님께서는 비구가 되고 싶으면 가사와 바루를 비롯한 물품들을 준비해 오라고 이르시었다. 그래서 그는 물품을 준비하기 위해 떠났는데, 그와 전생부터 원한 관계를 맺고 있던 소로 변신한 귀신에 밟혀 그만 죽고 말았다.

　부처님과 비구들은 탁발을 끝내고 나오시어 제따와나 수도원으로 향하시다가 도중에 바히야가 쓰레기더미 위에 죽어 있는 것을 보시었다. 부처님께서는 그를 아라한에 합당하게 화장하고 그 유골은 탑에 안치하도록 하라고 비구들에게 이르시었다.

　부처님께서는 제따와나 수도원으로 돌아오신 다음 비구들에게 바히야는 닙바나(열반)를 깨달았다고 말씀해 주시었다. 또 부처님께서는 비구들에게 그는 짧은 시간 내에 내적 현상을 보아 도(道 : Magga)에 이르른 사람이었다고 말씀하시었다. 그러자 부처님의 말씀을 들은 여러 비구들은 당황하여 그가 언제 아라한을 이루었는지 여쭈었다. 이에 대해 부처님께서는 그가 길 위에서 여래가 설하는 법문을 듣고 바로 아라한과를 성취했다고 하시었다. 그러자 비구들은 어떻게 단 몇 마디의 법문만을 듣고 아라한과를 성취할 수 있었는지 의아하게 생각했다. 이에 부처님께서는 말씀하시었다.

　"아라한을 이루는 것은 법문을 듣는 횟수와는 관계가 없느니라. 아주 짧은 단 한 차례의 법문일지라도 그것이 유익했다는 사실이 중요하니라."

　그리고 부처님께서는 다음 게송을 읊으시었다.

닙바나(열반)를 깨닫는 것과 관련없는
일천 편의 의미없는 게송을 듣기보다는
단 한 편에 지나지 않을지라도
마음을 고요히 해주는 게송을 듣는 편이 훨씬 낫다.[5]

―법구경 101―

초보자와 깨달은 자를 위한 보임 수행이란

한 때 부처님이 코살라 사람들과 함께 머물고 있을 때 다음과 같이 비구들에게 설법하셨다.

"비구들이여! 가르침을 배우러 온 사람들 가운데 아직 많이 진보하지 않은 처음 시작하는 수행자들에게는 네 가지 마음 집중법을 가르치느니라. 무엇이 넷이냐? 몸에서는 몸을, 감각에서는 감각을, 마음에서는 마음을, 법에서는 법을 전심전력으로 마음 집중하여 분명한 앎으로 일념으로, 고요한 마음으로, 모아진 마음으로, 집중된 마음으로 있는 그대로 알아차리기 위해서 관찰하면서 머무느니라. 또한 수행이 상당히 진보했지

---

5) 돈오돈수는 수행시간의 길이와 반드시 일치하는 것은 아니다.
　보여진 것에는 단지 보여진 것만, 들려진 것에는 단지 들려진 것만, 감촉(냄새·맛·감각)되어진 것에는 단지 감촉되어진 것만, 생각되어진 것에서는 단지 생각되어진 당처에 알아차림(반야관)이 밀착되어 있어야 한다.
　그리고 감정(느낌)이나 생각에서 처음·중간·끝을 알아차리라고 부처님은 가르쳤다.
　이 두 가지 방법을 백 퍼센트 이해하고 받아들여 24시간 밤낮으로 이어 나갈 수 있다면 경전이나 이 책을 더 이상 읽지 않아도 된다. 이것이 부처님 수행의 핵심이다. 이것이 최고의 경전이다. 부처님을 부러워 할 필요도 없다. 그 이상의 방법은 없다. 그렇게만 한다면 저절로 구경열반에 도달하리라. 쉬지 않고 바로 가면 돈오돈수이고, 쉬었다가 가면 점오점수이다.

만 아직 궁극의 구경처에는 도달하지 않은 아라한 이전의 수행자도 몸에서는 몸을, 감각에서는 감각을, 마음에서는 마음을, 법에서는 법을 전심전력으로 마음 집중하여 분명한 앎으로 일념으로 고요한 마음으로 모아진 마음으로, 집중된 마음으로 완전히 알아차리기 위해 관찰하면서 머무니라. 또한 탐·진·치를 소멸하고 완전한 지혜로 견성해탈한 아라한들도 역시 몸에는 몸을, 감각에서는 감각을, 마음에서는 마음을, 법에서는 법을 전심전력으로 마음 집중하여 분명한 앎으로, 일념으로, 고요한 마음으로, 모아진 마음으로, 집중된 마음으로, 결박의 족쇄(탐·진·치 번뇌)에서 벗어난 채 관찰하면서 머무니라."[6]

―상응부경 47.4―

아나율의 사념처관(성취의 기준)

한때 사리풋다 존자가 아나율 존자에게 말했다.

"사람들은 형제 아나율의 성위(아라한 이하 聖位)의 경지에 대해서 말합니다. 어떻게 하여 성위의 경지를 성취하였습니까?"

"사념처의 계발로 성위과에 들었습니다."

"사람들은 형제 아나율의 수행을 넘어선 경지(아라한)에 대해서 말합니다. 어떻게 그러한 경지에 머뭅니까?"

---

6) 부처님은 초보자·고참자·아라한·부처님에 이르기까지 위빠싸나 수행으로 일관하셨다. 위빠싸나는 깨달음에 이르는 길과 보임의 방법을 다 갖추고 있다.

"사념처의 완전한 계발(極果)로 수행을 넘어선 경지에 도달합니다."[7]

－상응부경 47·26－

몸에 병이 들었을 때

한 때 아나율 존자가 사밧티 근처에 살고 있을 때 몸에 병이 났다. 몇몇 비구들이 그를 문병하여 질문했다.

"육체의 고통스러운 감각이 아나율 존자의 마음을 침범할 수 없는 경지에 머물고 있는 상태는 어떠한 것입니까?"

"형제들이여, 그것은 마음집중의 네 곳(四念處)에 굳건히 자리잡고 있는 마음의 상태이다. 그러하기 때문에 육체의 고통스러운 감각이 나의 마음을 결코 침범할 수 없다."

－상응부경 52.10－

위빠싸나 수행으로 병을 극복하다

라자가하에 살고 있는 사리밧다라는 한 신도가 중병에 걸려서 앓고 있었다. 그래서 그는 아난다에게 와달라고 부탁을 했다.

부탁을 받고 그의 집에 문병온 아난다가 다음과 같이 말했다.

"당신의 병은 견딜만하고 지탱할 수 있습니까? 고통이 점점 줄어드는

---

7) 열반경(25)에서도 "불성은 제불(諸佛)과 극과(極果)인 십력, 사무소외(四無所畏)와 대비(大悲)와 사념처(四念處)이니라"라 했다. 사념처의 극과가 마하반야바라밀이며, 오온 개공이다. 공(空) 가운데에서는 무명(無明)도 없다. 이 때 금강경에서 말하는 "제상(諸相)이 비상(非相)이면 즉견여래(卽見如來)"라는 경지가 현전하리라 본다. (Ⅱ부 2장 6. 누진통 참조)

지요. 그대로 있는지 아니면 호전되는지요?"

"그렇지 않습니다. 존자여, 저의 병은 몹시 아파서 참기가 힘듭니다. 고통은 점점 더하고 줄지는 않고 더욱더 악화될 것 같습니다."

"그러면 이렇게 자신을 수행해 보시지요. 나는 몸에서는 몸의 관찰을, 감각(느낌)에서는 감각의 관찰을, 마음에서는 마음의 관찰을, 법에서는 법의 관찰을 전심전력으로 마음집중하여 분명한 앎으로 세상에서 욕망과 슬픔을 극복하면서 수행하리라."

그후 얼마 지나지 않아서 사리밧다는 "존자시여! 부처님께서 가르치신 네 가지 마음집중법(사념처)은 저에게도 발견되어질 수 있습니다. 저는 이 가르침에 따라서 삽니다. 왜냐하면 존자시여! 저는 몸에서는 몸의 관찰을, 감각에서는 감각의 관찰…(하략)…. 그리고 부처님께서 말씀하신 다섯 가지 낮은 결박의 번뇌〔자아에 대한 사견(有身見), 형식, 의식에 집착(戒禁取見結), 회의(疑結), 욕망(貪結), 성냄(瞋結)〕는 하나도 찾아 볼 수가 없습니다. 그것들은 지금까지 제가 제거하지 못한 것들이었습니다"라고 말하게 되었다.

"이것은 대단히 큰 성취입니다. 사리밧다시여, 불환과(아나함)[8]가 성취되어졌음이 당신 스스로에 의해 선포되고 있습니다."

―상응부 47·29―

문둥병 환자의 견성담

이와 같이 나는 들었다.

어느 때 부처님께서는 라자가하 교외의 대나무숲인 칼란다카 니바파

---

8) 불환과 아나함(Ⅱ부10의 四科설명 참조)

동산에 계셨다. 그런데 그때 라자가하에는 숫파붓다라는 이름의 문둥병 환자가 살고 있었다. 그는 가련한 부랑자였다. 어느날 부처님께서는 수많은 사람들에게 둘러싸여 법을 설하고 계셨다. 문둥병 환자, 숫파붓다는 많은 사람이 모여 있는 광경을 멀리서 지켜보며 생각하였다. '필시 저곳에는 뭔가 상당한 음식이라든가 부드러운 음식을 나누어 주고 있을 것이다. 나도 저 사람들 있는 곳으로 가보자. 거기 가면 틀림없이 먹을 것을 얻을 수 있으리라.'

문둥병 환자 숫파붓다는 그곳으로 갔다. 그런데 그는 그곳에서 많은 사람들에게 둘러싸여 법을 설하고 계시는 부처님의 모습을 보고 생각하였다. '여기에서는 먹을 것을 나누어 주는 게 아니라, 이 사문 고오타마가 사람들 한가운데에서 법을 설하고 계셨던 것이다. 나도 법을 들어보기로 하자.' 그는 법을 들으려고 그곳에 앉았다. 그러자 모든 사람들의 마음을 알고 계시던 부처님께서는 '여기에서 법을 이해할 만한 자는 누구일까'라고 생각하셨다. 부처님께서는 많은 사람들 가운데에 앉아 있는 문둥병 환자, 숫파붓다의 모습을 보시는 순간, '이 남자라면 법을 이해할 수 있을 것이다'라고 생각하시고 그를 위해 순서대로 법을 설하셨다. 즉 보시에 관한 이야기, 계율에 관한 이야기, 하늘에 관한 이야기, 온갖 욕망에는 허물이 있고 비천하며 더러움이 있다는 것과 욕망을 떠나는 일은 이익이 된다는 것을 설명하셨다.

부처님께서는 문둥병 환자, 숫파붓다의 마음이 겸손해지고 부드러워지며 편견이 없어지고 북돋워지며 드맑아졌음을 아시고 모든 부처님의 가르침 중에서 가장 훌륭한, 괴로움·괴로움의 집기·괴로움의 멸함·괴로움을 멸하는 길(苦·集·滅·道)을 설하셨다. 그러자 눈처럼 깨끗하고 하얀 천이 갖가지 염색약을 순식간에 빨아들이듯 문둥병 환자 숫파붓다는 바로 그 자리에서 '무엇이든 생겨난 것은 모두 멸한다'라는 깨달음을 얻어 더러움을 떠난 깨끗한 법의 눈이 생겼다.

숫파붓다는 법을 보고 법에 통달하게 되어 법을 알며 법을 깊이 이해하게 되었다. 그리하여 의심을 넘어서고 의혹을 떠나 확신을 얻게 되었고, 스승의 가르침으로 말미암아 다른 이의 가르침에 마음이 흔들리지 않는 이가 되어 자리에서 일어나 부처님께 다가갔다. 그리하여 부처님께 절을 하고 곁에 앉아 이렇게 말씀드렸다.

"스승이시여! 불가사의하고 훌륭합니다. 스승이시여! 마치 넘어진 자를 일으켜 세운 듯하고, 막혔던 것을 뚫은 것과 같고, 길잃은 자에게 길을 가르쳐 주는 것과 같고, 눈있는 자가 환히 보고자 어둠 속에서 등불을 내거는 것과 같이 부처님은 여러 가지로 가르침을 밝혀 주셨습니다. 스승이시여! 이제 저는 부처님과 법과 비구승단에 귀의하겠나이다. 부처님이시여! 저를 제자로 거두어 주소서. 지금부터 목숨이 다할 때까지 귀의하겠나이다."

문둥병 환자, 숫파붓다는 부처님의 설법에 깨우침을 얻고, 격려를 받고, 고무되고 기쁨을 얻자 크게 기뻐하고 고마워하면서 자리에서 일어나 부처님을 오른쪽으로 돌며 경배한 뒤 떠나갔다.

그런데 그때 어린 송아지를 데리고 가던 암소가 숫파붓다를 들이받아 그의 목숨을 빼앗아 버렸다. 그러자 수많은 비구들은 부처님 계신 곳으로 가서 부처님께 절을 하고 곁에 앉아 이렇게 여쭈었다.

"스승이시여! 부처님의 가르침에 깨달음을 열어 기쁨을 얻었던 숫파붓다라는 이름의 문둥병 환자가 숨을 거두었습니다. 그는 어떤 경지로 나아갈 것이며 그의 내세는 어떠하겠습니까?"

"비구들이여! 문둥병 환자, 숫파붓다는 현자로서 법에 의거해 실천하였다. 또한 법에 대한 논쟁으로 나를 괴롭히는 일이 없었다. 비구들이여! 숫파붓다는 삼결(三結)을 끊은 수다원과〔預流人〕에 들어 뒤로 물러서지 않고 틀림없이 올바른 깨달음의 경지로 나아가게 될 것이다."
 이 말을 들은 한 비구가 부처님께 여쭈었다.
 "스승이시여! 숫파붓다가 문둥병에 걸려 가련한 부랑자가 된 까닭은 무엇입니까?"
 "비구들이여! 문둥병 환자 숫파붓다는 전생에 이 라자가하에서 대부호의 아들이었다. 그가 동산을 산책하고 있을 때 타가라시킴변지불이 거리에서 탁발하는 모습을 보고 "이 문둥병 환자야! 감히 어디를 돌아다니는가"라며 침을 뱉고 비웃으며 떠나갔다. 그 업보로 인해 그는 수백 년, 수천 년, 아니 수십만 년이나 지옥에서 고통을 받아 왔다. 그 업보가 지금까지 사라지지 않고 남아 있어 이 라자가하에서 가련한 부랑자가 된 것이다. 그러나 그는 여래에게서 가르침 받은 법과 율에 의해 믿음을 얻고 계를 얻고 지식을 얻었으며, 마음의 평정을 얻고 지혜를 얻었다. 그는 그로 인해 사후, 좋은 경지 다시 말하면 하늘에 왕생하여 삼십삼천의 신들과 함께 있게 될 것이다. 그는 그곳에서 다른 천신들보다 가장 아름답고 이름이 널리 알려지게 되리라."
 그때에 세존은 그것을 아시고 이러한 우다나를 노래하셨다.

> 눈있는 자가 전심전력으로 노력하여 위험을 피해 가듯이 현자는 세상의 악을 피해야 한다.

― 우다나경 ―

환자 비구를 간호하신 부처님

 사밧티의 한 젊은이가 부처님의 설법을 듣고 환희심을 내어 가정을 정리하고 승가에 들어와 비구가 되었다. 그런데 좌선 수행중 그의 몸에 부스럼이 생기더니 그것이 점점 커져서 몸 전체로 번져 갔다. 그리고 그 종기는 마침내 피고름이 되며 터져서 윗 가사와 안 가사를 모두 적셨고, 그것이 말라 붙어 거기서 고약한 냄새가 나는 것이었다. 그 때문에 그 비구는 뿟띠갓따띳사라고 불리었다.

그런데 뿟띠갓따띳사 비구의 병은 점점 더 심해져서 뼈의 마디마디가 풀려 움직일 수 없게까지 되어, 그는 피고름 위에 홀로 뒹굴면서 대소변조차도 스스로 가릴 수가 없게끔 되었다. 이렇게 되자 비구들은 그를 간호하는 것을 그치고 아무도 뒷바라지를 해주지 않았고, 결국 그는 헛간 땅바닥에 버려졌다.

그럴 즈음 부처님께서는 아침 일찍이 신통력으로써 시방 세계를 두루 살펴보시다가 헛간에 버려진 뿟띠갓따띳사 비구를 보시었다. 부처님께서는 그가 법을 깨달을 때가 왔음을 아시고 간다꾸미에서 나오시어 건물 주위를 거닐었다. 그리고 물 그릇을 준비하여 물을 덥히시었다. 그리하여 물이 더워지자 부처님께서는 그 물을 가지고 환자 비구가 있는 헛간으로 가시어 비구를 치료하려 하시었다. 그런데 그런 사실이 알려지자 주변 방사에서 비구들이 달려 나왔다. 그들은 한결같이 "부처님, 저희들이 이 비구를 치료하겠습니다"라고 말하고 부처님이 들고 계신 물을 받아서 환자 비구에게 다가갔다.

부처님께서는 직접 그 물을 비구의 몸에 뿌리시고 환자의 몸을 움직여서 가사가 몸과 분리되게 하시었다. 그런 다음 피고름이 묻어 냄새가 나는 가사를 손수 빨래하시어 햇볕에 널으시었다. 그리고 나서 햇빛 아래로 비구를 나와 앉게 하시고 환자에게 직접 물을 끼얹어 목욕을 시키시었다. 그렇게 환자를 목욕시키는 동안 가사는 햇볕에 다 말랐다. 그동안 부처님께서는 환자의 몸을 닦아내시고 윗 가사를 입히신 다음 아랫 가사를 벗기시어 역시 세탁을 하여 햇볕에 말리시었다. 그 사이 목욕을 하게 되어 몸과 마음이 깨끗해진 비구는 매우 침착하고 안정된 마음으로 조용히 침상에 누웠다.

이때 부처님께서는 그 비구의 침상 곁에 서서 이렇게 설법하시었다.

"비구들이여, 너희의 마음이 몸을 떠나게 되면 너희의 육신은 아무 쓸모가 없어 마치 나무토막과 같이 흙바닥에 뒹굴게 되느니라."

> 오래지 않아 이 몸 흙바닥에 버려지고
> 마음 또한 어디론지 사라져 버리리.
> 그때 덧없는 이 몸은 실로
> 썩은 나무토막보다도 소용없으리.

부처님의 이 게송 끝에 뿟띠갓따띳사 비구는 아라한과를 성취하였고, 곧 대열반에 들었다. 부처님께서는 그의 장례를 직접 주재하신 뒤 사리를 수습하여 안치하라고 지시하시었다. 이때 몇몇 비구들이 부처님께 여쭈었다.

"부처님이시여, 뿟띠갓따띳사 비구는 어디에 태어났습니까?"

"그는 대열반(빠리닙바나)에 들었느니라."

"그렇다면 부처님이시여, 아라한과을 성취하여 다시는 태어나지 않는 최고의 경지에 이를 수 있었던 그 비구는 어찌하여 그같은 심한 고통을 겪은 다음에야 대열반에 들 수가 있었습니까?"

"비구들이여, 그것은 그 비구가 저지른 과거 전생의 행위 때문이니라."

뿟띠갓따띳사 비구의 과거생 이야기

과거불이신 까싸빠 부처님 당시에 띳사는 새덫을 놓아 새를 잡는 사람이었다. 그는 새를 잡아서 왕실에 바치고 있었다. 그러나 그는 새를 모두 왕실에 바치지 않고, 왕실을 속여 새를 시장에 내다 팔아 이익을 챙겼다. 그는 한번에 많은 새를 잡았을 때, 그것을 한꺼번에 다 내다 팔지 않고 조금씩 내다 팔았는데, 그동안에 새를 보관해 둘 일이 문제였다. 그래서 그는 새의 다리를 꺾고 날개죽지를 부러뜨려서 도망가지 못하게 해 놓고 일정한 양만큼만 내다 팔곤 했다. 그리고 얼마는 직접 죽여서 요리를 해먹기도 했다.

그러던 어느날 그가 새 요리를 해 놓고 막 먹으려는 참인데 때마침 아라한 비구가 탁발을 왔다. 띳사는 수행이 높은 그 비구를 보자 이상하게 마음이 평화로워지는 것이었다. 그는 이렇게 생각했다.

'나는 그동안 많은 생명을 죽였고, 또 그것들을 먹어 왔다. 그런데 이제 저 성자께서 내 앞에 와서 서 계신다. 그리고 지금 내게는 많은 음식이 있다. 그러니 나는 이 음식을 저분에게 공양해야겠다.'

이렇게 생각한 그는 곧 음식을 아라한 비구에게 공양한 다음, 흙바닥에 엎드려 세 번 절을 올리고 합장하며 이렇게 말했다.

"테라님, 제가 오늘 테라님께 올린 공양 공덕으로 저 또한 테라님이 성취하신 것과 같은 위 없는 진리를 성취할 수 있도록 발원합니다."

이에 아라한 비구는 그의 공양 공덕을 찬탄해 주고 나서 "그와 같이 될지어다!" 하고 그의 발원을 받아들여 주었다.

부처님께서는 이 같은 뿟띠갓따띳사 비구의 전생 이야기를 해주신 다음 이렇게 말씀하시었다.

"비구들이여, 그는 이같은 착한 결심과 공양 공덕으로 금생에 아라한이 된 것이니라. 그러한 그가 저지른 악행은 그 같은 질병이 되어 그를 괴롭힌 것이니라."

－법구경 41－

법을 보는 자는 나를 본다

한때 부처님께서 라자가하 교외에 있는 베르바나 정사〔竹林精舍〕에 계실 때 밧가리(跋迦梨)라는 한 비구가 병이 나서 라자가하의 어느 도공(陶工)집에서 요양을 하고 있었다. 그러나 그 비구의 병은 날로 심해져서 좀처럼 회복할 기미가 보이지 않았다. 그래서 그는 옆에서 시중들며 간호하던 비구에게 부탁을 했다.

"친구여, 미안하지만 부처님께서 지금 머물고 계시는 베르바나까지 가서 부처님께 여쭈어 주면 고맙겠네. 보다시피 내 병은 점점 악화되어 도저히 회복할 가망이 없다고 생각하네. 내가 마지막으로 생각한 것은 부처님의 얼굴을 뵈옵고 부처님의 발에 정례(頂禮)를 드리고 싶은 것이네. 그러나 이 중병으로 도저히 베르바나까지 갈 수 없다네. 그래서 부처님께 '이 밧가리를 불쌍히 여겨 여기까지 와 주시지 않겠습니까'라고 여쭈어 보게."

병을 간호하던 그는 베르바나에 가서 그의 마지막 소원을 전하였다. 부처님께서 곧 승락하시고 도공의 집으로 왔다. 부처님의 모습이 멀리서 보이자 밧가리는 병상에 일어나 앉았다. 부처님은 도공의 집에 들어가자 먼저 일어나 앉아 있는 밧가리를 말리셨다.

"안 된다. 밧가리야, 누워 있어야 한다. 내가 그 곳으로 가겠다."

그리하여 부처님은 그를 병상에 눕게 하고 그 머리맡에 앉으셨다.

"어떠냐, 밧가리야. 참을만 하느냐? 좀 좋아졌느냐?"

"부처님이시여, 저는 이제 가망이 없습니다. 병은 점점 깊어지고 조금도 나아지질 않습니다. 그래서 마지막 소원이라 생각하고 부처님의 얼굴을 뵈옵고 발에 정례를 드리고 싶었는데, 이 몸으로는 도저히 베르바나까지 갈 수가 없었습니다."

그때, 부처님께서 그에게 말씀하셨다.

"밧가리야, 이 썩을 나의 몸을 보아서 어찌하겠다는 것이냐. 밧가리야, 그대는 이것을 잘 알아야 한다. '법(진리)을 보는 사람은 나를 보는 것이요, 나를 보는 사람은 법을 보는 것이다.'"

이 말씀에 밧가리는 확 깨닫는 바가 있었다. 한자리에 있던 비구들도 또한 깊은 감명을 받았다.

―상응부경전, 22, 87―

번뇌를 조복하는 법

탐 욕

바로 이와같은 것을 아라한이신 부처님께서 설하셨다고 나는 들었다.
"비구(출가제자)들이여! 한 가지를 끊어 버려라. 나는 그대들을 보증하나니 그대들은 더이상 이 미혹한 세상으로 돌아오지 않는 경지에 들리라. 한 가지란 어떤 것인가? 비구들이여! 탐욕이라는 한 가지를 끊어 버려라. 나는 그대들을 보증하리니, 그대들은 더이상 이 미혹한 세상으로 돌아오지 않는 경지에 들리라."

이렇게 부처님께서 말씀하시고 그에 관해 다음과 같이 설하셨다.

탐욕이 강한 사람은 탐욕으로 인해 나쁜 경지로 나아간다. 진리를 바라보는 사람은 바른 지혜로써 탐욕을 끊어 버린다. 그리하여 이 세상으로 돌아와 미혹한 생을 되풀이하는 일은 두 번 다시 없으리라."

또한 이렇게 부처님께서 설하셨다고 나는 들었다.

---

9) 여기서 법은 연기법을 이야기한다. 그 실천방법은 사념처 위빠싸나라고 앞에서 설하였다. 성철 스님이 가장 많이 참고한 영명 선사의 종경록에도 "사념처를 떠나서 불법을 논할 수 없다."고 했다.

증오·성냄

바로 이와같은 것을 아라한이신 부처님께서 설하셨다고 나는 들었다.

"비구들이여! 한 가지를 끊어 버려라. 나는 그대들을 보증하나니 그대들은 더이상 이 미혹한 세상으로 돌아오지 않는 경지에 들리라. 한 가지란 어떤 것인가? 비구들이여! 증오라고 하는 한 가지를 끊어 버려라. 나는 그대들을 보증하리니 그대들은 더이상 이 미혹한 세상으로 돌아오지 않는 경지에 들리라."

이렇게 부처님께서 말씀하시고 그에 관해 다음과 같이 설하셨다.

"증오심을 품은 사람은 그것으로 인해 나쁜 경지로 나아간다. 진리를 바라보는 사람은 바른 지혜로써 증오를 끊어 버린다. 그리하여 이 세상으로 돌아와 미혹한 생을 되풀이하는 일은 두 번 다시 없으리라."

또한 이렇게 부처님께서 설하셨다고 나는 들었다.

어리석음

바로 이와같은 것을 아라한이신 부처님께서 설하셨다고 나는 들었다.

"비구들이여! 한 가지를 끊어 버려라. 나는 그대들을 보증하나니 그대들은 더이상 이 미혹한 세상으로 돌아오지 않는 경지에 들리라. 한 가지란 어떤 것인가? 비구들이여! 어리석음이란 한 가지를 끊어 버려라. 나는 그대들을 보증하리니 그대들은 더이상 이 미혹한 세상으로 돌아오지 않는 경지에 들리라."

이렇게 부처님께서 말씀하시고 그에 관해 다음과 같이 설하셨다.

어리석은 사람은 어리석음으로 인해 나쁜 경지로 나아간다. 진리를 바라보는 사람은 바른 지혜로써 어리석음을 끊어 버린다. 그리하여 이 세상으로 돌아와 미혹한 생을 되풀이하는 일은 두 번 다시 없으리라.

또한 이렇게 부처님께서 설하셨다고 나는 들었다.

-이티붓타카경-

번뇌를 조복하는 법

"세 가지 번뇌가 있다. 감각의 욕망(탐욕), 좋은 곳에 태어나길 바라는 욕망, 어리석음의 번뇌가 그것들이니라.

오! 비구들이여! 이러한 번뇌들을 제거하기 위하여 네 가지 마음집중법(四念處)을 수련해야 하느니라."[10]

-상응부 47.50-

악마(마라)의 정체는

부처님의 제자 중에 라다(羅陀)라는 비구가 있었다. 매우 솔직한 젊은이로서, 지극히 기본적인 것도 숨기지 않고 부처님앞에 솔직하게 질문을 하였다. 그런 일이 많은 경전으로 기록되어 있다. 오늘도 역시 라다는 부처님 앞에 나아가 물었다.

"부처님이시여, 흔히 악마, 악마라고 말합니다만 도대체 악마란 무엇입니까?"

"라다여, 악마란 이와 같다. 우리들의 육체는 우리 자신을 방해하고, 교란시키고, 불안에 놓이게 한다. 그것이 바로 악마이다. 또 우리들의 감각은 우리들을 방해하고 교란시켜 불안에 놓이게 한다. 그것도 또한 악마이다. 더욱이 우리들의 감정·의지·판단이 우리들을 방해하고 교란시키며 불안에 놓이게 한다. 그것도 역시 악마이다. 그리고 그와 같은 악

---

10) 오온의 집착인 탐욕·성냄·어리석음이 윤회이다. 윤회는 매순간 생멸하는 탐·진·치의 흐름이다. 「우다나」에선 탐·진·치의 소멸이 부처라고 했다.

마의 작용을 볼 수가 있다면 그것이 정관(正觀), 즉 올바른 관찰이라는 것이다."

"그러면 부처님이시여, 정관하면 어떻게 되는 것입니까?"

"라다여, 정관할 수 있으면 염리(厭離), 즉 세속을 싫어하는 생각이 생기게 된다."

"그러면 부처님이시여, 염리하면 어떻게 되는 것입니까?"

"라다여, 염리할 수 있으면 이욕(離欲), 즉 욕망의 격심한 작용을 극복할 수 있다."

"그러면 부처님이시여, 이욕에 의해 무엇을 할 수 있습니까?"

"라다여, 이욕에 의해 해탈할 수가 있단다."

"그러면 부처님이시여, 해탈하면 어떻게 되는 것입니까?"

"라다여, 해탈하면 열반에 이를 수가 있단다."

"그러면 부처님이시여, 열반에 이르면 무엇을 하는 것입니까?"

나의 가르침은 열반에 이르는 것이 궁극의 목적이다. 우리들이 이 거룩한 도를 수행하는 것이 모두 열반에 이르기 위한 것이며, 열반에서 끝나는 것이니라."[11]

-상응부경전, 23, 1,-

각박한 생활속에서의 수행

각박하고 구속적인 삶속에서도 고(苦)의 멸(滅)인, 열반으로 인도하는 가르침을 발견할 수 있느니라.

그것은 다름 아닌 마음집중에 승리한 사람들에 의해서 발견되느니

---

11) 사념처 위빠싸나로 악마(번뇌)를 극복하고 열반에 이를 것을 당부하신다.

라. 그들의 가슴은 완전한 집중(사념처 위빠싸나)을 성취하느니라.'

-상응부 2, 7-

지금 여기에서 알아차림

"지나가 버린 것에 집착하지 말라.
오지 않은 것을 바라지 말라.
과거는 이미 지나가 버렸다.
미래는 아직 오지 않았다.[12]
그러나 지금(now), 여기(here)인 현재를 분명한 알아차림(明智)으로 관찰할 수 있는 현자(賢者)는 소멸하지도 않고 흔들리지도 않는 경지(열반)를 실현하길 열망해야 하느니라.

-중부경 13-

마음집중은 만사형통, 만병 통치약

"오, 비구들이여! 마음집중(마음챙김)법은 일체처(一切處), 일체시(一切時)에 무엇에나 도움이 된다는 것을 선언하노라."

-상응부경 46·53-

---

12) 과거와 미래는 환상이며 관념(識)의 세계이다. 사념처 위빠싸나의 대상은 현재 당처를 떠나지 않는다. 현재는 끊임없이 흐른다. 현재를 완전히 관찰했을 때 무상·고·무아를 보아 열반을 실현한다.
　장부경 29에서도 "과거와 미래에 관련된 모든 사상(교리)을 극복하기 위하여 사념처 위빠싸나를 계발해야 하느니라."라고 했다.

여섯 가지 장애

"비구들이여! 여섯 가지를 포기하지 않고 몸에서 몸을, 감각에서 감각을, 마음에서 마음을, 법에서 법을 관찰하면서 머물 수 있는 것이 가능할 것이라 생각하느냐? 그 여섯 가지란 어떠한 것인가?

활동하기를 좋아하는 것, 얘기 하기를 좋아 하는 것, 잠자기를 즐기는 것, 사교를 즐기는 것, 감각제어를 하지 않는 것, 음식을 절제하지 않는 것이니라."

―증지부경 6, 118―

수행에 방해되는 것

한 때 아낫타뿟차까라는 이름을 가진 브라흐민(속인)이 제따와나 수도원으로 부처님을 찾아와서 이렇게 말한 적이 있었다.

"존경하옵는 분이시여, 제 생각에 당신께서는 다만, 이익되는 수행에 대해서만 아실 뿐 이익이 되지 않는 수행에 대해서는 모르시는 것 같습니다."

그러자 부처님께서는 자신은 이익이 되지 않고 해를 끼치는 수행에 대해서도 아신다고 대답하시었다. 부처님께서는 그런 수행에는 다음의 여섯 가지가 있다고 말씀하시었다.

해가 높이 떠올랐을 때까지 늦잠 자는 것.
습관적으로 게으르고 태만한 것.
잔인하고 사나운 마음을 가지는 것.
늘 취해 있고, 술 마시기를 좋아하는 것.
때 아닌 시간, 예컨대 밤이 깊었는데 거리를 헤매고 다니는 것.

절제없이 삿된 음행을 하는 것.

이런 것들을 말씀하시고 나서 부처님께서는 브라흐민에게 그대는 어떻게 생활하고 있느냐고 물으시었다. 그러면서 만약 도박을 한다면 이기는지 지는지도 질문하시었다. 이에 대해 브라흐민은 어떤 때는 이기고 어떤 때는 진다고 대답하였는데, 부처님께서는 이에 대해서 "도박에서 이기는 것을 어떻게 번뇌를 이기는 승리에 비길 수 있으랴?" 하고 말씀하시었다.

그리고 부처님께서는 다음의 게송 두 편을 읊으시었다.

> 자기를 이기는 것이
> 다른 사람을 이기는 것보다 진정 나은 것.
> 그러므로 자기를 잘 다스리라
> 마침내 모든 행동에 자재함을 얻으리니.
> 설사, 천왕·천인·마라·건달바일지라도
> 자기를 이긴 승리자를
> 다시는 패배자로 만들지 못한다.
>
> —법구경 104—

직접적인 수행과 우회적인 수행

아난다 존자가 사밧티에 머물고 있을 때, 어느날 아침 가사를 입고 바루를 들고 비구니 숙소로 갔다. 그곳에 도착하여 준비된 자리에 앉았다. 비구니들이 다가와서 존경스러운 예의를 갖추고 아난다 존자에게 인사를 하고 한쪽편에 앉아서 다음과 같이 말했다.

"아난다 존자님! 여기에 많은 비구니들이 네 곳에 마음집중(마음챙김, 관찰) 수련(四念處)이 잘 되어 점차적으로 훌륭한 결실이 증장되는 것을 경험하고 있습니다."

"그렇습니다. 자매들이여, 비구든 비구니든 네 곳에 마음 집중이 잘된 수행자는 훌륭한 결실이 점차적으로 증장하는 것을 경험할 수 있습니다." 그리고 아난다 존자는 설법으로 그들을 격려하여 기쁘게 한 후, 돌아가서 사밧티 거리로 나가 탁발한 후 부처님을 친견했다. 그동안 비구니들을 만난 것을 부처님께 소상하게 말씀드렸다.

"그러하다, 아난다여. 정말 그러하도다. 네 곳에 마음집중이 잘 된 수행자는 비구니든 비구든 훌륭한 결실이 점차적으로 증장하는 것을 경험 할 수 있느니라. 그 네 곳은 무엇이냐? 몸에서 몸을, 감각에서 감각을, 마음에서 마음을, 법에서 법을 전심전력으로 마음집중하여 분명한 앎으로 관찰하여 세상에서 욕망과 슬픔을 극복하면서 주하느니라. 네 곳에 마음집중하고 있는 동안 내부에서 육체적 자극이나 정신적 무기력함이 일어나거나 마음이 외부로부터 방해받아 산만해질 수도 있느니라. 아난다여, 이때 수행자는 그의 생각을 신심을 불러일으키는 주제(예 : 여래의 공덕)쪽으로 돌려야 하느니라. 그렇게 할 때 그의 내부에 환희심이 일어나고, 환희로운 마음에 내적인 평온함이 나타나고, 평온함이 있는 마음에 즐거움이 일어나고, 즐거움이 있는 마음에 집중(선정·삼매)이 일어나느니라. 이때 그 수행자는 이렇게 생각한다. 내 마음이 다른 대상으로 향했던 목적은 이루어졌다. 이제 그 대상으로부터 본래의 수행대상으로 돌아와야 한다.

더이상 마음이 산만하지 않고 마음집중되어 행복하다는 것을 알아차린다.

아난다여, 이것이 우회적인 수행법이니라.

그러면 어떤 것이 중단없는 직접적인 수행법인가?

아난다여, 만약 수행자의 마음이 다른 주제를 향하여 갈 필요가 없다면, '나의 마음은 바깥을 향하여 방황하지 않는다'는 것을 알아차린다. 그리고 '수행의 초기에나 나중에나 나는 방해없이 자유롭게 순일무잡하게 집중하고 있다'라는 것을 알아차린다. 그리하여 '몸에서 몸을, 감각에서 감각을, 마음에서 마음을, 법에서 법을 전심전력으로 마음 집중하여 분명한 앎으로 관찰하여 세상에서 욕망과 슬픔을 극복하면서 주한다. 나는 행복하다'라고 알아차린다.

아난다여, 이것이 중단없는 마음집중법이니라.

아난다여, 두가지 마음집중법을 그대들에게 보여 주었노라.

자비와 연민의 마음으로 스승이 제자들에게 해줄 수 있는 것은 모두 다 해주었느니라. 여기 아난다여, 숲과 그리고 시끄러운 곳에서 멀리 떨어진 선방이 있다. 용맹스럽게 정진하여라. 아난다여, 나중에 후회하지 않도록 방일하지 말아라. 이것이 그대에게 주는 나의 교훈이니라."

이렇게 부처님께서 말씀하시자, 아난다는 그 말씀으로 환희에 넘쳐 기뻐했다.

—상응부경 47·10—

숲속(토굴)에서 혼자 수행하려면 - 메기야

이와 같이 나는 들었다.

어느 때 부처님은 찰리카에 있는 찰리카 산에 머무셨다.

그런데 그때 메기야 존자는 부처님의 시자(侍者)였다.

메기야 존자는 부처님이 계신 곳으로 가서 절을 하고 곁에 섰다. 곁에 선 메기야 존자는 부처님께 아뢰었다.

"스승이시여! 쟌투 마을로 탁발을 다녀오고 싶습니다."

"메기야여! 지금이 그리해야 할 때라고 생각한다면 좋도록 하라."

그리하여 메기야 장로는 옷을 입고 가사와 발우를 들고 쟌투 마을로 아침 탁발을 하러 갔다. 마을에서 탁발을 다닌 후에 식사를 마치고 돌아올 때 키미칼라 강가로 갔다. 키미킬라 강가로 간 메기야 존자는 이리저리 산책을 하던중 아름답고 훌륭한 망고 숲을 발견하였다.

"참으로 아름답고 훌륭한 숲이로다. 수행에 전력해야 할 선남자가 정진하기에 아주 좋은 곳이다. 만일 부처님께서 내게 허락을 내리신다면 이 망고 숲으로 와서 수행해야겠다."

이렇게 생각한 메기야 존자는 부처님이 계신 곳으로 가서 절을 하고 곁에 앉았다. 부처님의 곁에 앉은 메기야 장로는 이렇게 아뢰었다.

"스승이시여! 저는 쟌투 마을로 탁발을 하러 나가 탁발을 마친 후 키미칼라 강가로 갔습니다. 그곳을 산책하던중 아름답고 훌륭한 망고숲을 발견하였기에 이렇게 생각했습니다. '이 숲은 수행에 전력해야 할 선남자가 정진하기에 아주 좋은 곳이다. 만일 부처님께서 허락하신다면 이곳에서 수행을 해야겠다'라고 생각했습니다. 스승이시여! 만일 부처님께서 허락해 주신다면 저는 그 망고숲으로 가서 정진하고 싶습니다."

부처님은 그 말을 듣자 메기야 존자에게 말씀하셨다.

"메기야여! 나는 지금 혼자이니 누군가 다른 비구가 올 때까지 기다려 주지 않겠는가?"

메기야 존자는 부처님께 아뢰었다.

"스승이시여! 부처님께는 더이상 해야 할 일이라든가, 첨가해야 할 것은 아무것도 없습니다. 하지만 스승이시여! 제게는 지금부터 해야 할 일과 첨가해야 할 것이 있습니다. 만일 부처님께서 허락해 주신다면 저는 그 망고숲으로 가서 정진하고 싶습니다."

부처님은 다시 한 번 메기야 존자에게 말씀하셨다.

"메기야여! 나는 지금 혼자이니 다른 비구가 올 때까지 당분간 기다려 주지 않겠는가?"

그러나 메기야 존자는 뜻을 굽히지 않았다.

"스승이시여! 부처님께는 더이상 해야 할 일이라든지 첨가해야 할 것이 없습니다. 그러나 스승이시여! 제게는 지금부터 해야 할 일과 첨가해야 할 것이 있습니다. 허락해 주신다면 망고 숲으로 가서 정진하고 싶습니다."

"메기야여! 정진하고 싶다는 그대에게 무슨 말을 할 수 있겠는가? 그대가 지금이 적절한 때라고 생각한다면 그대의 뜻대로 하라."

그러자 메기야 존자는 자리에서 일어나 부처님을 오른쪽으로 돌면서 경배한 후 망고숲으로 갔다. 망고숲을 헤치고 들어가 한 그루 나무 아래에 앉아 오후의 휴식을 취했다.

그런데 그때 메기야 존자에게 욕정과 성냄, 그리고 남을 해치려는 생각 따위의 세 가지 삿된 상념들이 끊임없이 일어났다. 메기야 존자는 생각했다.

"참으로 이상하다. 참으로 신기하다. 믿음을 가지고 집을 떠나 출가인이 된 내가 욕정과 성냄, 그리고 남을 해치려는 생각 따위를 일으키니."

그러나 메기야 존자는 저녁 무렵에 홀로 선정에 잠겨 있다가 일어나 부처님 계신 곳으로 가서 절하고 곁에 앉았다.

메기야 존자는 부처님께 말씀드렸다.

"스승이시여! 제가 저 망고숲에 가서 앉아 있을 때 욕정과 성냄, 그리고 남을 해치려는 세 가지 삿된 상념이 끊이지 않고 일어났습니다. 참으로 이상하게 생각되어 부처님께 온 것입니다."

"메기야여! 마음의 해탈이 성숙하지 못했을 때 성숙케 하는 다섯 가지 법이 있다. 다섯 가지란 무엇인가 하면, 첫째는 메기야여! 비구에게는 좋은 친구, 좋은 도반(道伴)이 있다. 메기야여! 마음의 해탈이 성숙하지 못했을 때 성숙케 하는 첫번째 법이 이것이다. 둘째로는 메기야여! 비구는 계(戒)를 지키고 바라제목차(波羅提木叉 : 계율의 조항)를 엄격하게 따르며 올바른 실천과 행동을 원만히 갖추고, 하찮은 과실도 두려워하며 계율의 조항을 잊지 않고 수행하여야 한다. 메기야여! 마음의 해탈이 성숙하지 못했을 때 성숙케 하는 두번째 법이 이것이다. 셋째로는 메기야여! 마음을 열기에 적당하고 진지한 염리(厭離)·멸함·적정·올바른 지혜·올바른 깨달음·열반 등으로 이끄는 이야기 다시 말하면, 적게 바라는 것(少欲)에 대한 이야기, 만족할 줄 아는 것(知足)에 대한 이야기, 많은 사람들과 어울리지 않는다는 이야기, 부지런히 노력한다는 이야기, 계율에 관한 이야기, 삼매에 관한 이야기, 지혜에 관한 이야기, 해탈에 관한 이야기, 해탈했음을 알고 본다는 이야기 등등 이와 같은 이야기에 비구는 만족하여 무난히 이해해야 한다. 메기야여! 마음의 해탈이 성숙하지 못했을 때 성숙케 하는 세번째 법이 이것이다. 네번째로는 메기야여! 비구는 열심히 정진하며 생활하되 바르지 못한 법을 버리고 바른법을 지님에 있어 엄격하고 꿋꿋하여, 바른법에 대하여 책임을 등한히 하지 않는다.

메기야여! 마음의 해탈이 성숙하지 못했을 때 성숙케 하는 네번째 법이 이것이다. 다섯번째로는 메기야여! 비구는 지혜로운 이로서, 중생이 태어나고 죽는 이치를 환히 아는 지혜를 갖추고 괴로움의 멸함으로써 이끄는 성스러운 통찰을 지녀야 한다. 메기야여! 마음의 해탈이 성숙하지 못했을 때 성숙케 하는 다섯 번째 법이 이것이다. 메기야여! 이상이 마음의 해탈이 아직 성숙하지 못했을 때 성숙케 하는 다섯 가지 법이다.

메기야여! 좋은 친구, 좋은 도반을 갖춘 비구는 다음과 같은 것이 필요하다. 계를 지니고 바라제목차에 따라 생활하며 바른 실천과 행동을 원만히 갖추며, 하찮은 과실도 두려워하고 계율의 조항을 잊지 않고 수행하는 일이다.

메기야여! 좋은 친구, 좋은 도반을 갖춘 비구는 다음과 같은 것이 필요하다. 계를 지니고 바라제목차에 따라 생활하며 마음을 열기에 적당하고 진지한 염리·이욕·멸함·적정·올바른 지혜·올바른 깨달음·열반 등으로 이끄는 이야기 다시 말하면 적게 바라는 것에 대한 이야기, 만족할 줄 아는 것에 대한 이야기, 멀리 떠남에 관한 이야기, 많은 사람들과 어울리지 않는다는 이야기, 부지런히 노력한다는 이야기, 계율에 관한 이야기, 지혜에 관한 이야기, 해탈에 관한 이야기, 해탈했음을 알고 본다는 이야기 등등, 이와 같은 이야기에 만족하며 무난히 이해하는 일이다.

메기야여! 좋은 친구, 좋은 도반을 갖춘 비구는 다음과 같은 것이 필요하다. 열심히 정진하며 생활하되, 바르지 못한 법을 버리고 바른 법을 지님에 있어 엄격하고 꿋꿋하며 바른 법에 대하여 책임을 등한히 하지 않는 일이다.

메기야여! 좋은 친구, 좋은 도반을 갖춘 비구는 다음과 같은 것이 필요하다. 지혜를 갖추고 괴로움의 멸함으로 이끄는 성스러운 통찰력을 지녀야 하는 일이다.

메기야여! 이 다섯 가지 법에 확실히 발을 디디고 선 비구는 나아가 네 가지 법을 닦아야 한다. 탐욕을 떠나기 위해 부정관(不淨觀)을 닦아야 한다. 증오를 떠나기 위해 자비관(慈悲觀)을 닦아야 한다. 산만한 잡념들을 떨치기 위해 수식관(數息觀)을 닦아야 한다. '나'라고 하는 자만심을 끊기 위해 무상관(無常觀)을 닦아야 한다.

메기야여! 덧없음을 아는 자는 '나'가 없음을 알고, '나'가 없음을 아는 자는 이번 생에서 아만(我慢)을 완전히 떠나 마침내 열반에 도달하게 된다."

그때에 부처님은 그것을 아시고 이러한 우다나를 노래하셨다.

산만한 잡념은 가치 없는 것. 산만한 잡념은 안심하고 받아들일 수 없는 하찮은 것. 하지만 그것은 마음을 거만하게 만들고, 마음은 그것에 이끌려 다닌다. 이러한 마음의 산만한 잡념에 묶여 어리석은 이는 들뜬 마음으로 이 세상, 저 세상을 헤매고 다닌다. 그러나 이러한 마음의 산만한 잡념에 대해 환히 아는 자는 올바른 생각으로 열심히 자기를 다스린다. 부처님은 마음을 거만하게 만들어 마음을 끌고 다니는 산만한 잡념을 남김없이 버린 사람이다.

-우다나경-

위빠싸나 수행자는 결코 타락할 수 없다

한 때 아나율 존자는 사밧티에 사라나무가 있는 집에 머물고 있었다. 거기에서 비구들에게 이와 같이 말했다.

"형제들이여, 여기 이 갠지스 강은 동쪽을 향하여 동으로 동으로 굽이쳐 흐르면서 쏜살같이 동쪽으로 나아간다.

이때 많은 사람들이 떼를 지어 손에는 물동이를 들고 '우리들은 이 물을 퍼서 갠지스 강을 서쪽으로 향하여, 서쪽으로 서쪽으로 굽이쳐 흐르면서 쏜살같이 서쪽으로 나아가게 하리라'고 말한다.

형제들이여, 어떻게 생각하느냐. 이 많은 사람들이 물을 서쪽으로 나아가게 할 수 있다고 생각하느냐?"

"절대로 불가합니다, 존자여."

"왜 불가능하느냐?"

"분명히 갠지스 강은 동쪽을 향하여, 동으로 동으로 굽이쳐 흐르면서 쏜살같이 동쪽으로만 나아가고 있습니다. 이렇게 많은 사람들이 아무리 애를 쓰면서 수고를 해도 결코 서쪽으로 향하여 강물 줄기를 바꿀 수는 없습니다."

"이와 마찬가지로 형제들이여, 만약 한 수행자가 꾸준히 사념처 위빠싸나를 수련하고 계발해 왔을 때 그 주위에서 왕과 대신, 그의 친구들, 친척들이 그에게 다가와서 이렇게 말한다고 하자. '무엇 때문에 이 황색 가사를 입고 있느냐? 왜 머리를 삭발하고 있느냐? 자, 어서 세상으로 돌아가서 보물을 가지고 인생을 즐기면서 선행을 쌓으면서 우리와 함께 행복하게 살아가자.'

그러나 형제들이여, 사념처 위빠싸나 수행을 꾸준히 연마해온 수행자가 이 수행을 포기하고 보다 낮은 세계로 돌아가는 것이 가능하겠느냐?

이것은 불가능하다. 왜 그러하냐? 오랫동안 마음이 무집착(無執着)을 향하여 무집착쪽으로 항상 기울어져 있고, 무집착을 향하여 쏜살같이 나아가고 있는 마음은 보다 낮은 세계로 타락하는 것은 불가능하다. 마치 갠지스 강이 역류할 수 없듯이."

-상응부경 52·8-

유일한 길(ekāyana magga)

네 곳에 마음집중하는 법(四念處)은 단 하나의 유일한 길이다. 왜냐하면, 옆으로 난 길이 없는 단 하나의 길이기 때문이다.

사념처는 부처의 길이다. 왜냐하면, 부처님께서 직접 이 길을 발견하셨고 다른 곳에서는 찾아볼 수 없는 부처님의 가르침과 수행법 내에서만 발견할 수 있기 때문이다.

자기자신의 힘으로 가야 하는 길이다. 대중과 사귀는 것을 포기하고 그들과 격리되어 초연하게 살아가야 한다.

여기에는 두 가지 의미가 있다. 하나는 육체적으로 일반 대중과 떨어져 살아야 하고, 다른 하나는 중생의 동반자라고 불리우는 욕망으로부터 벗어난 내적인 격리처에서 머무는 것이다. 유일한 길이라는 말에 반대를 할 수 있다. 왜냐하면, 8정도에 다른 여러 요소들도 있기 때문이다.

그러나 8정도의 다른 요소들은 모두 사념처에 포함되고 사념처없이 존재할 수 없다.

-중부경에 대한 주석서-

네 곳에 마음 집중하는 수행법(사념처)은 삼세제불에 의해서 실수없이 보여준 깨달음에 이르는 유일한 길이다. 언제나 네 곳에 마음집중을 유지하여라. 만약 이것을 게을리한다면 모든 노력이 헛되어 소용없게 될 것이다.

그것은 다름 아닌 마음의 집중이라고 불리우는 불요불굴의 끈질긴 수련이다.

-나가르쥬나(용수)/수르드레카(Suhrd-lekhā)에서-

2. 호흡에 대한 관찰

목숨은 호흡 사이에

부처님이 어떤 사문에게 물었다.
"사람의 목숨이 얼마 동안 있느냐?"
사문이 대답했다.
"며칠 사이에 있습니다."
"너는 아직 도를 모른다."
또 다른 사문에게 물었다.
"사람의 목숨이 얼마 동안 있느냐?"
"호흡하는 사이에 있습니다."
"그렇다, 너는 도를 아는구나."

―사십이장경―

호흡의 관찰은 사념처, 견성해탈을 포함한다

"비구여, 호흡에 대한 마음집중을 꾸준히 규칙적으로 수행해 나가면 훌륭한 결실과 이익을 가져 오느니라. 호흡에 대한 마음집중을 꾸준히 규칙적으로 수행해 나가면 네 곳에 대한 마음집중(사념처)을 완성하며, 7각지분을 완성하며 7각지분을 꾸준히 규칙적으로 수행하면 생사해탈의 지혜를 완성하느니라.

그러면 어떻게 꾸준히 규칙적으로 수행하면 호흡에 대한 마음집중의 훌륭한 결실과 이득을 가져 올 수 있겠는가?

비구여, 비구가 숲속으로 가서 나무그늘이나 한적한 곳에 가부좌를 하고 앉아서 몸을 곧게 세워 마음집중을 또렷하게 해야 하느니라. 단지 들어오는 숨에 마음집중하고 나가는 숨에 마음집중하여라."

호흡으로 사념처 수행<아나파아나 삿띠, 安般守意經>

몸의 관찰(알아차림·자각·마음집중)
① 숨을 길게 들이쉴 때는 숨을 길게 들이쉰다고 알아차린다.
숨을 길게 내쉴 때는 숨을 길게 내쉰다고 알아차린다.
② 숨을 짧게 들이쉴 때는 짧게 들이쉰다고 알아차린다.
숨을 짧게 내쉴 때는 숨을 짧게 내쉰다고 알아차린다.
③ 온몸(혹은 호흡의 처음·중간·끝)을 느끼면서 숨을 들이쉰다. 이렇게 자신을 수련하고 온몸(혹은 호흡의 처음, 중간, 끝)을 느끼면서 숨을 내쉰다. 이렇게 자신을 수련한다.
④ 몸의 기능(身行)을 고요히(寂) 하면서 숨을 들이쉰다. 이렇게 자신을 수련하고 몸의 기능을 고요히 하면서 숨을 내쉰다. 이렇게 자신을 수련한다.[1]

감각(느낌)의 관찰
⑤ 환희(喜)를 자각하면서 숨을 들이쉰다(숨을 내쉰다). 이렇게 수련한다.

---

1) ①~④까지는 사마타와 위빠싸나 양자의 수련에 다 적용되고, ⑤~⑫는 위빠싸나 선정(Jhāna)에 도달한 사람에게 나타나며, ⑬~⑯은 지혜계발에만 관련되는 특성이 강하다. 그러므로 호흡의 수련은 모든 수행법에 관련시킬 수 있다.

⑥ 행복감(樂)을 자각하면서 숨을 들이쉰다(숨을 내쉰다). 이렇게 자신을 수련한다.
⑦ 마음의 기능(心行, 호흡과 관련된 감정, 인식 등)을 자각하면서 이렇게 자신을 수련한다.
⑧ 마음의 기능을 고요(寂)하게 하면서 숨을 들이쉰다(숨을 내쉰다). 이렇게 수행한다.

마음의 관찰
⑨ 마음의 상태(心)를 느끼면서 숨을 들이쉰다(숨을 내쉰다). 이렇게 수행한다.
⑩ 마음의 기쁨(勝喜)을 자각하면서 숨을 들이쉰다(숨을 내쉰다). 이렇게 수행한다.
⑪ 마음의 고요함(定)을 자각하면서 숨을 들이쉰다(숨을 내쉰다). 이렇게 수행한다.
⑫ 마음의 해탈(解脫)을 자각하면서 숨을 들이쉰다(숨을 내쉰다). 이렇게 수행한다.

법에 대한 관찰
⑬ 무상(無常)을 관찰하면서 숨을 들이쉰다(숨을 내쉰다). 이렇게 수행한다.
⑭ 이욕(離欲)을 관찰하면서 숨을 들이쉰다(숨을 내쉰다). 이렇게 수행한다.
⑮ 멸(滅)을 관찰하면서 숨을 들이쉰다(숨을 내쉰다). 이렇게 수행한다.
⑯ 벗어남(出離)을 관찰하면서 숨을 들이쉰다(숨을 내쉰다). 이렇게

수행한다.

이렇게 꾸준히 규칙적으로 수련해 나가면 호흡에 대한 마음집중이 훌륭한 이익과 결실을 가져다 주느니라."

호흡 수련으로 마음집중을 완성함

어떻게 수련해 나가면 호흡에 대한 마음집중이 사념처를 완성시키겠는가?

1) 비구가 마음집중하여 긴 호흡(혹은 짧은 호흡)을 마시고 내쉴 때마다 혹은 몸(호흡)의 기능(身行)을 경험하면서(覺受) 혹은 몸의 기능(身行)을 고요하게(寂) 하는 동안 호흡의 출입을 수련할 때-그때 비구는 몸에서 몸을 전심전력으로 마음집중하여 분명한 앎으로 계속 관찰하여 세상의 욕망과 슬픔을 극복하면서 주하느니라. 왜냐하면 비구여, 호흡의 출입이 몸의 현상 중 하나이기 때문이니라.

2) 비구가 환희로움(喜)을 경험(覺受)하면서 혹은 행복감(樂)을 경험하면서 혹은 마음의 기능(心行)을 경험하면서 혹은 마음의 기능(心行)을 고요하게 하면서 호흡의 출입을 수련할 때마다-그때 비구는 감각에서 감각을 전심전력으로 마음집중하여 분명한 앎으로 계속 관찰하여 세상의 욕망과 슬픔을 극복하면서 주하느니라. 왜냐하면, 비구여 호흡의 출입에 대한 완전한 주의는 감각 가운데 하나이기 때문이니라.

3) 비구가 마음(心)을 자각(覺受)하면서 혹은 마음을 기쁘게(勝喜)하면서, 혹은 마음을 선정(定)에 들게 하면서, 혹은 마음을 자유롭게(解脫)하면서 호흡의 출입에 대해 자신을 수련할 때마다-그때 비구는 마

음에서 마음을 전심전력으로 마음집중하여 분명한 앎으로 계속 관찰하여 세상의 욕망과 슬픔을 극복하면서 주하느니라. 왜냐하면, 마음집중과 분명한 앎이 부족한 사람은 호흡에 대한 마음집중을 계발할 수 없기 때문이니라.

4) 무상(無常), 이욕(離欲), 벗어남(出離)을 계속 관찰하면서 비구가 무상을 관찰하면서 호흡을 마시고(혹은 내쉬고), 욕심 버림(離貪)을 관찰하면서 호흡을 마시고(혹은 내쉬고), 멸(滅)을 관찰하면서 호흡을 마시고(혹은 내쉬고), 벗어남(出離)을 관찰하면서 수련하느니라. 이와 같이 호흡출입에 대해 자신을 수련할 때마다, 그때 비구는 법에서 법을 전심전력으로 마음집중하여 분명한 앎으로 계속 관찰하면서 세상에서 욕망과 슬픔을 극복하면서 주하느니라. 욕망과 슬픔의 사라짐을 현명하게 본 비구는 완전한 평등심(無心)으로 바라볼 수 있느니라. 비구여, 호흡에 대한 마음집중을 이와 같이 꾸준히 규칙적으로 수련하면 사념처의 완성을 가져오느니라.

호흡으로 7각지를 완성함

어떻게 사념처를 꾸준히 규칙적으로 수련하면 일곱 가지(깨달음의 7요소)를 완성시킬 수 있겠는가?

비구가 몸·감각·마음·법에 대한 관찰을 전심전력으로 마음집중하여 분명한 앎으로 머물 때마다 순일무잡하고 성성(惺惺)한 마음집중이 그의 내부에 자리잡게 되느니라. 그리고 확고부동한 성성한 마음집중이 수행자의 가슴에 일어날 때 '마음집중(念覺支)'의 요소를 계발하느니라. 그때 일곱 가지 중 염각의 완전한 계발을 얻게 되느니라. 이와 같이 마음집중하여 머물 때, 수행자는 관련된 대상을 분명하게 포착하고 관찰하고 섬세하게 알아차리느니라. 이렇게 하는 동안, 법에 대한 선택〔擇法支〕의 요소가 비구의 가슴속에서 일어나느니라. 이때에 법의 선택을 계발하느니라. 그때 비구는 법의 선택을 완전하게 계발하느니라. 비구가 그 대상을 분명하게 포착하고 관찰하여 섬세하게 알아차릴 때, 지칠 줄 모르는 정진의 힘(精進覺支)이 그의 내부에서 일어나느니라.

지칠 줄 모르는 정진의 힘이 비구의 내부에서 일어날 때, 정진각지가 그의 내부에서 일어나느니라. 그때 비구는 정진각을 계발하느니라. 그때 비구는 정진각을 완전하게 계발하느니라. 정진각지가 내부에서 일어날 때 법의 기쁨(喜覺支)이 일어나느니라. 비구의 가슴에서 정진각지를 가진 환희지가 일어날 때 희각이 그의 내부에서 일어나느니라. 그때에 비구는 희각지의 요소를 계발하느니라. 그때에 비구는 희각의 요소를 완전하게 계발하느니라.

희각으로 충만한 몸과 마음은 경쾌하게 되느니라. 희각으로 충만한 몸과 마음이 경쾌하게 될 때, 그때 비구의 내부에서 경쾌안각지(輕快安覺支)가 일어나느니라. 그때 비구는 경쾌안각을 계발하느니라. 그때 비구는 경쾌안각을 완전히 계발하느니라. 마음이 경쾌하고 행복한 비구의 마음은 선정에 드느니라. 비구의 마음이 경쾌하고 행복하여 선정에 들 때 정각지(定覺支)가 그의 내부에서 일어나느니라. 그때 비구는 정각을 계발하느니라. 그때 비구는 정각을 완전히 계발하느니라.

마음이 정각에 드는 즉시 비구는 완전한 평등심을 보게 되느니라. 비구의 집중된 마음이 완전한 평등심으로 보일 때 비구의 내부에서 평등각지(平等覺支)가 일어나느니라. 그때 비구는 평등각을 계발하느니라. 그때 비구는 평등각을 완전히 계발하게 되느니라.

이와 같이 네 곳에 마음 집중하는 수행법(사념처)을 꾸준히 규칙적으로 계발하면 7각지의 완성을 가져오느니라.

어떻게 7각지를 수련하면 지혜 해탈을 완성시키는가?

여기에 비구여! 비구는 초연함, 갈애의 가라앉음, 멸(滅)함에 근거하여 떨쳐버림을 가져오는 염각·택법·정진각·희각·경쾌안각·정각·평등각을 계발하느니라. 이와 같이 7각지를 꾸준히 규칙적으로 계발하면 지혜와 해탈의 완성을 가져오느니라.

이와 같이 부처님께서 말씀하시자 비구들의 가슴은 환희로 충만하였다.[2]

－중부경 118/남전대장경 31권－

마지막 숨에 대한 관찰

"라훌라여! 호흡에 대한 마음챙김(주시)을 꾸준히 규칙적으로 계발하면 심지어 최후의 마지막 호흡의 출입도 모르고 지나가는 것이 아니라 알아차림으로 통과하느니라."[3]

－중부경 162－

---

2) 호흡에 대한 마음챙김 하나로 기초 단계에서부터 해탈에 이르기까지 설명한 부분이다. 호흡에 대한 마음챙김 수행은 누구에게나 잘 맞는다고 한다. 잡아함경 807에 의하면 부처님은 깨닫고 나서도 아나파아나 수행을 하신 것을 볼 수 있다.

호흡은 색(色)에 해당한다. 호흡이 일어날 때 수·상·행·식도 함께 일어난다. 관찰이 깊어지면 오온에서 무상·고·무아를 보아 해탈한다.

3) 부처님은 제자인 아들에게 죽는 순간까지도 호흡에 대한 마음관찰을 놓치지 말라고 당부하셨다. 수행자들이여, 죽는 순간은 고사하고 매일 잠드는 순간에도 관찰할 수 있는가. 잠든 시간은 고사하고 지금 낮에 깨어 있는 동안은 얼마나 많이 마음챙김을 놓치는가!

호흡의 수련을 돕는 다섯 가지 요인

부처님이 기원정사에 계실 때 제자들에게 말씀하셨다. 호흡의 수행에 매우 유익한 다섯 가지 법이 있느니라.

첫째, 깨끗한 계율의 해탈이니라. 율의가 구족한 행동으로 조그마한 잘못일망정 두려워하여 계율을 배우고 수지하여야 하느니라. 이것이 매우 유익한 호흡의 수행을 닦는 것이니라.

둘째, 욕심을 적게 내고 일을 적게 만들고 힘을 적게 쓰는 것이니라. 이것이 매우 유익한 호흡의 수행을 닦는 것이니라.

셋째, 음식을 조절하여야 하느니라. 많건 적건 음식을 구하려는 욕망을 내지 않고 꾸준히 사유하는 것이니라. 이것이 매우 유익한 호흡의 수행을 닦는 것이니라.

넷째, 초저녁과 새벽에 잠자지 않고 꾸준히 정념(正念)하는 것이니라. 이것이 매우 유익한 호흡의 수행을 닦는 것이니라.

다섯째, 시끄러움을 떠나 한가한 숲속에 있는 것이니라. 이것이 매우 유익한 호흡의 수행을 닦는 것이니라.

-잡아함경 801-

호흡의 수련이 여래의 세계

이와 같이 내가 들었다. 부처님께서 이차낭갈라숲에 계실 때였다. 나는 두 달 동안 좌선하겠다. 밥을 가져오는 사람과 포살할 때를 제외하고 너희들은 내왕하지 말라. 부처님께서 이렇게 말씀하시고 두 달 동안 좌선하셨다. 두 달 동안의 좌선을 마치고 선정에서 깨어나 사람들 앞에 앉아 말씀하셨다.

사람들이 그대들에게 사문 고오타마는 두 달 동안 어떻게 좌선하였는가 하고 묻거든, 여래는 두 달 동안 호흡의 수행으로 좌선했다고 대답하여라. 왜냐하면, 두 달 동안 늘 호흡의 수행으로 사유했기 때문이다. 숨을 들이쉴 때는 들이쉬는 생각으로 들이쉬는 느낌이 가득하고, 내쉴 때는 내쉬는 느낌이 온몸에 가득 찬다. 몸이 행동하거나 휴식하거나 들이쉬는 생각으로 가득 차며 또 내쉼이 없는 듯한 느낌으로 가득 찬다.

나는 낱낱이 그것을 알았다. 나는 이때 이렇게 생각했다. 이 사유는 거칠다. 나는 지금부터 이렇게 사유하는 것을 그치리라. 좀더 미세한 수행의 세계에 머물리라. 이때 나는 거칠던 사유가 끝나고 더 미세한 사유로 들어갔다. 늘 그 세계에 머물렀다.

이때 하늘 사람 셋이 찬란한 빛을 내며 밤중에 나에게 다가왔다. 첫번째 하늘 사람이 말했다. "사문, 고오타마는 거기에 이르렀다." 두번째 하늘 사람이 말했다. "아니다 거기를 향해가고 있다." 세번째 하늘 사람이 말했다. "거기에 이르지도 않았고 거기를 향해 가고 있지도 않다."

부처님께서 비구들에게 말씀하셨다.

"바른대로 말하면, 성자의 세계, 신들의 세계, 청정의 세계, 배움의 세계, 배울 것 없는 세계, 여래의 세계다. 보통의 배움으로 얻지 못할 것을 얻고, 이르지 못할 것에 이르고, 체험하지 못할 것을 체험했다. 배울 것 없는 사람은 삶 그 자체가 최상의 세계다. 보통의 배움으로 얻지 못할 것을 얻고, 이르지 못할 것에 이르고, 체험하지 못할 것을 체험했다. 배울 것 없는 사람은 삶 그 자체가 최상의 세계다. 그것이 호흡의 수행이다. 이것은 정설(正說)이다. 왜냐하면, 호흡의 수행은 바로 성자의 세계, 신들의 세계, 청정의 세계, 배울 것 없는 세계이며 삶 그 자체가 최상의 세계이다. 모든 비구들은 부처님의 말씀을 듣고 기쁘게 받아들여 행하였다.

-잡아함경 807-

3. 몸에 대한 관찰

몸을 정복하면 마음을 정복한다

"비구여! 만약 수행으로 자신의 몸을 정복하지 못하면 자신의 마음은 정복될 수 없느니라. 만약 수행으로 자신의 몸을 정복하면, 자신의 마음은 정복되느니라."

─ 중부경 36 ─

몸의 관찰로 해탈을 이룬다

"비구여! 여기에 한법이 있는데 이것을 반복해서 꾸준히 수행하고 연마하면 제일의제(第一義諦)로…궁극의 평화로…마음집중과 분명한 앎으로…올바른 견해와 지혜로…지금 여기에서 행복을…지혜에 의한 해탈과 구경의 열반으로 이끌어 주느니라. 그 법은 다름 아닌 몸에 대한 마음 집중 수행이니라."

─ 증지부경 1·21 ─

아난다의 찬탄

"사리 풋다는 열반에 들었다.
부처님 또한 열반에 들었다.
지금에 와서는 몸에 대한
마음집중 수행에 견줄 만한 도반이나
스승은 없도다."

─ 장로게 ─

몸의 관찰로 육신통을 얻는다

비구들이여, 몸에 대한 관찰을 습관화하여 꾸준히 반복해서 수행해 나가면서 굳건하게 마음집중을 확립할 때 다음의 열 가지 이익을 기대할 수 있다…. 그는 4선정을 힘들이지 않고 통달한다.

그는 여러가지 신통변화를 얻는다. 하나가 되었다가 여럿이 되기도 하고 여럿이 되었다가 하나가 되기도 한다. 그는 나타났다 사라졌다 한다. 벽이나 담이나 산을 아무 장애도 받지 않고 통과하기를 마치 허공중처럼 한다. 땅에서도 잠겼다 떠올랐다 하기를 물 속에서처럼 한다. 물 위에서 빠지지 않고 걸어 가기를 땅 위에서처럼 하며, 가부좌한 채 허공을 날기를 날개달린 새처럼 한다. 저 강렬하고 장대한 태양과 달을 손으로 만져 쓰다듬기도 하며, 심지어는 육신을 지닌 채 저 멀리 브라흐만의 세계(梵天)에까지도 출현자재한다(身足通). 그는 또 인간의 능력을 넘어선 천이통(天耳通)으로써 천상이나 인간의 소리를 멀든 가깝든 간에 다 들을 수 있다. 그는 또 마음으로 다른 사람이나 다른 생류의 마음에 통함으로써 그 마음을 파악한다(他心通).

그는 한량없는 전생의 갖가지 삶들을 기억할 수 있다. 한생 전, 두생 전…천생·십만생·우주 수축의 여러 겁, 우주 팽창의 여러 겁, 우주 수축과 팽창의 여러 겁 전까지.

'거기서는 내 이름이 무엇이었고 종족의 성이 무엇이었으며 용모는 어떠했으며, 어떤 음식을 취했고 내가 겪은 즐거움과 괴로움은 어떤 것이었고, 수명의 종말은 어떠했고 거기서 죽어서는 어디에 태어났으며 거기서는 다시 이름이 무엇이었고…거기서 죽어서는 여기에 다시 태어났다. 이와 같이 전생의 갖가지 삶들을 사소한 길에 이르기까지 상세하게 기억해 낼 수 있다(宿命通).

그는 또 인간의 능력을 넘어선 천안통(天眼通)으로 모든 중생들이

천박하거나 고상하게, 아름답거나 추하게, 좁은 곳에 가거나 나쁜 곳에 가면서 죽고 나고 하는 것을 본다. 그는 중생들이 어떻게 지은 바 업에 따라서 가는 지를 안다…그는 또한 모든 번뇌가 다하여 아무 번뇌가 없는 '마음의 해탈(心解脫)'과 '지혜의 해탈(慧解脫)'을 바로 지금 여기에서 스스로 신통지에 의해 증명하며 구족하여 머문다(漏盡通).

-중부경 염신경-

4. 감각(느낌)에 대한 관찰

세 가지 감각(느낌)의 이해

오, 비구여! 감각에는 즐거운(樂) 감각, 괴로운(苦) 감각, 즐겁지도 괴롭지도 않은(非苦非樂) 감각의 세 가지가 있느니라. 비구여, 이 세 가지 감각을 완전히 이해하기 위해서는 네 가지 마음집중법(四念處)을 수행해야 하느니라.

-상응부경 47·49-

세 가지 느낌에서 탐·진·치 제거

"비구여, 즐거운 감각에서는 탐욕에 대한 치우침을 버려야 하고, 괴로운 감각에서는 성냄에 대한 치우침을 버려야 하고, 즐겁지도 괴롭지도 않은 감각에서는 어리석음에 대한 치우침을 버려야 하느니라. 만약 비구가 즐거운 감각에서 탐욕을, 괴로운 감각에서 성냄을, 즐겁지도 괴롭지도 않은 감각에서 어리석음을 버릴 수 있다면, 그때 그는 삼독심에서 자유로워져 사실을 여법하게 볼 수 있는 성자라 불리운다. 그는 욕망을 제거해 버렸고 번뇌를 조복 받았고, 이기심을 부수어 버리고 고(苦)의 멸(滅)을 실현했느니라."

―상응부경 36·3―

세 가지 느낌에서 삼법인을 철견한다

즐거운 감각이든 괴로운 감각이든, 즐겁지도 괴롭지도 않은 감각이든 자신의 감각이든, 타인의 감각이든 모든 종류의 감각을 수행자는 무상(無常)·고(苦)·무아(無我)로써 알아차린다. 반복되는 감각의 접촉과 사라짐을 알아차리면 감각에서 초연함을 감각에서 자유로움을 얻느니라."

―상응부경 362―

느낌에서 무상함 관찰

한때 부처님은 베살리에 계셨다. 저녁에 자리에서 일어나신 후, 환자실로 가셔서 준비된 자리에 앉으셨다. 그리고 다음과 같이 말씀하셨다.

"비구들이여, 비구는 마음집중하여 분명한 앎으로써 자신의 시간을 보내야 하느니라. 이것이 그대들에게 주는 나의 교훈이니라. 만약 비구가 이와 같이 열심히 마음집중하여 분명한 앎과 단호한 결정심으로 수행해 나갈 때, 그 자신 내부에서 즐거운 느낌이 일어나면 '지금 즐거운 느낌이 나에게 일어났다'라고 알아차린다. 그것은 절대적이 아닌 조건화된 상태이다. 무엇에 의하여 조건화된 것인가? 이 몸에 의해서 조건화된 것이다. 그리고 이 몸은 참으로 무상하고 형성된 것이고 서로 의지해서 생긴 것이다. 만약 즐거운 이 느낌이 무상하고, 형성되어지고, 상호 의지해서 생긴 몸에 의하여 조건화된 것이라면 그러한 즐거운 느낌이 어떻게 영원할 수 있겠는가?

이 몸과 느낌의 양자에 대해서 비구는 무상으로 관찰하면서 머물고 덧없는 것으로, 무집착으로… 소멸하는 것으로… 떨쳐버림으로 관찰하면서 머무느니라.

이와 같이 수행하는 비구는 몸과 느낌에 대한 집착을 떨쳐 버리느니라.

만약 괴로운 느낌이 자신의 내부에서 일어나면 '지금 괴로운 느낌이 나의 내부에 일어났다'라는 것을 알아차린다. 그것은 절대적이 아닌 조건화된 상태이다. 무엇에 의하여 조건화된 것인가? 이 몸에 의해서 조건화된 것이다. 그리고 이 몸은 참으로 무상하고 형성된 것이고 서로 의지해서 생긴 것이다.

만약 괴롭지도 즐겁지도 않은 느낌이 자신의 내부에서 일어났다면…(하략).

만약 비구(수행자)가 즐거운 느낌을 느끼면, 그 느낌을 무상한 것으로 알아차린다. 그것은 집착할 것이 못되고 탐닉할 것이 못된다는 것을 알아차린다. 만약 비구가 괴로운 느낌을 느끼면, 그것은 집착할 것이 못되고, 탐닉할 것이 못된다는 것을 알아차린다.

만약 비구가 즐겁지도 괴롭지도 않은 느낌을 느끼면 그것은 집착할 것이 못되고, 탐닉할 것이 못된다는 것을 알아차린다.

만약 비구가 즐거운 느낌을 경험하면, 비구는 그 느낌에 결박당하지 않는 것으로 느낀다. 만약 비구가 괴로운 느낌을 느끼면, 그것은 집착할 것이 못되고, 탐닉할 것이 못된다는 것을 알아차린다.

괴로운 느낌이 몸을 위태롭게 할 때는 '나는 몸을 위태롭게 하는 괴로운 느낌을 갖고 있다'고 알아차린다. 괴로운 느낌이 목숨을 위태롭게 할 때는 '나는 목숨을 위태롭게 하는 괴로운 느낌을 갖고 있다'라고 알아차린다. 그리고 '몸이 소멸한 후, 목숨이 끝날 때 고통스러운 이러한 모든 느낌은 사라지리라. 지금 당장에도' 라고 비구는 알아차린다.

그것은 마치 심지와 기름으로 불타는 램프와 같다. 만약 기름과 심지가 다 닳아 빠진다면, 불은 연료부족으로 사라진다. 마찬가지로 비구는 '이 몸이 소멸한 후 목숨이 다할 때 고통스러운 이러한 모든 느낌은 사라진다. 지금 당장에도' 라고 이렇게 알아차리느니라.

—상응부 36·7—

수행자와 범부와의 차이

"비구들이여, 이제껏 가르침을 듣지 않은 사람도 즐거운 느낌을 받고 괴로운 느낌을 받고, 즐겁지도 괴롭지도 않은 느낌을 받느니라. 또한 이미 나의 가르침을 받은 제자들도 역시 즐거운 느낌을 받고, 괴로운 느낌을 받고, 즐겁지도 괴롭지도 않은 느낌을 받느니라. 그렇다면 아직 가르침을 듣지 못한 사람은 이미 가르침을 들은 사람과 무엇이 다르겠느냐?"

"부처님이시여, 우리들의 법은 정각을 이루신 부처님의 가르침에 근본을 두고 있습니다. 바라건대, 저희들에게 말씀하여 주십시오"

"비구들이여, 이미 가르침을 받고 수행을 게을리하지 않은 사람은 괴로운 느낌을 받아도 쓸데없이 비탄에 잠겨 혼미하게 되지 않느니라. 그것을 나는 두번째 화살을 받지 않는다고 말하는 것이니라."

—상응부경 36·6—

5. 마음상태의 관찰

바로 이곳에서 경험할 수 있는 가르침

한때 우파와나 비구가 부처님을 친견하러 갔다. 예의를 갖춰 존경스럽게 절을 올린 후 한쪽 옆으로 가서 앉았다. 그리고 나서 부처님께 다음과 같이 여쭈었다.

"사람들은 즉시 효력이 나타나는 눈에 보이는 가르침에 관해서 말합니다. 스승이시여, 지금 여기에서 볼 수 있고 '와서 보라'고 할 만큼 즉각 결과가 나타나고 향상일로(向上一路)하고, 현자에 의해서 직접 경험할 수 있는 가르침은 어디에 있습니까?"

"우파와나여! 여기 한 비구가 자신의 눈으로 한 형상(色)을 보고 있을 때 그 형상을 인식하고 그 형상에 대한 욕망을 인식한다. 그의 마음속에 형상에 대한 욕망이 나타났을 때 '내 안에 형상에 대한 욕망이 있다'라는 것을 알아차린다. 만약 그 비구가 자신의 눈으로 하나의 형상을 보고 있을 때 그 형상을 인식하고 그 형상에 대한 욕망을 인식하고 그의 내부에 형상에 대한 욕망이 있다는 것을 알아차리면 지금 여기에서 볼 수 있는 가르침이고, '와서 보라'라고 할 만큼 즉각적인 결과가 나타나는 현자에 의해서 직접 경험할 수 있는 것이니라.

우파와나여, 더 나아가서 한 비구가 자신의 귀로써 소리를 들을 때 코로 냄새 맡을 때, 혀로 맛을 볼 때, 몸으로 감촉을 느낄 때, 마음으로 마음의 대상(법)을 인식할 때 마음의 대상을 인식하고 마음의 대상에 대한 욕망을 인식한다. 그 자신 내부에 마음의 대상에 대한 욕망이 나타났을 때, '내 안에 마음의 대상에 대한 욕망이 있다'라는 것을 알아차린다. 만약 비구가 자신의 마음으로 마음의 대상을 인식할 때 마음의 대상과 마음의 대상에 대한 욕망을 인식하고 그의 내부에 마음의 대상에 대한 욕망이 있다는 것을 알아차리면, 또한 지금 여기에서 볼 수 있는 가르침이고 '와서 보라'라고 할 만큼 즉각적인 결과가 나타나고 향상일로하는 현자에 의해서 직접 경험할 수 있는 것이니라. 그리고 한 비구가 자신의 눈으로 형상을 볼 때 그 형상을 인식하고 그 형상에 대한 욕망이 없다는 것을 인식한다. 형상에 대한 욕망이 없을 때 '나 자신의 내부에는 형상에 대한 욕망이 없다'는 것을 알아차린다.

만약 한 비구가 자신의 눈으로 하나의 형상을 보고 있을 때 그 형상을 인식하고 그 형상에 대한 욕망이 없다는 것을 인식하고 그의 내부에서 형상에 대한 욕망이 없다는 것을 알아차리면, 지금 여기에서 볼 수 있는 가르침이고 '와서 보라'라고 할 만큼 즉각적인 결과가 나타나는 현자에 의해서 직접 경험할 수 있는 것이니라.[1]

더 나아가서, 한 비구가 귀로써……(하략)"

―상응부경 35·70―

---

1) 오온의 집착 상태를 반야로 관찰하면 즉각 사라지는 것을 설하신 것이다. 정성 스럽게 수행하면 지금 이 자리에서 효과가 나타나고, 공덕이 수승하거나 대발심한 사람은 일초직입여래지(一超直入如來地)하리라 본다. 지금 당장 시도해 보라.

믿음을 넘어선 수행(와서 보라)

"비구여! 믿음이나 간직해온 사상·전통·허울좋은 추론[2]이나 존경하는 사람의 견해에 의지하지 않고 '윤회는 사라졌다. 청정한 행은 정립되었고 해야 할 일은 완성되었다. 이후로 남은 것은 아무것도 없다'라는 궁극의 지혜에 도달하는 방법이 있겠는가?"

"스승님이시여, 저희들에게 있어 가르침은 정각을 이루신 분에 바탕을 둡니다. 정각을 이루신 스승께서 말씀해 주십시오 제자들은 그 말씀을 명심하겠습니다."

"비구여, 그런 방법이 있느니라. 어떠한 것이냐? 비구여, 여기 한 비구가 자신의 눈으로 형상(色)을 봤다. 만약 그 자신의 마음에 탐욕·성냄·어리석음이 있다면, '내 안에 탐욕·성냄·어리석음이 있다'라는 것을 알아차린다. 만약 탐욕·성냄·어리석음이 없다면, '내 안에 탐욕·성냄·어리석음이 없다'라는 것을 알아차린다. 더 나아가서 소리를 듣고, 냄새 맡고, 맛 보고, 감촉으로 느끼고, 의식으로 인식할 때 그의 내부에 탐욕·성냄·어리석음이 있다면 '내 안에 탐욕·성냄·어리석음이 있다'라고 알아차린다. 만약 없다면 '내 안에 탐욕·성냄·어리석음이 없다'라고 알아차린다. 그러므로 비구여, 만약 그가 이렇게 알아차린다면, 믿음에 의지하고 간직해온 사상이나 전통이나 허울좋은 추론이나 존경하는 사람의 견해에

---

2) 어떠한 이론이나 사상·교리도 자기가 체험으로 증득하기 전에는 우상적인 관념이 따라 다니는 추론에 지나지 않는다. 내 것, 네 것, 남방·북방 갑론을박 하지말고 체험으로 견성해탈(진리구현)하여 스스로 증명해야 한다. 부처님은 맹목적이고 굴종적인 믿음은 배제했다.
칼라마경에서도 그럴 듯한 추론, 전통, 경전, 스승의 말을 맹목적으로 믿지말고 체험으로 확인하라고 했다. 또한 숫타니파아타에서도 상·하, 좌·우 사방에 아는 것이 있으면 집착이라고 했다. 구두선(口頭禪)이나 교리적인 식락(識樂)에 집착하지 말고 활구선(活句禪)위빠싸나로 열반을 증득해야 한다.

의지한 그러한 방법들이겠는가?"

"절대로 그렇지 않습니다, 스승님이시여."

"오히려 체험에 의해서 현명하게 깨달아 알 수 있는 방법이 아니겠는가?"

"그러하옵니다, 스승님이시여."

"비구여, 이것이 바로 믿음이나 간직해온 사상, 전통이나 허울좋은 추론, 존경하는 사람의 견해에 의지하지 않고 '윤회는 사라졌다. 청정한 행은 이미 정립되었고 해야할 일은 완성되었다. 이후로 남은 것은 아무것도 없다'라는 성자가 성취한 궁극의 지혜라는 것을 선포하는 수행법이니라."3)

—상응부 35, 152—

사리풋타(사리불) 존자의 체험담

어느날 서른 명의 비구들이 부처님을 친견하기 위해 제따와나 수도원에 도착했다. 이때 부처님께서는 이들이 모두 아라한이 될 시기가 되었음을 아시었다. 그래서 부처님께서는 사리풋타를 부르시어 30명의 비구 앞에서 이렇게 질문하시었다.

"여래의 아들 사리풋타여, 그대는 감각 기관을 대상으로 마음집중(위빠싸나)을 하면 열반을 성취하게 된다는 진실을 받아들이느냐?"

---

3) 사념처, 위빠싸나 수행법은 모든 종교를 초월하고 불교도, 비불교도, 모든 종교인이나 비종교인, 남녀노소 누구에게나 이득을 주는 수행법이다. 믿음은 사실을 있는 그대로 보지 못한 사람에게만 존재한다. 맹목적 믿음엔 우상이나 미혹이 존재할 수 있다. 깨달아 확인한 사람에겐 믿음은 존재하지 않는다. 오직 살아 깨어있는 진리만 있을 뿐이다.

사리풋타가 대답했다.

"부처님이시여, 감각기관을 대상으로 마음을 집중시켜 열반을 깨닫는다는 진실을 저는 받아들입니다. 그러나 그것은 부처님에 대한 저의 믿음 때문이 아닙니다. 그렇지만 또한 다른 사람으로부터 이런 진실을 받아들인 것도 아닙니다."

이같은 사리풋타의 대답을 들은 비구들은 그 뜻을 올바로 이해하지 못했으므로 이렇게 수군거렸다.

"사리풋타는 잘못된 견해를 말했다. 그는 부처님에 대하여 진실한 신심을 갖고 있지 않다."

이때 부처님께서는 그들에게 사리풋타가 한 말의 의미를 분명하게 밝혀주시었다.

"비구들이여, 사리풋타의 대답은 이런 뜻이니라. 그는 감각기관을 대상으로 하여 마음을 집중하는 수행을 통하여 열반을 성취하게 된다는 사실을 의심없이 받아들이느니라. 그러나 그 받아들임은 그 자신이 그같이 수행하여 깨달음에 도달한 체험에 의한 것이지, 여래가 그렇게 말하였거나 다른 사람이 그렇게 말하였기 때문이 아니니라. 비구들이여, 사리풋타는 여래에 대한 신심이 깊으며, 그는 또한 착한 행동과 악한 행동에 따르는 결과도 잘 믿고 있느니라."

그리고 부처님께서는 다음 게송을 읊으시었다.

> 닙바나(열반)를 깨달은 사람은
> 다른 사람의 말을 쉽게 믿지 않는다.
> 그는 생사윤회의 얽매임을 끊었고
> 그는 착하고 악한 행동의 결과를 파괴했으며
> 또한 모든 욕망도 던져 버렸다.

그는 실로 중생속의 으뜸가는 성자일지니.

부처님의 이 설법 끝에 30명의 비구들은 모두 아라한과를 성취하였다.

-법구경 77-

6. 비유로써 마음집중법을 설명하다

문지기 I

변경에 튼튼한 방어물과 성벽, 그리고 여섯 개의 문으로 보호되어 있는 왕의 도시가 하나 있다. 그리고 총명하고 노련하며 신중한 한 문지기가 있는데 그는 모르는 사람들은 돌려 보내고 아는 사람만 통과시킨다.

동쪽으로부터 두 사람의 사신이 도달했다. 그리고 그 문지기에게 "이 도시의 왕은 어디에 계시느냐?"고 물었다. 그 문지기가 "그는 중앙의 왕실에 계십니다"라고 대답했다. 사신들은 재빨리 진리의 메시지를 왕에게 전달하고 왔던 길로 돌아갔다(서쪽·남쪽·북쪽에서 온 사신들도 같은 방법으로 하였다).

이 비유의 뜻은 이러하다. 그 도시는 네 개로 구성된 몸에 비유한 것이다. 이 몸은 부모로 연해서 받았고 곡식과 음식으로 길러졌으며 변화하여 썩고 분해되어 소멸하여 버릴 수밖에 없다.

여섯 개 문은 여섯 개의 감각 기관을 비유한 것이다.

문지기는 마음집중을 비유한 것이다.

기민한 두 사신은 선정과 지혜에 비유한 것이다.
도시의 왕은 마음에 비유한 것이다.
중앙의 방(왕실)은 네 가지 기본 원소를 말한다(지·수·화·풍).
진실한 메시지는 열반을 이름한 것이다.
전달된 길은 8정도를 이름한 것이다.

-상응부경 35, 204-

문지기 II

한 왕이 머물고 있는 변경의 도시가 있다. 그 국가로 들어오는 길목의 문에 대단히 영리하며 경험도 많고 신중한 문지기가 지키고 있으면서 국가의 백성을 보호하고 적들을 막아내기 위하여 아는 사람은 통과시키고 수상한 사람은 돌려 보낸다. 여기에서 말하는 문지기는 빈틈없는 주시력과 마음집중력을 갖춘 성스러운 수행자에 비유한 것이다. 그는 오래 전에 행하고 말한 언행들도 기억하고 마음에 간직하고 있다. 훌륭한 문지기와 같이 마음집중이 잘된 성스러운 수행자는 악한 것은 버리고 선한 것은 가꾸어 나간다. 그는 항상 청정심을 유지해 나가느니라.

-중지부경 7·63-

탐침(探針)

여기 한 사람이 독이 많이 묻은 독화살을 맞았다고 가정해 보자. 그의 친구·친척·동료들이 수술하는 의사를 불렀다.

그 의사는 칼로써 상처난 부분을 벌리고 탐침으로 활촉을 찾는다. 의사가 활촉을 찾아내어 뽑아낸 후, 독이 완전히 제거되었다고 생각할 때까지 씻어낸다.

여기서 비유로 든 뜻은 이러하다.
상처는 여섯감각 기관을 뜻한다.
그 독은 어리석음(無明)을 나타낸다.
활촉은 욕망이고 탐침(探針)은 마음집중(주시)이고 칼은 성스러운 지혜이고[1] 의사는 완전한 정각자를 뜻한다.

—중부경 105—

자비를 실천하면서 사념처 수행 : 곡예사의 비유

한때 부처님이 세라카라 불리우는 숨바나라에 머물고 계셨다. 거기에서 비구들에게 다음과 같이 설법하셨다.

오래 전에 장대를 가지고 묘기를 보이는 한 곡예사가 있었다. 그는 그의 장대를 세운 후 그의 견습생인 메다카타리카 소녀에게 말했다.

"자, 메다카타리카야. 장대를 갖고 내 어깨 위로 올라 오너라."

"예, 주인님"하면서 시키는 대로 했다.

그리고 나서 그 곡예사는 말했다.

"자 이제부터는 나를 잘 보호하거라. 나는 너를 잘 보호하리라. 서로 서로 주의하면서 서로서로를 잘 보호할 때 우리들은 묘기를 연출하면서 생명을 유지하고 안전하게 장대로부터 내려올 수 있단다."

그때 메다카타리카가 말했다.

"그렇지 않습니다. 주인님은 주인님 자신을 보살펴야 하고 저 역시 저 자신을 보살펴야 합니다. 자신을 보호하고 자신을 방어하여야 우리들은

---

1) 선정과 지혜에 앞서 작용하는 것이 마음집중(주시)이다. 이것을 잘 이용하면 수행에 획기적인 도움이 되리라 본다. 올바른 마음집중(正念)엔 반드시 선정과 지혜가 따른다. 주시를 일으키는 것은 주시이다. 대념처경의 7각지에선 "주시가 어떻게 일어나고 사라지는가를 반야(지혜)로 안다."고 되어 있다.

우리들의 묘기를 연출하면서 살아서 안전하게 장대로부터 내려올 수 있습니다."

"이것이 바른 방법이다"라고 부처님은 말씀하셨다. 그리고 보다 더 자세하게 이와 같이 설명하셨다.

"그 곡예사의 제자가 말했듯이 '나는 나 자신을 보호하리라' 이와 같이 사념처 위빠씨나를 수련하고 '내가 다른 사람을 보호하리라' 이와 같이 사념처 위빠싸나를 수련해야 하느니라. '나 자신을 보호하리라' 이와 같이 사념처의 위빠싸나를 수련하고 '내가 다른 사람을 보호하리라' 이와 같이 사념처 위빠싸나를 수련해야 하느니라. 자신을 보호하면서 타인을 보호하고, 타인을 보호하면서 자신을 보호해야 하느니라. 어떻게 해서 타인을 보호하면서 자신을 보호할 수 있는가? 인내와 참을성을 가지고, 비폭력으로 생명을 해치지 않고 사랑과 자비로써 그렇게 수행해야 하느니라. 자신을 보호하면서 남을 보호하고, 남을 보호하면서 자신을 보호하는 사념처 위빠싸나 수행을 해야 하느니라."[2]

-상응부경 47.19-

주시와 지혜

왕이 질문했다. "주시(집중)의 특성은 무엇이고 지혜의 특성은 무엇입니까?"

"대왕이시여, 모으는 것은 주시(집중)의 특성이고 잘라버리는 것은 지

---

2) 자비와 지혜(복혜쌍수)는 불교의 핵심이다. 이 양자를 균형있게 수행하면 원만하게 그 결실을 얻을 것이다. 주석서에도 자·비·희·사의 수행과 실천으로 선정을 얻고 그 선정을 바탕으로 지혜수련(사념치)을 닦아 성위과에 이른 경우를 많이 설명한다.

혜의 특성입니다."
"비유를 들어서 설명해 주십시오"
"보리를 베는 것을 아십니까? 대왕이시여."
"네 압니다, 존자시여."
"어떻게 보리를 벱니까?"
"왼손으로 보리를 움켜쥐고 낫을 든 오른손으로 자릅니다."
"그와 같습니다. 대왕이시여, 수행에 몰두한 사람은 주시를 통하여 마음을 집중하고 지혜로써 번뇌를 제거합니다. 그와 같이 주시는 모으는 특성이 있고 지혜는 자르는 특성이 있습니다."
"나가세나 존자여, 당신은 참으로 능력있는 훌륭한 성자이십니다."

―밀린다 왕문경―

거미줄에 비유

아나율 존자는 다음과 같이 비유해서 말했다.
"다섯 가지 감각문에 마음집중의 거미줄이 쳐져 있다. 그것은 너무나 빈틈없이 훌륭하고 섬세하게 쳐져 있어 모든 번뇌가 마음집중의 거미줄에 걸려든다. 그리고 맑은 통찰에 의해 번뇌는 죽어나간다."

―밀린다 왕문경―

고양이가 쥐잡듯이

고양이가 쥐를 잡을 때 한눈 팔지 않고 노려보고 있듯이 수행자도 자신의 오온(五蘊)이 일어나고 사라지는 것을 관찰해야 한다.
이와 같이 색(色)이 일어나고 이와 같이 색이 사라지고

이와 같이 감정(受)이 일어나고, 이와 같이 감정이 사라지고
이와 같이 인식(想)이 일어나고, 이와 같이 인식이 사라지고
이와 같이 행(行)이 일어나고, 이와 같이 행이 사라지고
이와 같이 의식(識)이 일어나고, 이렇게 의식이 사라지고
성자 중의 최고의 성자이신 여래께서도 다음과 같이 말씀하셨다.
"현재 여기에서 떨어지지 않은 곳에서 찾아야 하느니라.
최고의 천국은 어디에서 찾을 수 있느냐?
현재 일어나고 있는 오온 내에서 바로 이곳, 그대 자신의 몸 안에서 모든 것을 찾아야 하느니라."[3]

-밀린다 왕문경-

곡식의 씨앗

"나가세나 존자여, 수행자는 씨앗의 두 가지 특성을 취해야 한다고 말씀하셨습니다. 이 두 가지는 무엇입니까?"

"대왕이시여! 만약 기름진 옥토와 적절한 강우량이 있으면, 소량의 씨앗도 충분한 열매를 맺을 것입니다. 마찬가지로 수행의 완전한 결실을 거두기 위해서는 수행자는 계행(덕)을 잘 지켜야 합니다. 대왕이시여, 이것이 씨앗의 첫번째 특성과 같은 것입니다.

또한 씨앗이 잡초가 없는 잘 정리된 밭에 뿌려진다면 그 씨앗은 빨리 자랄 것입니다. 마찬가지로 수행자가 그의 마음을 정복하고 확고하게 그 청정심을 지켜나간다면 그리고(마음의 씨앗처럼) 훌륭한 네 곳의 마

---

3) 위빠싸나 수행을 한 마디로 설명한 부분이다. 마하반야로 오온이 공(空)함을 비추어 볼 때 모든 고(苦)가 사라지고 무명(無明)이 다한 아뇩다라 삼먁삼보리를 얻는다. 그곳은 '지금 여기'이다. 바로 지금 여기….

음집중(四念處)의 밭에 뿌린다면 그 씨앗은 빨리 자랄 것입니다."
-밀린다 왕문경-

마음집중의 두 가지 특성

밀린다 왕이 물었다.
"나가세나 존자여, 무엇이 마음집중의 두 가지 특성입니까?"
나가세나 존자가 대답했다.
"그것은 점검하는 것과 보존하는 것입니다."
"존자여! 마음집중의 점검하는 특성은 어떠한 것입니까?"
"만약 마음집중이 일어날 때 수행자는 선(善)과 악(惡), 청정한 것과 오염된 것, 우수한 것과 열등한 것, 빛과 어둠. 이와 같은 대조적인 것을 점검합니다. 그리고 이러한 것들은 37조도품인 4념처·4정단·4여의족·5근·5력·7각지·8정도라는 것을 알아차립니다.
이것을 알아차린 후 수련해야 할 것은 수련하고, 수련하지 말아야 할 것은 수련하지 않습니다. 취해야 할 것은 취하고, 취하지 말아야 할 것은 취하지 않습니다. 이와 같이 대왕이시여, 마음집중은 점검하는 특성을 가지고 있습니다."
"비유를 들어 주십시오."
"그것은 마치 세계를 지배하는 왕이 있는데 그 왕의 재무관이 왕의 집권초기부터 말년까지 왕의 재산을 관리하고 있는 것과 같습니다. 왕은 대단히 많은 코끼리·말·마차·군인들을 소유하고 있습니다. 즉 돈·금·기타 보물은 대단히 많습니다. 왕에게 그것을 기억하게 하십시오 이와 마찬가지로, 마음집중은 자신의 정신적 소유물을 점검하는 특성을 가지고 있습니다."

"나가세나 존자여, 마음집중의 보존하는 특성은 어떠한 것입니까?"

"대왕이시여, 마음집중이 일어날 때 수행자는 이익이 오는 결과인지 손실이 오는 결과인지를 관찰합니다. 이러한 것은 이익되고 저러한 것은 그렇지 않다. 이것을 알아차린 후, 이익이 되지 않고 도움이 되지 않는 것은 버리고 이익이 되고 도움이 되는 것은 보존합니다. 대왕이시여, 이와 같은 것이 보존하는 특성입니다."

"비유를 들어 주십시오."

"한 왕의 고문이 있다고 가정해 봅시다. 그 고문은 이 사람은 왕에게 충성할 사람이고 저러한 사람은 왕에게 역적이 될 사람이다, 즉 이러한 사람은 왕에게 도움이 되고 저러한 사람은 왕에게 해가 된다는 것을 알아내어 역적을 모의하고 해를 끼칠 사람은 제거하고, 충성하고 도움이 될 사람은 천거합니다. 이와 같은 것이 마음집중의 보존하는 특성입니다.

또한 부처님께서는 마음집중도 언제, 어디에서나 도움이 된다고 말씀하셨습니다."

"나가세나 존자여, 당신은 참으로 훌륭한 성자이십니다."[4]

― 밀린다 왕문경 ―

---

4) 삿띠(Sati, mindfulness)를 마음집중(알아차림·주시·마음챙김)과 기억(보존)으로 번역하는 이유가 여기에 있다. 삿띠는 둘 다의 기능을 갖고 있다. 한글대장경에는 '기억'만으로만 번역하여 실수행을 하는데 이해하기 어려운 면이 있다. 그래서 이 책에서는 주로 '마음집중(알아차림)'으로 번역했다. 알아차림을 연속적으로 챙겨나가면 자동적으로 '기억'의 효과는 따른다. 무의식(아뢰야식)의 잘못된 기억인 집착을 올바른 기억으로 전환시키는 것이 업의 정화이고 해탈이다.

4장. 마지막 나날들

윤회를 벗어나는 네 가지 길

어느날 점심때가 되기 전에 부처님께서는 하의을 입으시고 발우와 상의를 손에 지니시고 베살리 마을로 탁발하러 들어가셨다. 그리고 베살리 마을을 돌면서 공양을 끝내시고 마을을 나오실 때, 마치 코끼리가 사물을 바라보듯 지그시 베살리 마을을 응시하셨다. 이렇게 얼마쯤 계시다가 아난다 존자에게 말씀하셨다.

"아난다여! 여래가 베살리 마을을 보는 것도 이것이 마지막이 될 것이니라. 자, 아난다여! 우리들은 이제부터 반다 마을로 가도록 하자."

"잘 알았사옵니다, 부처님이시여!"

그곳에서 부처님께서는 비구들에게 다음과 같이 말씀하셨다.

"비구들이여! 사람들은 네 가지 가르침을 깨닫지 못하고 그것을 통달하지 못했기 때문에, 오랜동안 이 세상에서 저 세상으로 유전하고 끝없이 여기저기를 떠돌아다니는 것이다. 그 네 가지 가르침이란 무엇이겠는가?

비구들이여! 사람들은 우선 첫번째로, 성스러운 계율을 깨닫지 못하고 통달하지 못했기 때문에 오랜동안 이 세상에서 저 세상으로 유전하면서 끝없이 여기저기를 떠돌아다니는 것이니라.

또 비구들이여! 사람들은 성스러운 지혜를 깨닫지 못하고 통달하지 못했기 때문에 오랫동안 이 세상에서 저 세상으로 유전하고, 끝없이 여기저기를 떠돌아다니는 것이니라.

또 비구들이여! 사람들은 성스러운 선정을 깨닫지 못하고 통달하지 못했기 때문에 오랫동안 이 세상에서 저 세상으로 유전하고, 끝없이 여기저기를 떠돌아다니는 것이니라.

또 비구들이여! 사람들은 성스러운 해탈을 깨닫지 못하고 통달하지 못했기 때문에 오랫동안 이 세상에서 저 세상으로 유전하고, 끝없이 여기저기를 떠돌아다니는 것이니라.

반대로 비구들이여! 성스러운 계율을 깨달아 그것에 통달하고 성스러운 선정을 깨달아 그것에 통달하며, 성스러운 지혜를 깨달아 그것에 통달하고, 성스러운 해탈을 깨달아 그것에 통달한 사람은 생존에 대한 갈애를 단절하고 생존의 원인을 멸진함으로써 다시 태어남(生)을 받지 않느니라."

이렇게 부처님께서는 네 가지 가르침을 설하신 다음 거듭 원만한 분, 큰스승님께서는 다음과 같은 시를 노래하셨다.

    계(戒)·정(定)·혜(慧)·해탈(解脫)
    이것이야말로 위없는 최고의 가르침이네.
    이것들을 깨달은 고오타마는
    그 이름이 세상에 알려지리.

    이렇게 깨달은 붓다는
    제자 비구들에게 설하고
    괴로움 다하고 눈을 얻으니
    큰스승님 열반에 드는구나.

이렇게 반다 마을에 머물실 동안에도 부처님께서는 비구들에게 여러 가지 가르침을 설하셨던 것이다. 즉 "이것이 계(戒)이니라. 이것이 선정이다, 이것이 지혜이다. 또 계를 두루 닦은 선정에는 큰 과보와 이익이 있고 선정을 두루 닦은 지혜에도 큰 과보와 이익이 있나니, 이렇게 지혜를 두루 닦은 마음은 애욕·생존·견해·근본무지 등의 번뇌로부터 바르게 해탈할 수 있느니라."

― 장부경/열반경 ―

마하 목갈라나 존자(목련존자)의 입멸

어느때 나간타 고행자(니간타스)들이 마하 목갈라나 존자를 살해할 계획을 세운 적이 있었다. 그들은 마하 목갈라나 존자를 없앰으로써 부처님의 명예와 공덕을 손상시킬 수 있다고 생각했던 것이다. 그래서 니간타스들은 당시 라자가하 근처 짤라실하라는 작은 지방에 있는 자객들을 시켜 마하 목갈라나가 수행하고 있는 수도원을 포위하게 했다. 그러나 마하 목갈라나 존자는 신통력으로써 열쇠구멍을 통해 빠져 나와 버렸다. 그리고 얼마 뒤, 두번째 포위되었을 때는 방의 지붕을 뚫고 자객들의 포위망을 벗어났다. 이같이 하여 자객들은 처음 두 달 동안은 존자를 도저히 해치지 못했다. 그러다가 석달째가 되었을 때, 자객들은 기회를 보아 세번째로 마하 목갈라나 존자가 머무는 수도원을 포위했다. 이때에 이르러 목갈라나 존자는 자기의 과거를 반조해 보았다. 그리하여 자기가 과거에 범한 어리석은 악행의 업이 아직 남아 있음을 알게 되어 그때는 신통력을 사용하여 포위망을 빠져 나오지 않았다.

그리하여 마침내 존자는 자객들에게 잡히는 몸이 되었다. '자객들은 존자를 가혹하게 두들겨 팼고, 칼로 찔렀으며, 모든 뼈마디를 부러뜨렸다. 존자가 만신창이가 되자 자객들은 이제 존자가 더이상 살아나지 못하리라 판단하고 시체를 숲속에 던져 버린 후 그곳을 떠났다. 그런데 존자는 자신을 다스리는 선정의 힘으로 몸과 마음을 추스려 가까스로 움직일 수 있었다. 이윽고 존자는 부처님이 계시는 제따와나 수도원으로 향했다.

수도원에 도착한 목갈라나 존자는 부처님께 자기는 이제 마지막으로 부처님께 인사를 올리는 것이며, 곧 라자가하 근처에 있는 자기 고향 나란다에 돌아가 대열반(빠리닙바나)을 실현하겠다고 사뢰었다. 그러자 부처님께서는 존자에게 제따와나 수도원에 있는 전체 대중에게 고별 법문을 한 뒤 떠나라고 말씀하시었다. 그리하여 목갈라나 존자는 마지막 법문을 했고, 다시 부처님이 계시는 곳으로 와서 인사를 올리고 공손히 합장한 다음 부처님을 오른쪽으로 일곱 번 돌았다. 그런 다음 존자는 그곳을 떠나 자신의 출생지인 나란다로 갔으며 대열반을 실현하였다.

마하 목갈라나 존자가 자객들의 손에 의해 희생되었다는 소식은 마치 마른 검불에 붙은 불이 야산에 번져가듯 삽시간에 라자가하와 다른 지방으로 퍼져 나갔다. 이때 라자가하를 다스리던 아자따삿뚜(빔비사라 왕의 아들) 왕은 이 소식을 듣고 매우 놀라고 분개하여 사실을 조사하도록 특별 명령을 내렸다. 그리하여 니간타스들 중에서 그 일에 관련된 자들과 자객들을 모두 붙잡아 산 채로 불태워 처형하였다.

한편 비구들은 마하 목갈라나 존자의 죽음을 매우 슬퍼하면서 그처럼 위대한 인물이 어찌하여 자객들의 손에 비참하게 죽지 않으면 안 되었는지에 대해 의아하게 생각했다. 이때 부처님께서는 그들에게 말씀하시었다.

"비구들이여, 목갈라나가 금생에 이룬 성자로서 고귀한 생활을 생각해 본다면 그는 그 같은 죽음을 만나지 않았어야 당연할 것이니라. 그러나 그는 과거 전생에 아내의 사주를 받아 나이 많고 앞을 보지 못하는 아버지와 어머니를 숲속에 유인하여 살해하였더니라. 그는 그런 엄청난 악행을 저질렀기 때문에 그같은 죽음을 당한 것이니라."

이에 대한 자세한 이야기는 다음과 같다.

전생에 목갈라나는 앞을 보지 못하는 부모를 모시고 나이가 들도록 결혼도 미룬 채 살고 있었다. 그러나 부모들은 장성한 아들이 자신들 때문에 결혼도 하지 못하고 지내는 것이 안쓰럽고 마음에 부담도 되어 며느리에게 밥을 얻어 먹고 싶다고 말하며 그의 결혼을 재촉했다. 그럴 때면 아들은 어떻게 남의 식구가 앞을 못 보는 시부모님을 잘 모실 수 있겠느냐면서 차라리 자기가 독신으로 지내면서 부모님을 모시는 것이 낫다고 고집을 부리곤 했다. 그러다가 하도 부모가 성화를 하는 바람에 그는 평소에 잘 알고 지내던 처녀와 결혼을 하게 되었다.

그에게 시집온 여인은 처음에는 별 불평없이 정성스럽게 앞을 못 보는 시부모를 모셨다. 그러나 시간이 지나면서 남편에게 괴로움을 하소연하기 시작했다. 그럴 때마다 남편은 힘들더라도 좀더 참고 견디면 노인네들이 결국 세상을 떠나실 게 아니냐고 위로했다.

그러던 어느 때 남편이 며칠간 지방에 일을 보러 간 사이에 며느리는 두 노인을 학대하고 일부러 대소변을 가져다 방벽에 발라 두었다. 노인들은 냄새와 두려움에 질려서 방구석에 앉아 바들바들 떨었다. 아내는 이렇게 해놓고 얼마 후 돌아온 남편에게 자기는 이제 노망든 시부모를 더이상 뫼시지 못하겠으니 이혼을 하든지 부모를 버리든지 둘 중에 하나를 택하라고 대들었다. 이에 남편은 아내에게 며칠 내로 이 문제를 해결할테니 기다려 달라고 말하면서 방문을 열어 보니 대소변으로 더럽혀진 방에서 구역질 나는 냄새가 욱하고 치미는 것이었다. 그는 부모에게 이게 어찌된 일이냐고 여쭈어 보았다. 그러나 부모들은 "모르겠구나. 아무튼 네 목소리가 들리지 않게 된 날부터 이같이 냄새가 나고 무서워서 우리는 꼭 죽는 줄만 알았구나. 애야, 너는 이게 어찌된 건지 혹시 알겠느냐?"라고 할 뿐이었다.

이에 아들은 아내의 말만 믿고 부모가 망녕이 들어서 이같이 된 거라고 판단하여 부모를 버릴 결심을 굳히게 되었다. 그래서 그는 이튿날 부모 앞에 가서 고개 너머로 바람도 쐴 겸 놀러 가십사고 청했다. 그런 다음 그는 앞을 못 보는 부모를 유인하여 숲속으로 들어 갔다. 거기서 그는 도둑떼를 만난 듯이 위장하여 비명을 질렀다. 그러나 부모는 매우 놀라면서 자식을 사랑하는 마음에서 이렇게 말하는 것이었다.

"애야, 이제 우리는 늙은데다 눈마저 못 보는 형편이니 죽어도 상관없다. 너라도 어서 빨리 도적떼를 피해 달아나거라."

아들은 못 이긴 척하며 도망치는 인기척을 내다가 이번에는 자기가 도적행세를 하여 부모를 살해했다. 그러나 부모들은 자식이 무사히 도망친 것만을 다행으로 여길 뿐 자신들이 자식 손에 죽은 줄은 몰랐다.

그는 이같은 악행 때문에 여러 생을 걸쳐 기나긴 세월을 두고 지옥에서 고통을 당해야만 했다. 그러나 그는 또한 과거에 수없이 많은 부처님들을 모시고 열심히 수행하면서 서원을 세운 사람이기도 했다. 그때 그는 미래세에 고오타마 부처님께서 출현하시면 자기는 그 부처님 밑에서 으뜸가는 제자가 되겠다고 결심하고 많은 공덕 바라밀을 성취했던 것이다. 그리하여 마하 목갈라나 존자의 태어남은 이번이 마지막이 되었고, 결국 자객들의 손에 희생되었던 것이다. 그러나 그는 이미 아라한을 이룬 성자였기 때문에 중생처럼 단순히 죽은 것이 아니라 완전한 적멸(寂滅), 즉 대열반을 실현했던 것이다.

이같이 마하 목갈라나 존자의 전생과 그에 따른 과보를 다 말씀하신 다음 부처님께서는 다음의 게송 네 편을 읊으시었다.

해를 끼쳐서는 안 될 사람과
해를 끼쳐서는 안 될 약자에게
무기를 사용하여 해를 끼치면
다음 몇 가지 중의 하나에 그는 떨어지리라.

심한 고통을 당함
아주 가난해짐
팔과 다리를 모두 잃어버림
문둥병 따위의 모진 병에 걸림

정신 이상을 일으킴
왕의 노여움을 사 모든 재산을 빼앗김
재산과 명예를 회복할 수 없는 고소를 당함
가족이 생명을 잃음

재산이 천재지변 등으로 파괴됨
집에 벼락이 내리거나 불에 탐
그런 뒤 그 어리석은 자는 죽어서

지옥에 떨어져 고통을 당하리.

―법구경 137·140―

무상의 이법

"비구들이여, 사리풋타와 목갈라나가 죽은 후로 이 집회는 아주 공허하구나. 저 두 사람의 얼굴이 보이지 않는 집회는 쓸쓸하기 그지없구

나. 그러나 비구들이여, 이 세상에 존재하는 것은 어느 것 하나, 누구 한 사람이라도 영원토록 변치 않는 것은 없다. 이것은 이법(理法)이다. 비구들이여, 큰 나무에서는 특히 가지 많은 나무가 먼저 잎이 지는 경우도 있을 것이다. 그와 마찬가지로, 그들 두 사람은 나보다 먼저 갔다. 이 세상에서 변치 않는 것이란 없기 때문이다. 그러므로 비구들이여, 나는 그대들에게 말하노라. '스스로를 섬으로 하고 스스로를 의지하되 남을 의지해서는 안 된다. 법을 섬으로 하고 법을 의지하되 남을 의지해서는 안 된다' 라고."

—상응부경전, 47, 14—

열반에 들 것을 선언하시고 가르침을 요약하시다

"아난다여! 나는 이전부터 너희에게 말해오지 않았느냐. 아무리 사랑하고 마음에 맞는 친지라도 언젠가는 다른 상태, 이별의 순간이 찾아온다고 모든 친지로부터 죽음을 통하여 헤어져야 한다는 것을 선언했었다. 아난다여, 이 문제에 있어 일어나고(生), 사라지는(滅), 모아지고 흩어지는 본성을 가진 것이 어떻게 사라지지 않고 흩어지지 않을 수 있겠느냐. 그러한 가능성은 있을 수 없느니라. 아난다여! 여래는 생명을 유지시키는 현상들을 놓아버리고 머지 않아 대열반(빠리닙바나)에 들 것을 분명하게 공언하노라. 오늘부터 석 달이 지나면 여래는 대열반을 실현하겠노라. 여래를 다시 불러서 더 오래 머물게 하는 것은 도리에 맞지 않느니라.

아난다여, 마하와나 숲속에 있는 법회 장소로 가자··아난다여, 베살리에 살고 있는 모든 비구들을 이곳으로 모이게 하거라···"

"부처님이시여, 모든 비구들이 모였습니다"

이때 부처님은 비구들에게 설명하셨다.

"비구들이여, 내가 지금까지 도의 지혜(magga Insight)를 통하여 깨달아 왔고 너희들에게 가르쳐 왔던 그 법을 철저하게 배우고 계발하고 꾸준히 연마해야 하느니라. 만약 비구들이 이와 같이 배우고 계발하고 꾸준히 연마해 나간다면, 성스러운 이 법은 일체 중생의 행복과 이익을 위하여 영속하리라.

비구들이여, 내가 도의 지혜로써 깨달아 왔고 그대들에게 가르쳐 왔고, 그대들이 철저히 배우고 계발해야 하고 꾸준히 연마해야 할 그 법은 어떤 것들인가? 이 법은 다름아닌 사념처(四念處)·사정단(四正斷)·사여의족(四如意足)·5근(五根)·5력(五力)·7각지분(七覺之分)·8정도(八正道)이니라.

비구들이여, 내가 지금까지 도의 지혜로써 깨달아 왔고 그대들에게 가르쳐 왔던 이러한 법을 철저히 배우고, 계발하고, 꾸준히 연마해 가야 하느니라. 만약 이와 같이 배우고 계발하고 꾸준히 이 법들을 연마해 나간다면 이 성스러운 법은 일체 중생의 안녕과 복덕을 위하여 영원히 존재하리라."

그리고 나서 부처님은 더욱더 말씀하셨다.

"비구들이여, 나는 그대들에게 이것을 말하고자 하느니라. 모든 조건지워지고 만들어진 것(有爲法)은 사라지고(滅) 흩어지는 성질을 갖고 있느니라. 마음집중으로써 쉬지말고 정진하여라(해탈에 이를 때까지), 오래지 않아 여래는 대열반에 들 것이다."

이 몸에도 늙음은 닥쳐오고
생명의 불꽃 가냘퍼지니
자, 버려야 하지 않겠는가?

자신을 귀의처로 하여 끝없이
비구들이여! 게으름 피우지 말고
바르게 마음집중하여 선계(善戒)를 지키고
사유를 다스리며 자신의 마음을 지켜라.
내가 설시한 법(法)·율(律)을
결코 게을리 하지 말고 정진하면
세세생생 윤회를 끝내고
괴로움의 끝을 다하리.

-장부경·열반경-

마음집중과 계율을 당부하시다

"내 나이 이제 가득 차서 생은 얼마 남지 않았다. 나는 그대들을 떠난다. 오로지 나 자신을 의지처로 삼아서 나는 가노라. 비구들이여! 방일하지 말고 힘써 마음집중하여 계율을 잘 지켜라.

생각을 잘 가라앉히어 자신의 마음을 주의깊게 살펴라. 이 교법과 계율을 싫증 내지 않고 굳건히 지니는 사람은 생의 윤회를 벗어나 고를 소멸하게 될 것이니라…"

아난다의 슬픔과 부처님의 수기

"비구들이여! 아난다가 보이지 않는데 어디 갔느냐?"
어떤 비구가 대답하였다.
"부처님이시여! 아난다는 부처님께서 입멸하시는 것에 대한 괴로움을 참지 못하여 정사에 들어가 문고리를 부여잡고 '아! 나는 배워야 할 것, 이루어야 할 것이 아직 많이 있는데, 자애로움 깊은 큰스승님께서는 나를 두고 가시려 하다니'라며 소리를 죽여 울고 있사옵니다."

그러자 부처님께서는 한 비구에게 말씀하셨다.

"자, 비구여! 너는 아난다가 있는 곳으로 가 '그대, 아난다여! 큰스승님께서 그대를 부른다'고 전하여라."

"잘 알았사옵니다. 부처님이시여!"

그 비구는 대답하고, 곧 아난다 존자가 있는 곳으로 가 아난다 존자에게 말하였다.

"그대, 아난다여! 큰스승님께서 자네를 부르시네."

그러자 아난다 존자도 "알았네, 벗이여!"라고 대답하면서 눈물을 훔치고 부처님의 처소로 갔다. 그리고 부처님께 절을 드리고 한쪽에 앉았다. 아난다 존자가 한쪽에 앉으니 부처님께서는 아난다 존자에게 다음과 같이 말씀하셨다.

"아난다여! 너는 나의 입멸을 한탄하거나 슬퍼해서는 안 되느니라. 아난다여! 나는 너에게 항상 말하지 않았더냐? 아무리 사랑하고 마음에 맞는 사람일지라도 마침내는 달라지는 상태, 별리(別離)의 상태, 변화의 상태가 찾아오는 것이라고 그것을 어찌 피할 수 있겠느냐? 아난다여! 태어나고 만들어지고 무너져 가는 것, 그 무너져 가는 것에 대하여 아무리 '무너지지 말라'고 만류해도, 그것은 순리에 맞지 않는 것이니라. 아난다여! 너는 참으로 오랫동안 나를 시봉하고 사려 있는 행동으로 나에게 이익과 안락을 주고 게으름 피우지 않고 일심으로 시봉하였느니라. 너는 또한 사려 있는 말과 사려 있는 배려로써 나에게 이익과 안락을 주고, 게으름 피우지 않으면서 일심으로 시봉하였다. 아난다여! 너는 많은 공덕을 지은 것이다. 이제부터는 게으름 피우지 말고 수행(위빠싸나)에 전력을 다 하여라. 그러면 곧 일체의 번뇌로부터 벗어난 아라한과에 도달하리라.

-장부경/열반경-

너 자신을 의지처로 하라

아난다여! 그대 자신을 섬[1]으로 하고, 자신을 의지하되 다른 것을 섬으로 하고 다른 것을 의지처로 하지 마라.

법을 섬으로 하고 의지처로 하고, 다른 것을 섬으로 하고 의지처로 하지 마라.

아난다여! 어떻게 자신을, 법을 섬으로 하고 의지처로 하는가. 여기 한 수행자가 몸에는 몸을…감각(느낌)에서는 감각을, 마음에서는 마음을 …, 법에서는 법을 전심전력으로 마음집중하여 분명한 앎으로 계속 관찰하여 세상에서 슬픔과 욕망을 극복하면서 머무느니라.

이와 같이 수행자는 그 자신을 섬으로, 의지처로 하고 다른 것을 섬으로, 의지처로 하지 않느니라.

이와 같이 법을 섬으로, 의지처로 하고 다른 것을 섬으로, 의지처로 하지 않느니라.

아난다여! 지금이나, 내가 열반에 든 뒤나 자신을 섬으로 하고 의지처로 하여야 하며 법을 섬으로, 의지처로 하여야 하느니라.

만약 그대들이 참으로 수행하길 원한다면, 궁극의 경지에 도달하는 것은(나의 제자들 가운데) 바로 그대 자신들이니라.[2]

-장부경 16-

---

1) 섬 : 경전 주석서에서는 윤회의 바다라 해서 윤회를 바다에 비유한다. 그리하여 섬은 바다에서 가장 안전한 안식처에 비유된다.
2) 부처님이 열반에 들기 전에 손바닥을 펴 보이면서 내가 숨기고 설하지 않은 법은 없다고 설하시면서 모든 법은 사념처에 포함된다고 하신 내용이다.

법귀의 자귀의 실례

부처님께서 앞으로 석 달 안으로 대열반(빠리닙바나)을 실현하시겠다고 대중에게 선언하시자 많은 뿌투자나(아직 도와 과를 성취하지 못한 범부)들은 크게 걱정하여 어쩔 줄을 몰랐다. 그들은 부처님 곁에 가까이 있어야만 좋으리라 생각하여 잠시도 부처님을 떠나려고 하지 않았다. 이때 앗따닷티라는 이름을 가진 한 비구만은 부처님 곁에 얼씬도 하지 않은 채 구석진 자기 방에 남아서 수행에 몰두하는 것이었다. 그는 부처님께서 아직 세상에 머물러 계실 때 아라한이 되어야겠다고 결심했던 것이다. 그러나 다른 비구들은 그의 진정한 마음을 이해하지 못하고 그를 부처님에게 데리고 가서 이렇게 사뢰었다.

"부처님이시여, 이 비구는 부처님을 존경하고 사랑하지 않습니다. 그는 다만, 자기만을 아낄 뿐입니다."

그러자 앗따닷타 비구는, 자기는 부처님께서 세상에 머물러 계실 때 아라한과를 성취하겠다고 굳게 결심하여 열심히 좌선 수행에 몰두하고 있는 것이라고 설명하였다.

이에 부처님께서는 여러 비구들에게 말씀하시었다.

"비구들이여, 누구든지 진실로 여래를 존경하고 사랑한다면 마땅히 저 앗따닷타 비구처럼 행동해야 하느니라. 비구들이여, 너희가 여래에게 존경을 표시하기 위해 꽃이나 향수를 바치고 향을 사르면서 여래의 곁에 하루종일 앉아서 여래만을 바라보고 있는 것은 옳지 않느니라. 너희는 여래가 너희에게 가르친 법과 계율을 열심히 수행하여 마침내 세간을 뛰어 넘는 도(道)를 성취해야 하나니, 그때에 이르러서야 참으로 여래를 존경하고 예배하였다 할 수 있느니라."

그리고 부처님께서는 다음 게송을 읊으시었다.

크든 작든 간에 다른 이익을 위한답시고
자기의 참다운 이익(도·과의 이익)을 소홀히 말라.
자기의 참다운 이익이 무엇인지 분명히 알았으면
최선의 노력으로써 그것을 성취하라.

부처님의 이 설법 끝에 앗따닷타 비구는 아라한과를 성취하였다.

-법구경 166-

선정으로 푸쿠다를 제도하시다

그때, 알라라 칼마의 제자였던 푸쿠다가 쿠시나가라로부터 파바쪽을 향하여 지나가고 있었다. 푸쿠다가 나무 아래에 부처님께서 앉아 계신 모습을 보고 부처님이 앉아 계신 곳으로 다가가서 부처님께 이와 같이 말했다.

"얼마나 훌륭하고 신기합니까, 이 세계에서 빠져나와 그렇게 고요한 선정의 상태에 드는 것이, 전에 스승이었던 알라라 칼마께서 큰길을 따라 가시다가 폭염이 내리쬐는 뜨거운 날에 한 나무 그늘 아래 휴식을 취하기 위하여 앉았습니다. 그때 오백 대의 수레가 차례대로 알라라 칼마 옆으로 지나갔습니다. 그 수레들을 뒤따르던 한 사람이 알라라 칼마가 있는 곳으로 와서 알라라 칼마에게 다음과 같이 말했습니다."

"성자시여, 성자께선 오백 대의 수레가 지나가는 것을 보았습니까?"
"친구여, 나는 보지 않았습니다."
"그러면 지나가는 소리는 들었습니까?"
"아니요, 정말로 아무 소리도 안 들었습니다."
"그때 잠이 들었습니까?"

"아니요, 친구여, 잠들지 않았습니다."
"그러면 그때 의식은 있었습니까?"
"그렇소, 친구여."
"의식도 있고 깨어 있었는데 오백 대의 수레가 옆으로 차례대로 지나가는 것을 보지도 듣지도 않았지만 당신의 옷은 흙먼지로 뒤덮여 있지 않습니까."
"그렇소, 친구여."
"그때 그 사람은 생각했습니다. 얼마나 훌륭하고 신기한 일입니까, 이 세계에서 빠져나와서 그렇게 고요한 선정에 들어 있는 것은. 의식이 있고 깨어 있으면서 오백 대의 수레가 지나가는 것을 보지도 듣지도 않았다는 것은."

그리고 나서 알라라 칼마에게 깊은 신심의 말을 표하고 그곳을 떠났습니다."

"자, 푸쿠다여! 그렇다면 두 경우를 비교해 보자. 오백 대의 수레가 차례대로 지나갈 때 의식이 있고 잠들지 않고 깨어 있으면서 듣지도, 보지도 않았던 사람과 바로 옆에서 번갯불이 번쩍이면서 천둥 치고 소낙비가 쏟아지는 가운데, 벼락이 떨어지는 가운데에 보지도 듣지도 않으면서 의식이 있고 잠들지 않고 깨어 있었던 사람의 경우, 어느 경우가 더 행하기 어렵고 그러한 사람을 만나기 어려운가?"

"부처님이시여, 수레가 오백 개, 육백 개……아니 수십만 대가 지나간다해도 벼락치는 천둥과 소낙비 속에서 깨어있고 의식이 있으면서 듣지도 보지도 않는 것을 행하는 것이 훨씬 더 어렵습니다."

"푸쿠다여, 내가 한때 아투바에 머물고 있을 때 나는 곡식을 타작하는 장소옆에 한 움막집에 있었다. 그때 갑자기 소낙비가 쏟아지고 천둥이 치고 번갯불이 번쩍였다. 내가 있는 바로 옆에서 벼락이 떨어져 형제였던 두 농부와 네 마리의 소가 죽었다. 그때 푸쿠다여, 많은 사람들이 두 농부와 네 마리 소가 죽은 곳으로 몰려 들었다. 그때 나는 그곳에서 나와서 그 입구를 왔다 갔다 하면서 경행을 하고 있었다. 그 많은 군중 가운데 한 사람이 내가 있던 곳으로 다가왔다. 내게 와서는 존경스럽게 인사를 하고 나의 옆에 서 있었다. 나는 그 사람에게 말했다.

"친구여, 무엇 때문에 이렇게 많은 사람들이 여기에 모였느냐?"

"방금, 소낙비가 쏟아져 내리고 번갯불이 번쩍이면서 천둥이 칠 때 두 농부와 네 마리의 소가 죽었습니다. 그래서 이렇게 많은 사람들이 모였습니다. 그런데 부처님께선 어디에 계셨습니까?"

"친구여, 나는 이곳에 내내 있었다네."

"그렇다면 어찌 그 광경을 보지 못했습니까?"

"친구여, 나는 아무것도 보지 않았다네."

"천둥 소리도 못 들었습니까?"

"친구여, 나는 아무것도 듣지 않았다네."

"그러면 잠을 잤습니까?"

"친구여, 나는 잠을 자지 않았다네."

"지각은 있었습니까?"

"그렇다네, 친구여."

"지각이 있고 깨어 있으면서도 소낙비가 쏟아지고 번갯불이 번쩍이고 우뢰와 같은 천둥 속에서 벼락이 떨어지는 곳에서 보지도 듣지도 않았습니까?"

"그렇다네."

그때 그 사람은 이렇게 생각했다.

'얼마나 훌륭하고 신기하냐. 그러한 천둥 번개와 벼락치는 소낙비 속에서 듣지도 보지도 않으면서 잠자지 않고 깨어 있으면서 지각이 있는 선정의 상태에 있는 것이' 그리고 그는 나에게 깊은 신심을 표하고 그곳을 떠나갔다.

이와 같이 얘기 했을 때 젊은 외도였던 푸쿠다는 부처님께 말씀드렸다.

"부처님이시여, 제가 알라라 칼마에게 가졌던 신심을 바람에 겨를 날려 보내듯이 버렸습니다. 부처님의 법이 지극히 훌륭하고 최상으로 아름답습니다. 감춰져 있던 것이 나타나듯이 길잃은 자가 바른 길을 찾듯이, 어둠속에 헤메이다 불을 켜서 물건을 찾듯이, 부처님께선 갖가지 방법으로 저에게 진리를 보여 주셨습니다.

부처님이시여, 부처님(佛)께, 부처님의 가르침(法)에, 비구의 단체(僧)에 귀의하고자 하옵니다. 오늘부터 세상을 떠나는 날까지 저를 제자로 받아주소서."

― 장부경/열반경 ―

마지막 제자, 수밧다

그때 쿠시나가라에는 수밧다라는 고행자가 있었다. 부처님의 열반이 임박했다는 소식을 듣자, 그는 평소에 궁금했던 문제들을 물어보기 위하여 사라쌍수 동산으로 달려갔다. 그러나 아난다는 부처님이 가시는 마지막 순간을 편안하게 해드리기 위하여 친견할 기회를 주지 않고 있었다. 이 대화를 듣고 계시던 부처님께선 수밧다가 순수한 구도심에 차있으며, 몇 마디만 일러주어도 깨달을 수 있으리라는 것을 알고 아난다에게 말해서 들어오게 했다. 수밧다는 그 당시 여러 사상 유파들의 이름을 말하면서 그들은 깨쳤는지 혹은 깨치지 못했는지 물었다. 그때 부처님께선 손을 내 저으면서 말씀하셨다.

"수밧다여! 어떤 교법과 계율이든지 그 안에 팔정도가 없으면 어떤 성위(4과)도, 그것이 첫번째 수다원이든 두번째 사다함이든 세번째 아나함이든 네번째 아라한이든 그 어느 단계의 성위도 바르게 얻은 사람은 있을 수 없노라.

수밧다여! 어떤 교법이나 계율이라도 팔정도가 거기에 있으면 그 교단에는 첫번째 성인…네번째 성인이 있느니라. 나의 이 교법과 계율에는 팔정도가 있으며, 또한 그 모든 단계의 성취를 각기 바르게 이룬 사람들이 있느니라. 다른 스승들의 가르침에는 팔정도도, 진정한 성인도 찾아볼 수 없느니라. 수밧다여! 이 교단에선 수행자들이 올바른 삶을 누릴 수 있느니라. 그 덕으로 이 세상에 아라한이 끊이지 않고 있는 것이니라.

수밧다! 비구들이 이 가르침을 바르게 수행해 나간다면 아라한은 결코 끊어지지 않고 영속하리라.

수밧다! 내 나이 29세에 세상을 버리고 무상정등정각을 얻기 위해 사문이 되었다. 내가 사문이 된 이래로 50년의 세월이 흘러갔다. 나의 이 가르침 밖에서 도의 지혜·수다원·사다함·아나함·아라한에 이르는 지혜 수행(위빠싸나)을 가르치는 사람은 없었느니라.

다른 가르침에는 진정한 지혜를 얻은 성자는 발견되지 않는다. 만약, 비구들이 이 가르침(8정도)을 계속해서 수행해 나간다면 이 세상에서 아라한은 영속하리라."

부처님의 이와 같은 말씀을 듣고 수밧다는 신심을 발하여 부처님과 법과, 승단에 귀의하였다. 부처님으로부터 수행지침을 받고 조용한 곳으로 찾아가서 열반을 성취하기 위하여 그의 마음을 관찰하여 용맹스럽게 대결정심을 갖고 수행한 끝에 곧 아라한과를 성취했다. 부처님이 생존해 계시는 동안, 마지막으로 아라한과를 성취한 제자가 되었다.

―장부경/대열반경―

최후의 유언

다시 부처님께서는 아난다 존자에게 말씀하셨다.

"아난다여! 내가 입멸한 뒤, 너희들은 다음과 같이 생각할지도 모른다. '이제는 선사(先師)의 말씀만 남아 있을 뿐, 우리들의 큰스승은 이미 이 세상에 계시지 않는다'라고. 그러나 아난다여! 너희들은 이렇게 생각해서는 안 된다. 내가 입멸한 후는 내가 지금까지 너희들에게 설해 왔던 법(法)과 율(律), 이것이 너희들의 스승이 될 것이니라.

또 아난다여! 비구들은 지금까지 서로 '그대'라는 단어로 불렀지만, 내가 입멸한 후에는 그렇게 해서는 안 되느니라. 아난다여! 장로 비구로서 신참 비구를 부를 때는 이름이나 성, 혹은 '그대'라는 말로 부르는 것이 좋다. 그러나 신참 비구로서 장로 비구를 부를 때에는 '대덕(大德)'이나 '존자(尊者)'라는 말로 부르도록 하여라.

또 아난다여! 필요하다면 비구들이 배워야만 하는 조항 가운데 세세한 것, 사소한 항목(小小戒)은 비구모임에서 의논하여 취소해도 좋으리라.

또 아난다여! 찬다[3] 비구에 대해서는 내가 입멸한 다음, '말하지 않는 벌(범단법)'을 가하여 줌이 좋으리라."

"아난다여! 그것은 이러한 것이니라. 찬다 비구에게는 말하고 싶은 것은 무엇이든지 말하도록 내버려 두되, 다른 비구나 비구니들 쪽에는 말을 걸거나 질책하거나 더구나 가르친다든지 하는 따위를 일체 하지 말아라. 이것이 '말하지 않는 벌'이라는 것이니라."

다시 부처님께서는 비구들에게 말씀하셨다.

---

3) 부처님 출가 전의 마부였던 찬다 부처님이 입멸하셨다는 소식에 세 번이나 기절했다. 그후 스스로 크게 반성하였고 자기의 잘못을 비구들에게 참회하고 심기 일전하여 용맹정진한 끝에 아라한이 되었다.(법구경 78참조)

"비구들이여! 만약 너희들 가운데 부처님과 그 가르침, 승가에 대해 혹은 수행의 길이나 방법 등에 대해 의혹이나 의문이 있는 이가 있다면 무엇이라도 물어라. 내가 입멸한 다음에, '아! 한때 부처님께서는 눈앞에 계셔서 우리들은 직접 물으면서 의문을 해결할 수 있었는데…' 이렇게 후회하는 일이 없도록 하여라."

부처님께서 이렇게 말씀하셨는데도, 비구들은 침묵하며 누구 한 사람도 의문을 제기하는 이가 없었다.

두 번, 세 번 부처님께서는 비구들에게 말씀하셨다.

"비구들이여! 만약 너희들 가운데 부처와 그 가르침, 승가에 대해 혹은 수행의 길과 방법 등에 대해 의혹이나 의문이 있는 이가 있다면, 무엇이라도 물어라. 내가 입멸한 다음에 '아! 한때 부처님께서 눈앞에 계셨으므로 우리들은 직접 물으면서 의문을 해결할 수 있었다' 이렇게 후회하는 일이 없도록 하여라."

그러나 세번째도 비구들은 침묵하며 누구 한 사람도 의문을 제기하는 이가 없었다. 그러자 아난다 존자는 부처님께 다음과 같이 사뢰었다.

"부처님이시여! 참으로 불가사의한 일이옵니다. 참으로 훌륭한 일이옵니다. 제가 믿는 바로는 지금 비구모임 가운데는 부처님과 그 가르침·승가에 대해 혹은 수행의 길이나 방법에 대해 의혹이나 의문이 있는 비구는 한 명도 없사옵니다. 참으로 훌륭한 일이옵니다."

부처님께서도 아난다 존자의 말을 승인하면서, 덧붙여서 여기 모인 모든 대중은 수행이 가장 뒤쳐진 사람까지도 반드시 구경의 해탈을 장차 얻게 되리라 말씀하셨다. 그리고선 잠시 후, 부처님께서는 지금도 또 미래에도 당신의 가르침을 따르고 싶어하는 이 대중들에게 마지막 유훈을 남기셨다.

오, 비구들이여! 잘 들어라
내가 너희들에게 이르노라.
모든 조건 지워진 것은 변하고 소멸해 버리는 본성이 있다.
마음집중(mindfulness)으로서 방일하지 말고[4] 힘써 정진하여라.
(열반을 성취할 때까지).

대열반의 실현

그리고 나선 부처님께서 초선에 드셨다.
초선에서 출정하신 후 2선에 드셨다.
2선에서 출정하신 후 3선에 드셨다.
3선에서 출정하신 후 4선에 드셨다.
4선에서 출정하신 후 공무변처정에 드셨다.
공무변처정에서 출정하신 후 식무변처정에 드셨다.
식무변처정에서 출정하신 후 무소유처정에 드셨다.
무소유처정에서 출정하신 후 비상비비상처정에 드셨다.
비상비비상처정에서 출정하신 후 수상멸처정(受想滅處定)인 멸진정에 드셨다.
그때 아난다 존자[5]는 아나율 존자에게 물었다.
"부처님께서 입적하셨습니까?"
"아니다. 부처님께선 돌아가신 것이 아니고 멸진정에 드셨다."

---

4) 조건지원진 것은 오온, 12연기를 말한다. 팔리어의 불방일(不放逸)의 뜻은 마음집중과 직결된다. 미얀마에서 번역된 장부·열반경에는 '마음집중'이라는 말이 들어 있다.
5) 아난다는 아직 수다원과에 있었으므로 멸진정을 이해 못했다.

그때 부처님께선 멸진정에서 출정하신 후, 비상비비상처정에 들어 머무르셨다.

비상비비상처정에서 출정하신 후 무소유처정에 드셨다.

무소유처정에서 출정하신 후 식무변처정에 드셨다.

식무변처정에서 출정하신 후 공무변처정에 드셨다.

공무변처정에서 출정하신 후 4선정에 드셨다.

4선정에서 출정하신 후 3선정에 드셨다.

3선정에서 출정하신 후 2선정에 드셨다.

2선정에서 출정하신 후 초선정에 드셨다.

초선정에서 출정하신 후 2선정에 드셨다.

이선정에서 출정하신 후 3선정에 드셨다.

삼선정에서 출정하신 후 4선정에 드셨다.

4선정에서 출정하신 후, 즉각 무여의 대열반(parinibbāna)에 드셨다.

－장부경/열반경－

〔참고〕

제자들의 이별의 게송

한글대장경 반원경에서 마하가섭 존자가 세존의 입적을 슬퍼하여 게송으로 다음과 같이 읊고 있다.

저것이 열반이라 생멸을 떠나, 다시는 늙고 죽음 받지 않으리
이제 또 모이지는 절대 않을 새, 원수와 서로 다시 만나지 않으리.

은혜와 사랑을 벌써 버렸네, 이별할 걱정도 하지 않으리

마땅히 방편을 어서 구하여 이렇게 좋은 데 가야 하겠네.

부처님은 다섯 근간이 깨끗하여서, 모두 다 끊어서 다시 없으니
유위도 또한 다시 하지 않으리, 받음이 있으면 그게 곧 다섯 가지 근간이네.

괴로움 벌써 모두 다하였으니, 존재의 뿌리까지 또한 없앴네
마땅히 부지런히 방편 구하여, 이러한 안락함을 얻으리로다.

부처님 이 세상 끊으셨으니, 애욕의 그물에서 벗어났도다
또 능히 모두 다 참기 때문에 근심과 어려움을 여의였도다.

스스로 안온함이 되어가지고 중생도 안온하게 하여 주시니
마땅히 이 분에게 머리숙이면 영원히 저 삼계를 벗어나겠지.

부처님 말씀하신 경전과 계율, 세상에 제일 밝은 빛이 아닌가
바른 길 널리 나타냈으니 참되고 자세하여 의심없도다.

천하를 모두 두루 살려가지고 늙고 죽음, 벗어남 얻게 하시니
부처님 만나는 이 뉘라서 어느 누가 넓은 은혜 받지 않으랴

저 하늘 밝은 달이 밤을 비치어 그늘, 저 어두움 제거하듯이
하늘의 저 태양이 낮에 비치어 온 세계 밝게 환희 비쳐 주도다.

번개빛 번쩍이며 나타날 적에 갑자기 짙은 구름 비쳐주듯이
부처님 밝은 광명 한때 나와서 삼계를 벌써 모두 밝히셨도다.

여러 곳, 이름 높은 강과 냇물은 곤륜 강 저것보다 크지 못하고
이름난 온갖 큰 물 손꼽아 봐도 그 역시 바다에는 비길 수 없네.

하늘에 반짝이는 온갖 별 중에 밝기를 저 달이 제일 가듯이

부처님 이 세간의 도사께서는 하늘 위, 하늘 아래 가장 높도다.
부처님 일체세간 제도하시어 베푸신 복만 해도 벌써 두루해
말씀한 교법 계행 그 모두가 있는 것 모든 것이 분명하시네.

그 또한 법으로써 유포하심에 제자들 기뻐하며 받아 지니고
천상과 인간, 용들까지도 공손히 이어받아 시행하리라.

장부경전 16에서의 아나율과 아난다 존자는 다음과 같이 게송을 읊었다.
아나율 존자의 게송은 다음과 같다.

"마음이 편안해진 해탈자는,
이제는 들숨도 날숨도 없구나
욕망이 없는 분이 적정(寂靜)에 드니,
이제 깨달은 분이 가시고 말았다.

흔들리지 않는 마음으로써
고통을 훌륭히 참아내시고
등불이 꺼지는 것처럼
마음의 해탈을 이루셨다."

아난다 존자의 게송은

"그때 어쩐지 두려워
나의 털끝은 곤두섰는데
일체의 자비심을 갖추신
그 분 정각자께서 열반하셨네."

후계자를 지정하지 않은 이유

부처님이 대열반에 든 뒤로 별로 오래되지 않았을 때였다. 아난다는 다시 라자가하로 가서 교외에 있는 죽림정사에 머물고 있었다. 어느날 아침이었다. 그는 라자가하 거리로 탁발하러 나갔다가 약간 시간이 일러서 옛날에 알던 고오파카 목갈라나(瞿默目犍連)라는 바라문을 방문했다.

"아니, 이거 아난다 아닌가! 잘 찾아왔소"

오래간 만에 만나 인사를 한 뒤, 곧 부처님께서 적멸에 든 뒤의 불교 교단에 관한 것을 이야기하게 되었다.

"아난다여, 부처님이 돌아가신 뒤에는 누가 부처님만치 훌륭한 분이십니까?"

"바라문이여, 그렇게 훌륭한 사람이 있을 리가 없지 않습니까. 왜냐하면 저 부처님께서는 스스로의 길을 깨달아 스스로의 길을 실천한 분이며, 그 제자들은 세존의 가르침과 규범에 따라서 갈 뿐이기 때문입니다."

그러한 이야기를 하고 있는데 이 나라의 대신 웃사카라(雨行)가 불쑥 들어왔다. 그는 지금 수리하느라고 바쁜 라자가하의 성벽 공사를 순시하다가 우연히 이 집에서 아난다의 모습을 발견하고 반가움에 뛰어들었다고 하였다. 그는 두 사람의 얘기를 들으려고 무릎을 바짝 끌어당겼다. 그 역시 듣고 싶은 것은 부처님께서 적멸에 든 뒤의 교단의 일이었다.

"그렇다면 아난다여, 부처님이 입멸한 뒤에 비구들이 의지할 분으로 부처님께서 지명한 사람이 누군가 있을 것 아닌가?"

"대신이여, 그런 사람은 없습니다."

"그렇다면 부처님이 입멸한 뒤, 비구들의 의지처로서 남아 있는 장로 비구들이 인정하는 사람이 있을 것 아닌가?"

"대신이여, 그런 사람도 없습니다."

"그러면 아난다여, 아무런 중심 인물이 없는 것 아닌가. 비구들은 도대체 무엇을 의지하고 어떻게 화합해야 좋겠는가?"

그때 아난다는 의연히 대답하였다.

"대신이여, 우리들은 결코 의지하는 바가 없는 것이 아닙니다. 우리에게는 의지하는 바가 있습니다. 바로 법(法)이 우리가 의지하는 곳입니다."

―중부경전 108―

---

6) 자귀의, 법귀의는 사념처 위빠싸나이다. p.172의 주2) 참조.
중국 전등록의 가섭1대, 아난2대… 달마 28대 등의 계보는 당나라 때 선종 형성과정에서 만들어졌다는 주장이 강하다. 불법을 올바로 이해하기 위하여 부처님 당시의 사상과 수행법, 부처님 일대기, 부처님 입멸 후 가장 가깝게 결집된 경전을 참조해 보면 4성제, 중도, 연기가 불법의 핵심이고 그 실천법은 위빠싸나이다. 이런 맥락에서 중국 선정도 이해해야 한다고 본다. 즉, 부처님 관점에서 중국 선사들을 이해하여야 한다. 그렇지 않고 중국 선사들 입장에서 불법을 일방적으로 끌어들이면 자칫하면 불법의 한쪽면만 보게 될 수도 있다.
　수행자들은 항상 자신의 체험을 부처님의 경전과 원형 수행법인 위빠싸나로 확인하면서 선사들의 경책을 참고로 검증해야 한다.

II부

부처님 수행법의 요체

●

"좋다. 바히야여, 우선 모든 것들을 정화해야 하느니라. 그러면 무엇을 정화해야 하느냐? 그것은 잘 정화된 계행과 올바른 견해(正見)이니라. 그대의 계행이 청정하고 견해가 정확하다면 그때 바히야여, 계의 도움으로 네가지 마음 집중 수련(사념처 위빠싸나)을 해야 하느니라. 만약 바히야여, 계의 도움으로 밤낮을 가리지 않고 사념처 위빠싸나를 수련한다면, 그때는 불퇴전의 진보만을 기대할 수 있느니라."

1장 불교의 전통 수행법

1. 사마타와 위빠싸나의 개요

부처님께서 가르치는 두가지 담마[1]

지방에서 수행하던 서른 명의 비구들이 부처님을 뵙기 위해 사밧티 근교에 있는 제따와나 수도원에 왔다. 이때 사리풋타 존자는 이들이 아라한과를 성취할 때가 되었음을 알고 부처님 앞에 나아가 부처님께 큰 절을 올린 다음 이렇게 여쭈었다.

"부처님이시여, 부처님께서는 두 가지의 담마에 대해 자주 설하시었습니다. 이제 그 두 종류의 담마에 대해 다시 한 번 설해 주십시오."

이에 부처님께서는 말씀하시었다.

"사리풋타여, 그것은 사마타(Samatha)와 위빠싸나(Vipassanā)를 가리키느니라."

---

1) 능엄경 8권에서도 "이 종종지(種種地, 12지 구경묘각까지 포함)는 모두 금강으로 열 가지 환(幻)과 같은 깊은 비유를 관찰하여 사마타(止)중에서 여래의 위빠싸나(觀)로써 청정하게 수증(修証)하는 것이니라"라고 했다. 사마타·위빠싸나가 불타의 정통수행법이고 모든 불교의 수행법을 포함한다. 결국은 지관(止觀, 定慧, 寂照) 쌍수(雙修)이기 때문이다. 초기단계에서는 사마타(止)와 위빠싸나(觀)를 구분하여 수행하기도 하나 완성단계에서는 저절로 쌍수(雙修)된다는 것이 모든 불조의 공통된 견해이다.

그리고 부처님께서는 다음 게송을 읊으시었다.

두 담마(사마타, 위빠싸나)를 수행하여
그 한계를 넘었을 때
브라흐마나(아라한)는 자기가 모든 얽매임에서
벗어났음을 깨닫게 된다.

부처님의 이 설법 끝에 서른 명의 비구들은 모두 아라한과를 얻었다.
― 법구경 384 ―

사마타와 위빠싸나의 뜻

불교의 모든 수행법은 사마타(Samatha)와 위빠싸나(Vipassanā)로 나누어진다. 위빠싸나는 부처님이 발견한 유일한 길이다. 이것이 불교의 핵심이다. 여기에서 그 두 수행법의 요체와 차이점을 살펴보겠다. 이 두 수행법의 차이를 경험적으로 알면 불교수행을 혼자서 해 나갈 수 있다고 본다. 가장 중요한 부분이므로 가능한 한, 자세히 살펴보기로 하겠다.

(1) 사마타 : 고요(calm)와 평온(tranquility)을 뜻한다. 즉 오온의 주·객이 일시적으로 통일된 고도의 정신집중과 고요함이다. 이것은 하나의 대상에 집중함으로써 이루어진다. 사마타의 특징은 흩어짐(산만함)이 한 곳에 집중하여 방황하지 않는 기능을 가진다. 집중의 종류에는 크게 ①파리캄마 사마디(parikamma samādhi, preparatory concentration 시작하는 삼매) 혹은 카니카 사마디(kanika samādhi; 잠정적 삼매, mometary concentration) ②우파자라 사마디(upacāra samā

dhi, access concentration, 접근적 삼매) ③앗파나 사마디(Apana samadhi, fixed concentration, 고도의 장기적인 삼매)로 나눌 수 있다[2]
사마타의 마지막 경지는 8선정이다.

사마타의 집중력은 아무리 평온하고 환희를 느껴도 깨달음을 얻지는 못한다. 강한 정신집중으로 지혜 명상인 위빠싸나 수행에 직접적인 많은 도움을 줄 수는 없다.

(2) 위빠싸나는 문자 그대로 '꿰뚫어 봄'을 뜻한다. 통찰력이 번역상 완전히 정확하지는 않지만 유사한 의미를 나타낸다. 인식(想)이나 의식(識)도 이해는 하지만 본질을 꿰뚫어 파악하지 못한다는 점에서 통찰 지혜와 틀린다. 위빠싸나가 집중수련(concentration exercises)부터 시작하는 점에 있어서는 사마타와 같지만 ① 카니카 사마디 혹은 ②우파자라 사마디의 단계로 마음의 본성을 보고 ③앗파나 사마디로 접근하지 않는다고 청정도론에 되어 있으나 북방 유식 입장에서 보면 선정의 깊이에 관계없이 아라한이 될 때가지 미세 망념의 생멸을 관찰해야 한다.

한 마디로 위빠싸나의 수행은 몸과 마음(五蘊)의 현상으로부터 삼법인을 철견하여 열반을 성취하는 것이다.

---

[2] '고요한 소리'에서 나온 책에는 카니카 사마디를 '찰라 삼매', 우파자라 사마디를 '근접 삼매', 아파나 사마디를 '근본 삼매'로 번역하였다. 분류하는 사람에 따라 파리캄마 사마디 대신 카니카 사마디를 사용하나 실수행에선 마음챙김의 유지가 가장 중요하므로 여기에선 이론적인 상세한 구분은 하지 않았다. 다만 체험 측면에서 본면 우파자라 사마디에서는 주위의 소리도 들리고 감각도 느낄 수 있으나 아파나 사마디에서는 주위 소리, 감감도 차단되어 적정한 상태에 있다. 이때 삼법인을 철견하지 않으면 열반으로 착각할 수도 있다.

사마타와 위빠싸나의 차이

	사마타 수행	위빠싸나 수행
본 질	집중·선정삼매(samādhi)	지혜(paññā)삼매
목 적	평온, 고요함, 5장애 방지	궁극적인 실재의 발견(해탈·견성·열반), 탐·진·치 소멸
대 상	* 마흔 가지 중 하나에 집중	몸(身)·감각(受)·마음(心)·법(法) : 4념처
특 성	안정성(no restlessness)	본성을 꿰뚫어 보는 지혜
결과 및 이득	한 대상에만 집중하게 되어 일념의 상태에 들어감. 8선정 성취. 내생에 범천(Brahma)에 재생. 윤회 계속	정견(正見)·견성·해탈·번뇌를 제거하여 생사없는 열반을 성취. 윤회에서 벗어남
방 법	마흔 가지 중 하나의 대상에 집중하여 정신 통일. 예) 보이는 대상에서는 하나의 대상에 눈과 마음 이용. 오온의 정신 통일	오온의 여섯 감각 기관 모두 이용. 몸과 마음(五蘊)을 반야로 관찰하여 삼법인을 철견하여 오온 이전의 열반 상태 실현.
신 통	① 신족통(神足通) : 축지법, 공간 이동 ② 천이통(天耳通) : 천상과 지옥 소리까지 들음 ③ 타심통(他心通) : 상대방 심리 파악	사마타의 5신통 및 탐·진·치가 다 소멸한 누진통(漏盡通)을 성취한다. 즉, 마하반야와 영원한 해탈 성취. ※ 불교 내에만 있음.

	④ 숙명통(宿命通) : 전생 기억 ⑤ 천안통(天眼通) : 멀리 있는 것, 천상의 세계까지 봄. ※ 타종교에서도 가능	
	* 마흔 가지 주제 ① 4원소와 색채 열 가지 : 지, 수, 화, 풍, 감청색, 노란색, 붉은색, 흰색, 밝은빛, 허공 ② 열 가지 부정관(예 : 시체관-2권 1장 대념처경 참조) ③ 열 가지 본질적인 것 : 불, 법, 승, 계, 보시, 열반, 천상, 죽음, 32부정관, 수식관 ④ 네 가지 자·비·희·사관, 네 가지 무색계 명상(공무변처, 식무변처, 무소유처, 비상비비상처), 음식관, 사대원소의 특성에 대한 관(더욱 자세한 것은 청정도론 참조)	

2 사마타 선정

세 가지 종류의 사마디

(1) 파리캄마 사마디(parikamma samādhi, preparatory concentration)

이것은 준비적 삼매(preparatory concentration)로 번역되며 정신적 활동을 시작할 때 집중하려고 시도하는 처음의 노력이다. 일상생활에서 어떤 특정한 대상에 주의를 기울일 때 일어나는 집중력과 유사하다. 선천적으로 원하는 시간 만큼 자유자재로 집중력이 강한 사람이 있는 반면, 대부분의 경우에는 집중을 지속적으로 유지하기 힘들다.

전자의 경우는 집중력을 안정시키고 보다 강화하기 위해서 다음 단계의 사마디가 필요하다.

(2) 우파자라 사마디(upacāra samādhi : access concentration)[1]

접근적 삼매 중간단계의 삼매로 불리우며 선정수련과 지혜수련 양자 모두 이용된다. 지혜수련(위빠싸나)에 이용될 때는 일반적으로 카니카 사마디(khanikā samādhi : 잠정적 삼매)와 우파자라 사마디를 구분하기도 한다. 이 삼매의 특성은 집중 대상에 견실하고 강한 응집력을 유지하는 것이다. 수행자 주위에서 일어나는 것들을 충분히 인식하지만 수행자를 산만하게 하지는 못한다. 지혜수련(위빠싸나)의 경우는 카니카 사마디의 수준으로도 충분히 대상의 본질을 꿰뚫어 볼 수 있지만 선정

---

1) 일반적으로는, 카니카 사마디와 우파자라 사마디는 구분한다. 카니카 사마디는 짧은 순간의 연속인 반면 우파자라 사마디는 앗파나 사마디에 거의 근접해 간다.

수련(사마타)의 경우는 다음 단계의 앗빠나 사마디로 나아가야 한다.

(3) 앗빠나 사마디(appanā samādhi, fixed concentration : concentration of attainment)

선정의 성취라 불리우며, 수행자의 마음이 명상 대상에 완전히 집중된 상태이다.

여러 단계의 선정이 일어나는 것이 바로 이 단계의 사마디이다. 수행자의 마음 상태가 심오해지고 정제됨에 따라 점점 더 조화로워지고 성스러워진다. 산만한 마음이 순수한 의식으로 정화됨에 따라 수행자(주관)와 대상(객관), 집중하는 과정 사이의 구분이 녹아져 사라진다.

사마타 수련의 8선정(Samatha Jhāna)

(1) 색계(色界 : Rūpa Jhāna)의 4선정

마음을 하나의 대상에 오로지 몰입하여 산란하지 않게 하는 사마타 수행에는 여덟가지 단계의 선정이 있다. 여기에는 색계 4선정과 무색계의 4선정이 있다. 각 단계마다 다른 특성들이 있다. 선정을 이루기 위해서는 다섯 가지 요소가 필요하다. 즉 ① 위타카(Vitakka, aiming mind : 겨냥하는 마음) ② 위짜라(Vicāra, Investigation : 고찰하고 지속시키는 마음) ③ 피티(Piti, Joy : 환희심) ④ 수카(Sukkha, happiness : 행복감) ⑤ 사마디(Samādhi, concentration : 일념)가 있다. (더욱 구체적인 것은 위빠싸나 선정편 참조)

(가) 초선정

다섯 가지 선정의 요소 중 ① 위타카와 ② 위짜라가 현저하게 나타나며 피티(환희)와 수카(행복감)가 일어난다. 피티는 바라는 것을 성취함에 따른 만족감이라면, 수카는 성취했을 때 오는 실질적인 체험이다.

마음이 5장애로부터 벗어남에 따라 마음은 보다 더 효과적으로 집중할 수 있고 그 결과 5장애는 더욱더 침범하지 못하게 된다.

청정도론에서는 피티와 수카를 이와 같이 설명한다.

"사막에서 오아시스를 발견했을 때 오는 환희가 피티이고, 물을 먹었을 때 오는 시원함이 수카이다."

초선정이 숙달되면 자유자재로 원하는 시간 만큼 선정에 들 수 있게 된다. 그것은 마치 자전거를 타는 것과 같다. 처음에는 자주 넘어지지만 계속 연습으로 숙달된다. 통달해야 할 것이 다섯 가지가 있다. 즉 ①입정(入定 : adverting) ②성취(attaining) ③선정의 시간(steading the duration) ④출정(emerging : 出定) ⑤다시 살펴보는 것(reviewing), 이것은 모든 선정수련(1~8선정)에 해당한다.

(나) 2선정

초선정에서 현저했던 위짜카와 위짜라가 고요하게 되면서 2선정으로 들어간다. 피티·수카·사마디와 함께 일념이 되어 내적인 확신을 갖게 된다. 초선정과 2선정의 차이점을 보면, 초선정의 경우에는 5장애로부터 보호의 성격이 강한 반면 2선정에서 피티가 현저하면서 '집중(concentration)'의 상태가 일어난다. 초선정에서 2선정으로 나아갈 때는 지금까지 이용했던 주제를 이용하든가 아니면 다른 알맞은 주제를 이용해도 된다(이것은 4선정까지 적용된다). 이 주제로서 초기의 상(learning sign), 고정된 상(fixed sign), 우파자라 사마디, 앗파나 사마디로 나아가는데 숙달될수록 거치게 되는 단계적인 시간의 길이는 짧아진다.

이와 같은 과정은 더 높은 선정의 단계(8선정까지 포함)로 나아갈 때도 마찬가지이다. 2선정이 숙달되면 집착하지 말고 3선정으로 나아가야 한다. 2선정에서 현저했던 피티를 정제하고 수카와 사마디로 이루어진 평온의 상태로 나아가도록 다시 한 번 마음을 집중해야 한다.

(다) 3선정

여기에선 피티가 고요해지고 몸으로 수카를 느끼면서 사마디의 상태로 들어간다. 피티는 즐겁기는 하지만 마음의 쾌감과 불안정의 요소를 갖고 있기 때문에 이것 역시 정제되고 수카와 사마디만 남는다. 그러나 수카 역시 4선정의 평등심(무심)에 비하면 아직도 상대적이고 거칠은 면이 있으므로 이것 역시 집착하지 말고 다음의 4선정으로 나아간다.

(라) 4선정

수카가 정제된 4선정에서는 평등심(無心)과 사마디(一念)만 남게 된다. 평등심은 상대적인 선·악·미·추·희·비… 등으로부터 초연해진다. 육체적 감각이 떨어져 나가고 즐거움도 괴로움도 아닌 비고비락(非苦非樂)의 순수한 일념의 상태에 든다. 물론 이러한 평등심은 이전의 초선정·2선정·3선정에서도 존재했다. 이것은 마치 낮에도 달이 있지만 강한 햇빛때문에 볼 수 없듯이 평등심은 보다 섬세하지 못한 위타카 위짜라, 피티·수카로 인하여 느낄 수 없었던 것이다.

청정도론에서는 "3선정을 마치 해질 무렵에 달로부터 비쳐오는 부드러운 빛과 같고, 4선정은 밤이 와서 달이 중천에 떴을 때 맑은 빛이 사방에 비추어 어둠이 사라진 상태와 같다"라고 표현했다. 이러한 무심한 평등심으로 인하여 순수한 선정의 상태에 들 수 있다. 4선정은 물질계인 색계(色界)의 마지막 선정이다.

이상에서 살펴본 바와 같이 4선정도 고도의 집중력과 평온한 상태이지만 무색계(無色界)의 네 가지 선정에 비하면 아직도 선정의 완전한 상태가 아니다.

(2) 무색계의 선정(the formless Absorptions : arūpa jhāna)

지금까지 살펴 본 색계의 4선정도 감각적인 인식과 마음의 자극을 정화했지만 아직도 어느 정도의 물질적 요소를 내포하고 있다.

왜냐하면, 물질적인 주제를 집중의 대상으로 했기 때문이다. 반면 무색계의 4선정은 인간의 환경을 둘러싸고 있는 육체적, 정신적, 내·외적 요소들을 뛰어넘어 지극히 미묘한 의식의 상태로 들어간다. 이것이 형상이 없는 비물질적인 선정이라고 부르는 이유이다.

(가) 5선정(무색계 초선정, Boundless space, 空無邊處定/Ākāsānañcāyatana)

색계의 4선정을 성취했지만 아직도 물질적인 요소들을 모두 극복하지 못했기 때문에 무색계의 선정으로 나아가야 한다.

색계의 선정은 무색계의 선정보다 섬세하지 못하고 거칠은 면이 있기 때문에 4선정에 대한 집착을 포기하고 공무변처로 집중을 돌려야 한다. 처음 대상에 집중한 후에 그 대상을 최대한으로 멀리 확장시켜서 공무변처로 집중을 전환함으로써 물질적인 대상을 제거한다. 이때 물질적 대상을 제거할 때는 이 대상에 주의를 기울이지도 않고 다시 살펴 보지도 않고 오로지 집중을 공무변처 쪽으로 향한다. 예를 들면, 마치 독사에 쫓겨서 겁에 질려 정신없이 도망간 사람이 있을 때 그가 나뭇가지나 땅위에서 독사와 비슷한 형체를 보면 겁이 나서 얼른 고개를 돌리듯이 '끝없는 허공'을 반복하면서 집중한다. 이렇게 하여 무색계의 첫 번째인 공무변처정을 성취한다.

(나) 6선정(무색계 2선정, Boundless conciousness, 識無邊處定/Viñ ñāṇañcāyatana)

5선정에서 나온 후 여느때와 마찬가지로, 5선정의 상태를 다시 살펴 본후 아직도 보다 높은 단계의 수준 만큼 평화롭지 못하리라는 것을 생각하고(이것은 1선정에서 8선정까지는 모든 과정에서 이와 똑같은 식으로 살펴봄) 공무변처를 바탕으로 해서 일어났던 식무변처에 집중한다. 즉 공무변처정에 머물며 현저하게 나타났던 의식에 집중한다. 이렇게 하여 식무변처의 근접삼매와 고도의 삼매를 성취하게 된다. 공무변처를 완전히 뛰어 넘게 됨에 따라 '끝없는 의식작용'의 6선정에 머물게 된다.

　(다) 7선정(무색계 3선정　Nothingness,　無所有處定/Ākiñcaññā yatana)

7선정은 글로 표현하기가 대단히 어렵다.

6선정에서 나온 후, 아직도 다음 단계의 선정 수준만큼 평화롭지 못하다는 것을 살펴보고 무소유처(non-existence, voidness)로 집중을 전환한다. 이것을 말하기는 쉽지만 실제로 체험하기는 어렵다. 수학이나 철학에서 '0(zero)'의 숫자나 무(無)를 말한다. 6선정의 의식을 생각하지 않고 '없음', '없음'이라고 거듭 집중한다. 청정도론에서는 다음과 같이 비유해서 설명했다.

> "법당에 승려들이 모여 있는 것을 한 사람이 보고 있다고 가정해 보자. 승려들이 회합을 끝내고 모두 돌아간 후, 그 사람이 돌아와서 문 입구에서 법당을 봤을 때 거기에는 오직 아무것도 없는 격리되어 있는 빈 상태만 있다. 그 사람은 그 많은 승려들이 죽었거나 이곳을 떠나갔다고 생각하지 않고 다만, 없는 것(無, non-existance)만 바라볼 뿐이다…"

이와 같은 식으로 무소유처정의 근접삼매와 고도의 삼매를 성취한 후 식무변처정을 뛰어넘어 무소유처정에 머문다.

　(라) 8선정(무색계 4선정, neither perception nor non-perception, 非想非非想處定/Nevasaññānāsaññāyatana)

7선정도 인지하기가 어려운데 논리적으로 이해할 수 없는 8선정을 묘사하기란 거의 불가능하다. 상(想 perception)도 아닌 비상(非想 non-perception)도 아닌 상태를 어떻게 논리적으로 이해할 것인가. 오직 체험으로만 가능할 것이다.

청정도론의 설명에 의하면 다음과 같다.

> "7선정을 체험한 수행자는 보다 높은 단계의 8선정을 목표로 나아간다. 상(想 perception)은 병이며, 종기이며, 창살과 같은 것이다. 거친 생각은 없으며, 미세한 생각은 없지 아니한 8선정은 높다. '조용하구나'를 반복해서 생각하며 집중한다.
> 무소유처정의 대상과 영상을 거듭거듭 의지하여 반복하면 사라짐이라는 명칭, 없다는 명칭에 8선정이 생긴다."

이렇게 8선정을 완전히 성취하게 된다. 『능엄경』에 의하면 공무변처정은 몸이 잠시 공(空)의 상태에 들어간 것이고 식변처정은 무의식인 말라식과 아뢰야식의 미세한 반분만 남는 것이고 무소유처정은 말라식과 아뢰야식이 잠복된 상태이고 비상비비상처정은 아뢰야식의 종자가 동하지 않는 가운데 아뢰야식이 다한 것 같으면서도 다하지 않은 상태로 설명한다. 그러나 8선정은 요가, 수피, 도가 등의 수행법과 본질적으로 틀린다고는 할 수 없다. 부처님 자신도 깨치기 전에는 이 수행법을 통달하고 만족할 수 없어 두 분의 스승을 버리고 보리수나무 밑으로 갔던 것이다.[2] 그 수행법이 위빠싸나 수행법이다.

---

[2] 8선정에 대한 설명은 개요만 살펴봤다. 체험으로 수행하고 싶은 사람은 선정과 위빠싸나를 완전히 통달한 선지식 밑에서 수행하길 바란다.(더욱 자세한 설명은 1부 부처님의 견성체험담과 청정도론 참조)

3. 멸진정(滅盡定, Nirrodha-samāpatti) : 오매일여(寤寐一如) 이상의 경지

사마타 수행에서는 8선정이 최고의 단계이다. 여기에서 소개할 멸진정은 사마타의 8선정과 위빠싸나의 아나함(不還果)이상의 경지를 성취한 사람(아나함, 구경각 아라한)이 누릴 수 있는 경지이다. 이것은 지고로 장엄한 선정이다.

이 멸진정은 비상비비상처정(neither-perceptionnor-non-perception : semi-conciousness)의 성취와 아나함 이상을 성취한 상태이므로 모든 의식과 정신작용·감정·인식 등이 일시적으로 정지된 상태로 무기상태와는 엄격히 구분된다. 8선정만 수련하면 비상비비상처정에만 머문다. 위빠싸나만 수련하면 아나함, 아라한과에만 도달한다.

이 모두를 수련한 사람은 멸진정에 든다. 초선에서 8선까지 나아가는 과정에서 지혜로써 삼법인을 철견하면서 향상한다.

8선정에 도달한 후에 멸진정에 든다.

실제로 이 양자 모두를 성취한 사람은 극히 드물다. 위빠싸나 지혜 수련으로 열반을 성취한 사람에게는 사마타 선정은 관심이 없고 마치 어린애들 장난처럼 생각한다.

청정도론에서 멸진정에 드는 방법을 설명했다. 그것을 요약해 보면, 다음과 같다. 우선 수행자는 사마타의 정(定)과 위빠싸나의 지혜(慧)로써 1선정에서 7선정까지 차례로 올라간다. 매번 단계의 선정에 들어서 묘하고 고요한 상태에서 삼법인을 관찰한다. 이렇게 하여 7선정까지 들었다가 7선정에서 나온 후, 얼마동안 멸진정에 머물 것인가를 미리 마음으로 시간을 결정한다. 그리고 나서 8선정에 든 후, 바로 멸진정으로 나아간다. 이 상태에서 7일까지 갈 수 있다고 한다. 이때 의식과 신체의 기능이 정지되어 마치 죽은 사람같이 보인다.

중부경전에서 사리풋타와 다른 비구와의 대화에서 멸진정과 죽은 상태의 차이를 다음과 같이 이야기 한다.

"죽은 사람의 경우는 목숨이 끝나고 몸(호흡)·말(생각, 의식) 정신적 기능(sankhāra, 行)이 끝났다. 그 기능이 모두 파괴되었다. 몸에 꼭 필요한 열도 다 소진되었다. 그러나 멸진정에 도달한 사람의 경우는 몸(호흡)·말(의식)·정신적 기능(行)이 정지되었지만 목숨이 다한 것은 아니다. 몸에 꼭 필요한 열도 다 소진된 것이 아니고 기능들도 파괴되어 버린 것이 아니다."

선문정로에서 성철스님은 멸진정을 '사중득활(死中得活)' '승묘경계(勝妙境界)'로 설명하여 구경각 이전의 '오매일여'와 유사한 경계로 보았으나 경전상의 멸진정은 오매일여와 구경각을 포함하는 경우도 있고 분리하는 경우도 있다.

참고로 선문정로의 내용을 간추려보겠다.

"일념불생(一念不生)한 앞뒤가 끊어진 경계를 규봉은 돈오돈수라 했다. 그러나 명안종사들은 승묘경계라 하여 배척했다. 승묘경계도 대병(大病)이니 정안지식(正眼知識)을 참견하여 심신이 적멸한 사지(死地)에서 대활하지 않으면 정오가 아니다. 이 경계에도 언구(화두)를 의심하지 않는 것이 대병이다.

승묘경계에도 오매일여의 몽중일여(7지)와 숙면일여(8지)가 있는 것과 같이 7지 무상정(無想定)과 8지 멸진정(滅盡定)이 있다.

여기에서도 불조공안은 투과 못한다. 6식의 거친 의식이 멸진한 8식의 무기(無記)가 대사(大死)이다. 이 대사의 무기까지 영멸(永滅)해야 진대사(眞大死)이고 상적상조(常寂常照)이다. 이것이 구경열반이다."

성철 스님은 화엄의 8지인 오매일여에서 바로 12지인 구경각까지 직지하는 것으로 화두수행을 설명했다. 부처님의 위빠싸나에서는 아나함에서 아라한에 이르는 과정을 5가지 번뇌 제거로 구체적으로 설명하셨다.(p.264 아라한 참조) 이것을 체험적으로 증명하는 것이 향후 한국 불교계의 과제이다.

4. 위빠사나 4선정의 성취

앞에서 살펴본 바와 같이 사마타 선정은 마흔 가지 명상 주제 가운데 하나를 택하여 여기에만 완전히 집중하는 형태의 삼매이다. 마음은 방황하거나 다른 곳으로 이동하지 않고 이 대상에만 고정된다. 그리하여 종국엔 마음이 대단히 평화스럽게 되고 고요한 집중 상태에 이른다.

이에 반하여 위빠싸나 선정은 삿티(sati, mindfulness, 마음집중·마음챙김·알아차림·관찰)로서 한 대상에만 고정되어 있는 것이 아니고 한 대상에서 다른 대상으로 자유롭게 이동하면서 모든 대상의 공통성인 삼법인 즉 무상·고·무아를 철견하게 된다. 위빠싸나 선정은 열반의 상락(常樂, Nibbāna bliss)에 적조(寂照)되어 있는 마음까지 포함한다. 사마타 수행의 목적인 평온과 집중만을 성취하기보다는 오히려 통찰과 지혜가 위빠싸나 수행의 가장 중요한 결실이다.

위빠싸나 선정은 궁극적인 실재(Paramattha Dhamma, ultimate realities)에 마음이 집중되어 있는 것이다. 이것은 개념이나 관념없이 여섯 감각기관에 일어나는 현상을 통하여 바로 직접적으로 체험할 수 있는 것이다. 대부분의 이러한 것들은 조건화된 궁극적 실재(Sankhā ra paramattha Dhamma, conditioned ultimate realities)이다. 즉 정신적, 육체적 현상이 항상 변화하고 있다.

열반도 또한 궁극적 실재이지만 열반은 조건화되지 않은 궁극적 실재라는 측면에서 다르다(열반에 대해선 남방과 북방 불교 상호간에 다른 견해가 있을 수 있으나 여기에선 그 주제에 대한 설명은 생략한다. 우선 위빠싸나 선정에 대해선 우판디타 선사의 설명 중심으로 다루었다.)

다섯 가지의 선정요소

첫째는, 위타카(vitakka, 尋, 주의 aiming, directing mind)이다. 대상을 향하여 겨냥하는 마음이다. 그리고 대상에 순간적으로 머물게 하는 마음이다.

둘째, 위짜라(vicāra, 伺, 고찰, investigation, reflection, sustaining mind)이다. 위타카가 대상을 겨냥하여 대상에 자리잡게 한 후 위짜라는 마음을 대상에 계속 집중하여 머물도록 한다. 예를 들면, 배의 움직임 관찰에서 우선 배의 일어남에 정확하게 겨냥하는 노력을 해야 한다. 그리고 마음이 대상에 밀착하도록 하여 미끄러져 나가지 않도록 해야 하고 계속 그 대상을 관찰하도록 해야 한다. 순간순간 정확하고 직관적으로 마음집중해 나갈 때 마음은 더욱더 순수해지고 5장애(욕망·성냄·혼침과 무기·불안·의심)가 약화되어 사라진다. 마음은 수정처럼 맑고 고요해진다. 이것이 위타카, 위짜라의 결과로서 나타난 것이다. 마음은 5장애로부터 보호된다.

위타카와 위짜라를 청정도론(淸淨道論, Visuddhi Magga)에서는 종과 새에 비유한다. 처음 종을 칠 때가 위타카이고 계속 치는 것이 위짜라이다. 새가 처음 하늘로 나래를 펴 오르는 것이 위타카이고 하늘에 오른 뒤에 나래를 계속 젖는 것이 위짜라이다.

셋째, 피티(pīti, 喜, 기쁨, rapture)이다. 피티에는 다섯 가지가 있다.

① 쿨리까(khuddikā)로서 감각적으로 수행자체에 약간의 흥미가 일면서 기쁨을 느낀다. ② 카니카(khanikā)로서 수행의 진행에 따라 현상의 실재적인 사실을 발견함에 따라 순간적으로 나타나는 환희이다. ③ 옥깐띠까(okkantikā)로 수행이 깊어감에 따른 충격적인 환희다. ④ 웁배카(ubbekā)로 자신이 황홀할 정도로 엑스타시를 느끼며 감정적으로 억제하기 힘들다. ⑤ 파란나(pharanā) 환희감의 극치로서 이 세상의 어떤 기쁨과도 비교 안 된다. ④ 웁배카와 ⑤ 파란나는 계(戒)를 지키지 않을 때는 일어나지 않는다는 것을 명심해야 한다.

넷째, 수카(sukha, 樂, 행복감, 즐거움, happiness comfort)이다. 수행에 대해 만족감으로 흠뻑 젖게 된다. 피티와 수카는 5장애로부터 보호되기 때문에 위베카자 피티 수카(vivekaja pīti sukha)라 부르며 5장애로부터 피난한 곳에서 오는 환희와 행복감이다. 위타카와 위짜라가 현전함으로써 마음이 5장애로부터 보호된다. 마음이 정확하게 대상을 겨냥하여 대상에 밀착하여 계속 집중되어 나갈 때 마음은 안전하게 보호된다. 마음이 5장애를 극복할 때 환희·행복감·편안함을 느끼게 된다. 이와 같은 네 가지 선정의 요소들이 현전할 때 마음은 저절로 고요하게 평화로워지고 산만하거나 흩어지지 않고 일어나는 대상에 집중된다. 이러한 한 곳에 대한 마음의 집중이 다섯번째의 요소인 사마디(samādhi, 一念, 집중상태 concentration)이다. 사마타 선정은 여기 설명한 다섯 가지이고 위빠싸나 선정은 삿띠(sati)가 포함된다.

다섯 가지 요소를 모두 가졌다고 해서 첫번째 선정에 들었다고는 말할 수 없다. 마음이 물질(몸)과 마음의 상호관계성을 간파할 만큼 충분히 법(法)을 꿰뚫어 봐야 하기 때문이다. 이때에야 우리는 첫번째 선정에 근접되어 있다고 할 수 있다. 다섯 가지 선정요소를 갖추고 있을 때 마음집중이 보다 높은 차원에서 날카로워지고 정확해지는 것을 경험할 수 있다. 충만한 환희, 행복감, 편안함이 몸에서 일어날 수도 있다. 몸이 공중에 떠있는 것 같기도 하여 이러한 것에 집착심이 일어날 수도 있다.

위타카와 위짜라의 상관성

정확한 겨냥과 마음집중인 위타카, 위짜라는 절대적으로 중요한 요소이다. 이 두 관계를 비유로 들어 설명해 보겠다.

놋쇠컵을 헝겊으로 닦는 것에 비유된다. 한 손으로 컵을 잡고 다른 손에 헝겊을 쥐고 놋쇠의 표면을 주의깊게 열심히 문지른다.

오래지 않아 번쩍번쩍 빛이 나는 컵을 가질 수 있게 된다. 마찬가지로 수행자도 배의 움직임(혹은 수행의 다른 주제)에 집중한다. 마음의 오염이 사라질 때까지 계속 마음집중하여 닦아 나간다. 그렇게 할 때 그 대상의 본성을 철견할 수 있다.

컵을 손으로 들고 있는 것은 위타카에 비유되고 닦는 행위는 위짜라에 비유된다. 문지르지 않고 컵만 들고 있다면 이전과 같은 상태에 있게 된다. 컵을 잡지 않고 문지른다는 것은 불가능하다. 위짜라는 종종 고찰·조사(investigation)·지속적인 생각(sustained thought)으로 번역되는데 이것은 지적인 분석으로 잘못 이해되어 왜(why)나 무엇 때문에(wherefore)로 해석하는 경향이 있는데 이것은 잘못이다. 지적인 학습이나 지식이 아닌 단도직입적인 직관력이 위짜라이다. 직관적인 통찰을 할 수 있는 지혜가 궁극의 실재를 볼 수 있게 한다. 책으로부터 아무리 많은 지식을 얻는다 해도 그것이 통찰지혜는 아니다. 회광반조하는 통찰 지혜만이 사실을 있는 그대로 철견한다.

그러므로 사마타 선정은 평온으로 유도하는 반면, 위빠싸나 선정은 궁극의 실재를 철견하는 통찰, 지혜로 바로 유도하는 것이 분명한 차이점이다.

위빠싸나 4선정

위빠싸나 수행방법은 지극히 간단하고 명료하다.

몸과 마음에 일어나는 현상의 당처에 즉각 마음집중하여 빈틈없이 지속할 때 선정 삼매는 일어난다. 그런데 여기에서 삼매를 이루는 데 주의해야 할 사항들이 있다. 즉,

① 과거(분별심, 판단력 포함)에 머물지 말라. 미래에도 머물지 말고 현재 현상의 당처에 집중하라.
② 게으름, 방일에 빠지지 말라.
③ 균형을 잃은 과도한 노력도 방해가 된다.
④ 유혹, 감각적 집착에 빠지지 말라.
⑤ 나쁜 마음은 갖지 말고 대원력을 세워라.

삼매가 이루어지려면 일상생활 속에서 계행이 철저해야 한다. 그리고 자비관이나 진정한 참회를 할 때 선정은 향상된다. 선정에 들기 위해서는 현재 일어나고 있는 현상에 순일무잡(純一無雜)한 마음집중을 지속적으로 유지해 나갈 때 망상은 사라지고 선정은 이루어진다.

위빠싸나의 4선정(正定)이 원인(因)이 되고 열반, 바른 견해(正見)가 결과(果)가 된다. 이때의 4선정은 완전한 선정을 말한다. 4선정의 핵심은 평등심(upekkhā)인데 완전한 평등심은 아라한들만의

영역에 속한다. 다음에서 좀더 구체적으로 선정의 단계별 그 특성을 살펴보겠다.

1) 초선정

알아차림(satī, awearness)이 예리하게 되어 현상의 사라짐이 분명해질때 수행자는 직관적으로 현상에 내재해 있는 무상·고·무아를 간파한다. 삼법인에 대한 직관적인 이해는 '현상의 바른 이해에 대한 지혜(sammasana-ñāna, mastering knowledge)'를 포함한다.

통찰(insight)이란 말이 팔리어의 위빠싸나에 대한 번역어로 사용되지만 정확한 번역은 아니다. 위빠싸나(vipassanā)의 위(vi)는 '여러 형태(mode)'란 뜻(삼법인)이고 빠싸나(passanā)는 '본다(seeing)'라는 뜻이다. 즉 무상·고·무아의 형태를 철견한다는 뜻이다.

첫번째 선정이 일어날 때는 위타카, 위짜라가 현전하게 되고 수행자의 통찰력은 급속히 일어나고 사라지는 현상속으로 파고든다. 이러한 통찰지혜를 경험하면서 수행자는 성장해 간다.

2) 2선정

초보 단계의 알아차리는 주시는 고요하고 순일무잡한 집중 속으로 들어간다. 수행자의 마음은 대단히 맑고 예리해진다. 순간 순간 급속하게 일어나고 사라지는 현상을 포착할 수 있다. 지속적으로 예리한 마음집중으로 인하여 산만한 생각은 조금도 없다. 몸과 마음의 무상에 대한 의심이 조금도 일어나지 않는다. 이때는 노력없이도 수행은 저절로 되어간다.

겨냥하는 노력(위타카)과 관찰해 보는 마음(위짜라)이 고요해진 가운데 기쁨과 행복감이 충만하게 느껴진다.

첫번째 선정에서는 위타카, 위짜라가 충만하지만 두번째 선정에서는 현상의 생, 멸을 꿰뚫어 보기 시작할 때 명료함·환희·신심·안온함 등이 현저하게 나타난다.

마음은 더욱더 예리해지고 집중력은 깊어간다. 깊어진 집중력으로 체험에서 오는 분명한 확신을 얻게 된다. 계속 수행한다면 부처님이 약속한 결실을 얻게 되리라는 확신을 가진다. 환희와 정신적, 육체적 평온함이 강하게 나타난다. 이때 지금까지 경험해보지 못한 즐거움에 집착할 위험이 있다. 지금까지의 삶 중에서 가장 깊은 행복감을 느끼게 된다. 어떤 사람은 깨달았다고 착각하는 수도 있다. 이렇게 되면 더이상 진보는 할 수 없다. 이때의 환희나 즐거움을 분명하게 관찰해서 단지 현상에 지나지 않는다는 것을 이해해야 한다. 집착이 일어나면 즉각 제거하고 배의 움직임(혹은 사념처 중 다른 주제) 관찰로 돌아와야 한다. 그러면 계속 진보할 수 있다. 단지 알아차리기만 하라.

3) 3선정

환희(pīti, rapture)가 점차 줄어들고 알아차림(mindfulness, 마음집중)과 집중력이 계속 깊어진다. 현상의 본성을 꿰뚫어 보는 통찰력이 점점 깊어진다. 7각지 중 평등각(upekkā)이 나타난다. 마음은 순경계(즐거움), 역경계(불쾌함)에 흔들리지 않고 몸과 마음에서 깊은 평온함이 일어난다. 수행자는 고통을 느끼지 않고 몇 시간이고 앉아서 좌선할 수 있다. 몸은 청정해지고 가벼우면서도 건강해진다. 이것이 3선정의 특성이며 행복감(sukha)과 일념(samādhi)의 요소가 현전한다. 현상의 생, 멸을 꿰뚫어 보는 통찰력은 더욱더 깊어간다.

두번째 선정에서 세번째 선정으로 나아감은 수행상의 대전환점이다. 보통의 경우, 수행자는 마음이 설레이는 흥분이나 전율에 자연적으로 집착하게 된다. 피터(환희)가 마음을 설레이게 하는 즐거움의 요소 중

하나이다. 이것은 마음에 물결을 일으킨다. 이것은 수행의 사춘기이다. 이것을 체험할 때 틀림없이 정진력을 향상시킨다. 가능한 한, 주의깊게 관찰해야 한다. 수행자가 이러한 현상에 집착하는 한, 더이상의 진보는 없다. 경전에는 이것을 어미소와 송아지(2선정)에 비유한다. 어미소가 송아지를 제때에 젖을 떼지 않으면 사람에게 많은 젖을 줄 수 없게 된다.

세번째 선정에서 행복감의 절정에 이르게 된다. 가장 달콤하다. 그렇지만 수행자는 집착하지 않고 무심하게 계속 성성적적하게 관찰해 나가야 한다. 그러면 통찰은 더욱더 예리해지고 명료하게 될 것이다.

'일어나고 사라지는 현상의 지혜'를 지나 '사라짐의 지혜'의 단계로 접어듦에 따라 대상의 처음과 중간 부분이 분명하게 느껴지지 않는다. 대신, 마음은 현상의 계속해서 사라져가는 부분만을 감지한다. 알아차리는 순간 즉각 사라진다. 종종 몸이 전혀 없는 것처럼 느껴지고 오직 사라져가는 현상만이 계속하는 것 같다.

수행자가 혼란하거나 당황해 하는 수가 있다. 왜냐하면, 너무나 빨리 사라지는 현상에 당황해 하고 불안해 하기 때문이다. 대상을 알아차리기 전에 이미 사라져 버린다. 빈 허공만 남긴 채 그 다음 현상도 마찬가지로 사라져 버린다. 현상이 어디에 위치한지 모르는 채 계속 사라짐만 보게 된다.

'무엇이 일어났는가?' 울 수도 있다. 지금까지 잘해 왔는데 이제는 조절할 수도 없고 하나도 제대로 관찰할 수 없다. 이때는 냉정하게 계속적인 현상의 흐름을 주시해야 한다. 이것을 '사라짐의 지혜'의 단계라 부른다. 여기에는 더이상 육체적, 정신적 행복감이나 평온함이 없고 육체의 고통이나 불편함이 없다. 마음은 다소 중립적인 무심한 상태에 있다.

4) 4선정

'일어나고 사라지는 현상의 지혜(insight into the arising and passing away of phenomena)'가 성숙되고 있는 동안에 두번째 선정의 환희(pīti)는 세번째 선정의 요소인 행복감(sukha : comfort)에 양보한다. 보다 부드럽고 미묘한 평온함이다. 세번째 선정이 네번째 선정으로 진보했을 때는 평등심(uppekkhā, equanimity)과 일념(samādhī, one-pointedness)만이 현전한다.

마음은 즐겁지도 불쾌하지도 않으며, 편안하지도 불편하지도 않은 무심한 평등심이 일어난다. 평등심은 마음을 균형시키는 어마어마한 힘을 갖고 있다. 마음은 완전히 청정하고, 예리하고 날카롭다. 현상의 미묘한 성질이 믿을 수 없을 정도의 명료함과 함께 감지된다. 이러한 것은 초선정·2선정·3선정에서도 있어 왔지만 더욱더 뚜렷하게 나타나는 성질에 의해 감추어져 왔던 것이다. 마치 태양이 있으면 달이 보이지 않는 것과 같다.

선정의 각 단계는 행복감(sukha)으로 특징지을 수 있다. 초선정에서는 5장애를 떨쳐버리고 보호되어 있는 즐거움이다. 두번째 선정에서는 집중의 행복감이다. 좋은 집중(good concentration)은 환희의 형태로 일어난다. 세번째 선정은 평온한 행복감으로 알려져 있다. 네번째 선정에서는 지혜의 행복감을 경험한다.

사마타 선정은 분별·관념과 착(着)이 따라다니는 유위법(有爲法)인 반면 위빠싸나 선정은 분별·관념과 착을 제거하면서 지혜를 계발한다. 그러나 이러한 선정은 모두 조건화된 상대적인 현상의 영역이다. 이러한 영역을 초월하면 궁극의 행복, 실재적인 행복을 맛본다. 그것이 위빠싸나 수행의 궁극적인 대열반(Pari-nibbāna)이다.

선정과 5장애의 관계

방에 촛불이 없을 때 어둠이 오듯이 대상을 올바르게 관찰하지 못할 때 어리석음과 미혹은 일어난다. 어리석은 마음은 계속해서 여섯감각 기관을 통하여 즐거움을 찾아 헤메인다. 이러한 집착이 너무 큰 나머지 감각의 즐거움을 넘어선 영원한 궁극의 행복이 있는 것을 간파하지 못한다.

1) 5장애

수많은 번뇌인 마음의 장애가 있지만 크게 나누면 다섯 가지로 축약된다.

① 탐욕(kāmacchanda, sensual desire)
② 성냄·악의(Vyāpāda, aversion, anger)
③ 해태·혼침·무기(thina middha, sloth and torpor)
④ 불안함과 걱정(uddacca kukkucca, restlessness, agitation)
⑤ 회의적 의심(vicikicchā, skeptical doubt)

2) 5장애와 그 극복 방법

① 사마디(선정 삼매, samādhi)는 감각적 욕망을 극복한다.

욕망의 세계(世界)에서는 감각적 욕망의 장애가 우리들을 미혹의 세계에 머물게 하는 커다란 요인 중 하나이다. 한 곳에 집중하는 일념이 그 극복 방법이다. 마음이 한 대상에 몰두해 있을 때는 다른 생각이나 즐거운 소리나 광경에 집착하지 않는다. 감각적인 대상은 그 힘을 잃어 버리게 되고 산만한 생각은 일어나지 않는다.

② 피티(환희심, pīti)는 성냄(惡意)을 극복한다.

선정삼매로 마음이 더욱더 미묘한 단계로 접어듦에 따라, 깊은 즐거움이 일어난다. 환희심이 몸에 충만하게 된다. 이러한 마음 상태의 계발은 성냄을 극복한다. 왜냐하면, 기쁨과 성냄은 공존할 수 없기 때문이다.

③ 수카(행복감, sukha)는 불안정을 극복한다.

마음집중이 깊어감에 따라 커다란 위안감이 마음속에서 일어나기 시작한다. 마음은 불쾌한 감각을 반감없이 평화롭게 바라본다. 비록 역경계에서도 마음은 편안해진다. 마음집중으로 고통은 쉽게 사라지고 육체적 이완을 느낀다. 정신적, 육체적 행복감으로 마음은 대상에 만족한 상태로 머물러 들뜨지 않고 근심 걱정은 사라진다.

④ 위타카(겨냥하는 마음, vitakka, 尋)는 해태와 혼침(무기)을 극복한다.

위타카는 마음을 분발시키는 힘을 가지고 있어 마음을 생동감 넘치게 작용하도록 한다. 그리하여 마음이 계속해서 대상을 향하여 정확하게 겨냥해 나갈 때, 해태와 혼침은 일어나지 않는다. 혼침에 빠진 마음은 위축되고 무기력한 상태에 있는 마음이다.

⑤ 위짜라(고찰, 유지시킴, vicāra, 伺)는 회의적인 의심을 극복한다.

마음이 대상에 정확하게 겨냥되어 있을 때 마음은 관찰의 과녁을 명중시킨다. 위짜라는 마음을 대상에 계속해서 머물게 하는 기능을 가지고 있다. 계속적인 주시는 의심의 반대가 된다. 왜냐하면 의심은 우유부단한 성질을 갖고 있기 때문이다.

의심하는 마음은 특정 대상에 고정되어 머물지 못하고 이것이 좋은가 저것이 좋은가를 찾아 헤메인다. 위짜라가 확고할 때는 마음은 대상에서 미끄러져 나가지 않는다. 그리하여 지혜가 성숙되었을 때는 의심을 제거한다. 수행이 성숙되어 깊어지지 않으면 심오한 법(Dhamma)은 우리들 앞에 나타나지 않는다. 초보자는 듣기만 하고 경험하지 않은 것을 의심한다.

생각하면 할수록 더욱더 이해하기는 힘들고 좌절에 빠져 드디어는 비관하게 된다. 이러한 악순환은 위짜라로 극복된다. 대상에 확고하게 밀착된 마음은 관찰력을 가지고 결코 비관하지 않는다. 회의적인 의심은 수다원과에서, 감각적 욕망과 성냄은 아나함과에서 해태와 혼침, 불안정은 아라한과에서 완전히 제거된다.

5. 경전상에 나타난 5장애 극복 방법

5장애 극복과 4선정

성스러운 제자가 (잠으로 부터) 깨어있음을 수련할 때, 여래는 그에게 더욱더 상세한 지침을 가르쳐 왔다.

"자, 비구여! 그대 자신을 마음집중과 분명한 앎으로 무장하여라. 앞으로 갈 때나 뒤로 갈 때, 똑바로 볼 때, 사방을 두리번거릴 때, 몸을 굽힐 때나 펼 때, 옷을 입을 때나 탁발하러 갈 때, 먹을 때나 마실 때, 씹을 때나 삼킬 때, 대(소)변을 볼 때, 걸을 때, 서 있을 때, 앉아 있을 때, 잠자고 있을 때, 말할 때나 침묵을 지킬 때, 분명한 알아차림으로 행동해야 하느니라."

성스러운 제자가 마음집중과 분명한 앎으로 자신을 무장했을 때 여래는 그에게 더욱더 깊은 가르침을 베푼다.

"오, 비구여. 비구는 숲속이나 나무 아래, 언덕 위, 바위틈 사이, 동굴, 공동묘지, 넓은 들판, 풀로 지붕을 이은 움막집과 같은 떨어진 외진 곳에서 수행해야 하느니라."

그리하여 비구는 그러한 곳에서 수행한다. 탁발에서 돌아와 공양을 마치고, 가부좌하여 허리를 곧게 펴고 마음집중하여 앉는다. 세상에서 욕망을 버리고 욕망에서 벗어난 마음으로 머문다. 욕망의 장애로부터 그의 마음을 정화한다. 세상에서 성냄(악의)을 버리고 성냄에서 벗어난 마음으로 모든 중생들을 위하여 자비와 연민을 가지고 머문다. 성냄의 장애로부터 그 자신을 정화한다. 해태와 혼침(무기)을 버리고 해태와 혼침에서 벗어난 마음으로 성성적적(惺惺寂寂)한 마음집중과 분명한 앎으로 머문다.

그의 마음을 해태와 혼침의 장애로부터 정화한다.

불안정과 걱정을 버리고… 불안정과 걱정에서 벗어난 마음으로 초조하지 않고 평화로운 마음으로 머문다. 불안정과 걱정의 장애로부터 마음을 청정하게 한다….
회의를 버리고 회의에서 벗어난 마음으로… 불확실한 마음에서 벗어난 마음으로 머문다….
회의의 장애로부터 자신의 마음을 청정하게 한다.

마음을 오염시키고 지혜를 약화시키는 5장애를 버리고 몸에서 몸을, 감정(느낌)에서 감정을, 마음에서 마음을, 법에서 법을 전심전력으로 마음집중하여 분명한 앎으로 계속 관찰하여 세상에서 욕망과 슬픔을 극복하면서 머문다.

가령, 코끼리 조련사가 야생 코끼리의 목을 튼튼한 말뚝에 매어 놓고 숲속에 대한 갈망을 진정시키고, 성냄을 진정시키고 숲속 생활에 대한 열정을 가라앉히고, 마을생활에 순응시키고, 사람에게 순종하도록 길들인다.

이와 마찬가지로 네 가지 마음집중을 수련하는 성스러운 제자도 세속적인 행동을 정화하기 위하여, 세속적인 욕망을 진정시키기 위하여, 세속적인 화냄과 열정을 진정시키기 위하여, 올바른 길에 이르기 위해서 열반을 실현하기 위하여 자신의 마음을 연마해야 하느니라.

그리고 나서 여래는 더 많은 가르침을 베푼다.

> "비구여! 몸에서 몸을 관찰할 때 감각적인 욕망과 관련된 생각을 하지 마라. 감정(느낌)에서 감정을 관찰할 때 욕망과 관련된 생각을 하지 마라. 마음에서 마음을 관찰할 때 감각적인 욕망과 관련된 생각을 하지 마라. 법에서 법을 관찰할 때 감각적인 욕망과 관련된 생각을 하지 마라."

그리고 나서 겨냥하는 마음(위타카)과 집중하여 머무는 마음(위짜라)을 고요하게 하고 환희와 행복감으로 충만한 2선정으로 내적인 평온과 조화를 얻게 되느니라…3선정…4선정….

—중부경 125—

5장애의 극복 방법

아름다운 대상들 반감을 불러 일으키는 것들, 해태와 혼침의 요소들,

불안정의 요소들, 의심을 일으키는 요소들이 있다. 거기에 지혜롭지 못한 주의를 자주 기울이는 것, 이것이 아직 생겨나지 않은 감각 욕망(악의·해태와 혼침·불안정·의심)을 생기도록 조장하며 생겨난 감각 욕망(악의·해태와 혼침·불안정·의심)을 늘리고 증장시키는 자양분이다.

부정한 것들, 자비에 의한 해탈·정진의 요소·마음의 평안·선한 것과 악한 것의 상반되는 것이 있다.

거기에 지혜로운 주의를 자주 기울이는 것, 이것이 곧 생겨나지 않은 감각 욕망(악의·해태와 혼침·불안정·의심)을 생기도록 조장하지 않는 것이며, 이미 생겨난 감각 욕망(악의·해태와 혼침·불안정·의심)을 늘리고 증장시키지 않는 것이다.[1]

―상응부경 46, 51―

부정관의 실례

라자가하에 시리마라는 이름을 가진 어여쁜 기생이 있었는데, 그녀는 매일 같이 비구 여덟 명에게 맛있는 음식을 정성스럽게 공양했다. 어느날인가 그 중 한 비구가 다른 동료 비구에게 자기는 매일 같이 아름답고 음식 솜씨도 좋은 젊고 아리따운 기생으로부터 공양을 받는다고 자랑했다. 그러자 그 비구는 단지 시리마에 대한 이야기를 들은 것만으로 그녀를 연모하게 되었다. 다음날 아침 사랑에 빠진 젊은 비구는 동료 비구와 함께 시리마의 집으로 탁발을 나갔다. 그런데 그날따라 공

---

1) 여기에서 삶이나 수행에서 핵심적인 요소가 있다. 그것은 주의의 대상이다. 어떻게 무엇을 생각의 대상으로 하느냐이다. (一切唯心造)
"이것이 일어나면 저것이 일어나고, 이것이 없어지면 저것이 사라진다."
무명이 일어나면 생·사가 일어나고 반야가 일어나면 해탈이 일어난다.

교롭게도 시리마는 몹시 아파서 직접 공양을 올리지 못했다. 그러나 비구들에 대해서 깊은 존경심을 가지고 있었던 그녀는 비구들에게 경의를 표하지 않을 수는 없다면서 사람들의 부축을 받아 밖에까지 나와 합장으로써 비구들을 맞이했다.

이때 시리마를 처음 본 비구는 저 여인이 병이 들었는데도 저렇게 아름답다면 건강하고 잘 치장했을 때는 얼마나 아름다울까 싶어 감탄해 마지 않았다. 그에게는 시리마를 차지하고 싶은 강한 욕망이 꿈틀대며 일어났다.

그런데 갑작스럽게 병이 든 고급 기생 시리마는 그날 밤에 그만 죽어 버렸다. 그러자 라자가하의 빔비사라 왕은 부처님을 찾아뵙고, 유명한 의사이며 부처님의 전문의이기도 한 지와까의 누이, 시리마가 죽었음을 전해 올렸다. 그러자 부처님께서는 빔비사라 왕에게 당분간 시리마의 시신을 땅에 묻지 말고 그대로 묘지에 잘 보존해 까마귀와 독수리, 들짐승들이 시신을 훼손하지 못하도록 지켜 달라고 청하시었다. 부처님으로부터 특별한 청을 받은 빔비사라 왕은 부처님의 말씀에 따랐다.

시리마가 죽은 지 사흘이 되었다. 그러자 살아 있었을 때 그토록 아름다웠던 그녀도 이제는 더 이상 아름다운 모습이 아니었다. 그녀의 작고 고왔던 몸은 이제 변색되어 부풀어 올랐고, 밝고 아름다웠던 그녀의 눈에서는 구더기가 끓기 시작했다. 또한 그녀의 아홉 구멍에서는 더러운 물이 흘렀으며 벌레가 끓었다.

그럴 즈음 부처님께서는 비구들과 함께 묘지에 가시어 비구들로 하여금 아름다웠던 시리마의 시신을 관찰케 하시었다. 이때는 빔비사라 왕도 신하들을 거느리고 와서 시리마의 썩어가는 몸을 함께 관찰했다. 이때 시리마를 사랑했던 젊은 비구는 아직도 시리마가 죽은 줄을 모르고 있다가 부처님을 따라 그곳에 가 비로소 죽어 썩어가는 시리마를 보자 매우 실망하는 한편, 자기의 어리석음을 깊이 뉘우쳤다.

 부처님께서는 빔비사라 왕에게 부탁하여 이제 누구든지 천 냥을 내고 시리마와 하룻밤을 같이 보낼 사람은 나와보라고 광고케 하시었다. 그래서 왕은 그같이 공지하였으나 아무도 나타나는 자가 없었다. 그러자 왕은 화대를 내려서 오백 냥, 이백 냥, 오십 냥이라는 식으로 다시 공지했다. 그랬지만 역시 아무도 나서는 사람이 없었다. 이때 부처님께서는 대중에게 말씀하시었다.

 "비구들이여, 죽어 썩어가는 저 시리마의 시신을 보아라. 시리마가 살아 있을 때에는 시중의 재산가들이나 재산가의 아들들, 그리고 고관들이 그녀와 함께 단 하룻밤 만이라도 즐기려고 천 냥이라도 아끼지 않고 앞다투어 나섰으며, 그러고도 차례가 돌아오지 않아 애를 태웠었느니라. 그러나 이제는 돈을 받지 않겠다고 해도 아무도 그녀를 차지하려 하지 않는다. 비구들이여, 사람의 몸이란 실로 이와 같나니 마침내 늙게 되어 있으며, 일단 호흡이 정지하고 나면 썩어서 저 시리마와 같이 되고 마느니라. 그렇거늘 이 무상한 육신을 탐하고 집착하여 무엇하겠느냐?"

 그리고 부처님께서는 다음 게송을 읊으시었다.

> 옷에 가려진 이 몸을 관찰해 보라.
> 그것은 고름투성이요
> 많은 뼈들로 받쳐져 있는 질병의 주머니이며
> 이 몸은 세월따라 낡아지는 것
> 이 몸은 질병으로 가득 차 있고 시들어 가는 것
> 이 몸이 부패하여 흩어질 때
> 생명은 끝나 죽는 것이다.

이 설법 끝에 나이 많은 비구니 웃따라는 수다원과를 성취했다.[2]

-법구경 147-

수행중의 욕망극복

(1) 감각적 욕망의 극복
"부정관을 열심히 수행하는 자는 아름다운 것들에 혐오감을 느낄 수 있는 힘을 굳건히 확립할 수 있다니, 이것이 그 결실이니라"

-증지부 36-

감각적 욕망을 극복하기 위한 여섯 가지 사항
① 부정관을 수련함.
② 부정관에 전념함.
③ 감관을 잘 다스림.
④ 식사의 절제
⑤ 훌륭한 도반(선지식)
⑥ 적절한 대화

-대념처경의 주석서에서-

---

2) 필자가 일본에서 돌아오는 길에 일본 마이니찌 신문에서 마릴린 몬로의 부패해 가는 모습을 찍은 사진을 봤다. 보는 순간, 구역질 나는 것을 느꼈다. 돈을 받고 하룻밤을 보내라고 해도 소름이 끼칠 지경이었을 것이다. 지금 미국에서는 그녀를 기념하기 위해서 미끈하게 빠진 생전의 아름다운 사진을 전시한다. 죽어 부패해 가는 모습이나 피부 속까지의 해부한 실상을 본다면 육체에 대한 환상에서 벗어나리라. 과거나 지금이나.

그리고 선정의 5요소 중 삼매, 5근 중 마음집중(알아차림), 7각지 중 염각 등이 도움이 된다.

(2) 악의(성냄)의 극복

만약 불땐 솥에 물이 펄펄 끓고 있다면, 정상적인 시력을 가진 사람이 그 속을 들여다 보더라도 거기 비친 자기의 얼굴을 제대로 알아 볼 수 없으리라. 마찬가지로 어떤 이의 마음이 악의에 가득 차 있을 때 그는 이미 일어난 악의에서 헤어날 수 없나니, 그리되면 그는 자신의 행복도 남의 행복도, 자신과 남의 행복도 올바로 이해하고 보지 못하느니라. 또한 이미 오래 전부터 마음에 새겨둔 가르침도 상기하지 못하거늘 하물며 새겨두지 않을 것들이야 일러 무엇하랴.

—상응부 46, 55—

악의를 극복하는 여섯 가지 사항
① 자애관 수행을 배움.
② 자애관에 전념함.
③ 자업자득(自業自得)을 명심하면서
④ 이에 대해 자주 반성해 본다.(화냄의 어리석음과 그에 따른 결과)
⑤ 훌륭한 도반
⑥ 적절한 대화
선정의 5요소 중 환희(piti), 오근중 신근, 7각지 중 희각, 평등심각.

(3) 해태와 혼침(무기)의 극복

"마음이 해태와 혼침에 빠질 때는 7각지 가운데 경쾌안각·정각·평등각을 닦기에 적당치 않은 때이니, 해태와 혼침에 빠진 마음이 그런 요소들에 의해 일깨워지지는 않기 때문이다. 마음이 해태와 혼침에 빠질 때는 곧 택법과 정진각, 희각을 닦을 때니 해태와 혼침에 빠진 마음은 그것들에 의해 쉽게 일깨워지기 때문이다."

―상응부경 46. 53―

"오늘, 내 기필코 정진하리라.
뉘 알랴, 내일 죽음이 올지."

―중부경 131―

각성은 용맹정진을 불러 일으킨다

빠웨이야까라는 이름을 가진 한 코끼리는 젊었을 때는 아주 힘이 세고 강했지만 세월이 흐름에 따라 늙어 허약해지고 말았다. 어느날 이 늙은 코끼리는 물을 마시려고 연못에 들어갔다가 그만 늪에 빠졌다. 그래서 코끼리를 다루는 사람이 이 사실을 빠세나디 국왕에게 보고했다. 국왕은 능숙한 조련사를 보내며 코끼리를 즉각 구조하라고 지시했다. 왜냐하면, 이 코끼리는 왕을 도와 여러 차례 전쟁에 나가 용감하고 맹렬하게 싸웠었기 때문이다.

마침내 조련사가 도착했다. 그렇지만 정황을 살펴본 조련사는 사람의 힘으로는 도저히 코끼리를 끌어낼 수 없다는 것을 알게 되었다. 그래서 조련사는 꾀를 내어 왕실 군악대를 동원해 힘차고 씩씩한 군악을 연주시켰다. 그러자 코끼리는 우렁찬 군악을 듣고 자기가 전쟁터에 나간 듯한 기분을 일으켜 정신을 차리고 힘을 모아 늪에서 솟구쳐 나와 언덕 위까지 올라왔다. 그 광경을 구경한 비구들이 그 이야기를 부처님께 사뢰었다. 그러자 부처님께서는 이렇게 말씀하시었다.

"비구들이여, 마치 코끼리가 스스로의 힘으로 늪에서 빠져나오듯이 너희도 번뇌라는 이름의 늪에서 용감하게 벗어나야 하느니라."

그리고 부처님께서는 다음 게송을 읊으시었다.

> 마음집중 수행을 기쁘게 행하여
> 자기 마음을 잘 다스려라.
> 늪 속의 코끼리가 자기 힘으로 늪을 빠져 나오듯
> 너희도 번뇌의 늪에서 스스로 빠져나오라.

부처님의 이 설법 끝에 많은 비구들이 아라한과를 성취하였다.

-법구경 327-

과식은 졸음의 원인

곡식을 잘 먹인 큰 돼지가 흙먼지 속에 뒹굴며
누워 있듯이, 실컷 먹고 졸음에 시달리며
뒹굴뒹굴 누워 있는 어리석은 자는
결코 생사 윤회를 벗어날 수 없다.

-법구경 325-

해태와 혼침을 극복하는 여섯 가지 사항
① 식사의 절제 – 과식이 혼침의 원인
② 자세를 바꿈
③ 광명상을 관함
④ 옥외에 머뭄
⑤ 훌륭한 도반
⑥ 적절한 대화

선정 5요소 중 겨냥하는 마음(vitakka), 5근 중 정진근, 7각지 중 택법, 희각, 정진각

(4) 불안정(들뜸)의 극복

"마음이 불안정하거나 들뜰 때는 택법·정진각·희각을 닦기에는 적당치 않으니 그것들로는 산만해진 마음을 가라앉힐 수 없기 때문이다. 마음이 들뜰 때는 경쾌안각·정각·평등각을 닦아야 되리니 그것들로 쉽게 산란해진 마음을 가라앉힐 수 있기 때문이니라."

―상응부경 46, 53―

불안정을 극복하는 여섯 가지 사항
① 경전에 관한 지식
② 경전의 내용을 반추해 봄
③ 율장을 숙지함
④ 위엄과 자제력, 차분함을 갖춤. 연륜과 경험이 풍부한 분들을 가까이함
⑤ 훌륭한 도반
⑥ 적절한 대화

선정의 5요소 중 행복감(sukha), 5근 중 삼매, 7각지 중 경쾌안각, 정각, 평등심각

(5) 회의적인 의심의 극복
① 경전에 관한 지식
② 경전의 내용 반조
③ 율장을 되새겨 숙지함
④ 불·법·승 삼보에 대한 확신
⑤ 훌륭한 도반
⑥ 적절한 대화

기타 선정의 5요소 중 위짜라, 5근 중 혜근, 7각지 중 택법[2]

　어두운 곳에서 만약 한 통의 흙탕물을 휘저어 두었다면, 정상적인 시력을 가진 사람이라도 거기 비친 자신의 얼굴을 정확하게 볼 수 없으리라. 이와 같이 어떤 사람의 마음이 회의에 휩싸여 있을 때 그는 이미 일어날 의심으로부터 헤어날 길을 제대로 볼 수 없나니, 이리하여 그는 자신의 행복도, 남의 행복도 그리고 자신과 남의 행복도 제대로 이해하고 보지 못하느니라.
　또한 오래 전에 기억해둔 가르침도 상기하지 못하거늘 하물며 기억해 두지 않은 것들이랴.
　　　　　　　　　　　　　　　　　　　　－상응부 46, 55－

의심을 극복하지 못한 자는 남을 청정케 할 수 없다.
　사밧티에 큰 부자를 아버지로 둔 젊은이 한 사람이 살았다. 그는 아버지가 돌아가시면 출가하여 비구가 되겠다고 결심하여 미리 자기가 살 수도원 하나를 세웠다. 그는 그 수도원에 부엌과 창고를 잘 갖추어 놓았고, 다른 시설물들도 아주 훌륭하게 마련해 두었다. 그는 또 나중에 자기가 사용할 가구와 침구 등 일체를 미리 사 두었고, 식량·기름·버터와 그밖의 부식도 충분히 준비해 두었다.
　그리하여 무슨 음식이든지 그가 원하기만 하면 금방 나오게끔 되어

---

[2] 이상에서 알 수 있는 바와 같이 수행은 균형을 이루는 것이다. 5근(신심·알아차림·정진력·선정·지혜), 5력·7각지·8정도에서 알아차림(마음집중)과 정진력이 제일 중요한 것 같다. 이 둘의 연속된 수행이 삼매(4선정)로 나타나며 그 결과로 지혜가 나타나서 계·정·혜, 삼학의 완성으로 열반을 이룬다. 자신의 수행에서 어느 부분이 부족한 것인지를 잘 헤아려서 여기 부처님 말씀에 따라서 그 균형점을 찾는다면 올바른 수행길에 이를 것이다.

있었다. 이같이 해둔 뒤에 출가했기 때문에 그는 비구라 해도 아주 편안하고 걱정없이 살아갈 수 있었다. 그 때문에 그는 많은 물건을 가진 사람(바후반디까)이라고 불리었다.

어느날 다른 비구들이 그를 데리고 부처님께 갔다. 그 비구들은 바후반디까가 수도원에 올 때 많은 재산을 가지고 왔으며 지금도 그것으로써 호화로운 생활을 하고 있다고 말씀드렸다. 그 보고를 들으신 부처님께서는 바후반디까에게 이렇게 말씀하시었다.

"여래의 아들이여, 여래는 너희 모두에게 검소할 것을 가르쳐 왔는데 너는 어찌하여 그렇게 많은 재산과 물건을 가지고 출가했느냐?"

그러자 부처님의 꾸중을 들은 그는 성을 내면서

"부처님이시여, 저는 이제부터 부처님께서 가르치시는 대로 살겠습니다" 하고 말하더니 윗가사를 벗어 팽개치는 것이었다.

그의 이같은 행동을 보신 부처님께서는 그에게 다시 이렇게 말씀하시었다.

"여래의 아들이여, 너는 전생에 귀신이었더니라. 그때 너는 비록 귀신이기는 했을지라도 부끄러움을 알고 있었고, 악을 행하는 것을 두려워할 줄도 알았었느니라. 그런데 이제 너는 여래의 훌륭한 가르침 안에서 생활하는 비구로서 어찌하여 그런 덕목들을 다 버렸더란 말이냐?"

부처님의 이같은 간곡한 말씀에 그는 비로소 자기의 행동이 잘못되었음을 깨닫고 공손한 태도로 부처님께 인사를 올리면서 용서를 구했다. 그때 부처님께서는 이렇게 말씀하시었다.

"네가 윗가사도 입지 않고 그렇게 서 있는 것은 실로 옳지 않은 일이다. 네가 단지 가사 등을 벗어 버린다고 해서 그것이 검소한 생활을 보장해 주지는 않는 것이며, 모름지기 비구는 또한 일체의 의심을 버려야만 하느니라."

그리고 부처님께서는 다음 게송을 읊으시었다.

> 발가벗음도 아니요, 머리를 헝클어뜨림도 아니다.
> 진흙으로 몸을 바름도 아니요, 굶는 것도 아니며
> 흙바닥에 잠자는 것도 아니요, 먼지를 뒤집어 쓰는 것도 아니다.
> 또한 앉아서 노력만 하는 것도 아니니
> 의심을 극복하지 못한 자는 남을 청정케 할 수 없다.

부처님의 이 설법 끝에 바후반디까를 비롯한 많은 사람들이 수다원과를 성취하였다.

-법구경 141-

* 감각적 욕망은 '물감이 섞인 물', 악의는 '끓는 물', 해태와 혼침은 '이끼와 풀로 덮인 물', 불안정은 '물결이 있는 물', 의심은 '흙탕물'에 비유된다.

6. 경전상에 나타난 올바른 선정이란

복혜 쌍수

"비구여, '나의 마음집중은 내 마음속에 확고부동하게 뿌리내렸다. 삿된 망상 불건전한 생각은 마음을 침범하지 못하리라.'" 이렇게 그대 자신을 수련하여야 하느니라. 만약 마음집중이 안으로 확고부동하게 자리잡고 삿된 망상, 불건전한 생각이 그대들의 마음을 침범하지 못한다면 '자비심(慈悲)과 마음의 평화로움(捨)이 계발되어져야 하고 꾸준히 반복 수행하여 향상일로(向上一路)되도록 하고 확고부동하게 되고 증장되고 완성되어져야 하느니라' 이렇게 비구는 자신을 수련해야 하느니라.

비구여! 만일 이러한 마음의 집중삼매(선정, concentration)가 훌륭하게 계발되면 그때는 겨냥하는 마음(vitakka)과 고찰하여 유지시키는 마음(viccāra)과 함께 혹은 새롭게 겨냥하는 마음없이 유지시키는 마음만, 혹은 겨냥하는 마음, 유지시키는 마음없이 이 집중된 마음을 계발할 수도 있느니라. 혹은, 환희에 찬 마음(pīti)과 함께 혹은 환희에 찬 마음없이 기쁨(sukha)과 함께 혹은 평등심(uppekhā)과 함께 마음의 집중(samādhi)을 계발할 수 있느니라.

비구여, 이러한 마음의 집중삼매가 훌륭히 계발되면 '자(慈)·비(悲)·희(喜)·사(捨)가 내 마음속에 계발되어져 꾸준히 반복 수행되어 향상일로 되어 확고하게 되고 증장하게 되어 완성되어져야 한다.' 이렇게 그대 자신을 수련해야 하느니라.

만약 비구여, 이러한 마음의 집중삼매가 훌륭하게 계발되면 그때는 겨냥하는 마음과 유지시키는 마음과 함께 … (중략) … 만약 비구여, 이러한 마음의 집중 삼매가 훌륭하게 계발되면 '나는 몸에서 몸을 전심전력으로 마음집중하여 분명한 앎으로 계속 관찰하여 세상에서 욕망과 슬픔을 극복하면서 살리라.' 이렇게 그대 자신을 수련해야 하느니라.

만약 비구여 이러한 마음의 집중 삼매가 훌륭하게 계발되어지면 그때는 겨냥하는 마음과 유지시키는 마음과 함께…(하략)

비구여, 만약 이 마음의 집중 삼매가 훌륭히 계발되면 '나는 감각에서 감각의 관찰 수련을… 마음에서 마음을… 법에서 법을 전심전력으로…(중략)…' 이렇게 그대 자신을 수련해야 하느니라.

비구여, 만약 이 마음의 집중삼매가 훌륭히 계발되면, 어디에 머물더라도 고요히 안심입명(安心立命)되어 머물 수 있느니라. 어디에 서 있든, … 어디에 앉아있든 … 어디에 누워있든 행·주·좌·와, 어·묵·동·정에서 고요히 안심입명 하느니라. 그리고 그 비구는 여래로

부터 이러한 법문을 듣고 자리에서 일어나 공손하게 감사를 표하고 수행처로 물러났다. 그리하여 그 비구는 혼자서 격리되어, 전심전력으로 열심히 대 결단심을 가지고 수행해 나갔다. 성스러운 제자는 바로 이생에서 현재 깨달을 수 있는 가장 지고한 성스러운 삶의 완성을 위하여 집을 나와 집이 없는 곳으로 가서 깨달음을 성취한다.

윤회는 끝이 났다. 청정한(성스러운) 삶은 구축되었다. 할 일은 다 해 마쳤다. 다시는 후유를 받지 않는다."[1)]

―중지부경 63―

위빠싸나 4선정

이들 탐욕·성냄·해태와 수면·불안정·회의 등의 5장애를 여의면 한 줄기의 기쁨이 솟는다. 기쁨과 즐거움이 그를 에워싼다. 모든 열정은 식고 편안한 상태가 된다. 만족하고 편안한 상태가 유지된다. 욕망에서 멀어지고 좋지 못한 것들을 떠나 초선에 들어가 머문다. 기쁨과 탈속의 편안한 바른 관찰만이 흐른다. 전에 지녔던 탐욕스런 생각들이 다 사라지고 초월에서 오는 미묘하고 생생한 기쁨과 평화가 그의 안에 실재한다.

다시 더 나아가 주의(위타카)와 고찰(위짜라)마저 쉬고 제2선정에 머문다. 여여한 집중으로부터 기쁨과 편안함이 솟구친다. 생각과 관찰 없는 고귀한 고요함 속에 있게 된다. 초월에서 오는 미묘하고 생생한

---

1) 여기서 부처님은 선정을 통한 마음집중을 설하시면서 자·비·희·사의 계발도 강조하셨다. 동남아 수도원에서는 수행에 진보가 없을 때는 자비관을 시키는 곳도 많다. 자비관이 성숙되면 선정은 저절로 이루어진다. 선정을 얻으면 깨달음은 시간문제이다.

기쁨과 평화가 사라지고, 집중으로부터 생겨나는 미묘하고 생생한 기쁨이 대신한다. 실제로 그런 의식속에서 산다.

다시 더 나아가 기쁨과 안락을 여의게 되는 평등한 마음이 된다. 꽉 차고 기울지 않는 무심(捨, 평등심)에 머문다. 3선정의 세계이다. 집중에서 오는 기쁨과 안락의 미묘하고 생생한 의식이 사라지고 평정의 미묘하고 생생한 의식에 에워싸인다. 실제로 그런 의식속에서 산다.

그리고 다시 괴로움과 즐거움을 다같이 없앰으로써, 기쁨과 우쭐거림을 제거함으로써 4선정에 이른다. 평등하고 직멸한 가운데 괴로움도 없고 즐거움도 없다. 삼선의 미묘하고 생생한 평정의 기쁨이 사라지고 그대신 괴로움과 즐거움을 다같이 여의게 되는 미묘하고 생생한 의식이 안팎에 그득하다. 실제로 그러한 의식속에 산다.

-장부 경전 9-

잡아함경에 나타난 4선정

나는 이와 같이 들었다. 부처님께서 쉬라 바스티의 기원정사에 계실 때였다. 그때 비구들에게 말씀하셨다.

"그대들이 생활이나 태도, 또는 관념에서 나쁘거나 좋지 못한 관습으로부터 벗어나려고 노력하면 느끼고 관찰한 나머지 초월의 기쁨과 즐거움을 낸다.

이것이 초선을 갖춘 것이다. 그것들을 염두에 두지 않고 그대로 생활하고 그대로 태도를 지니고 그대로 생각한다. 그리하여 현상과 영향과 생각과 행위와 판단(오온)을 종기·가시·살기들로 여겨 무상하고, 괴롭고, 비어 있고, 본질적인 자아가 없다고 사유한다. 그리하여 그러한 현상들에 대해 싫고 두려워하는 생각을 내어 내 몸을 방위한다. 싫고 두려워하는 생각을 내어 자기를 방어함은 감로의 문이요, 스스로의 풍요로움이 된다.
　이것이 적정(寂靜)이요, 이것이 승묘(勝妙)이다. 이른바 애욕의 초월이다. 모든 욕망이 없어졌다. 다 소멸된 반열반이다."
　부처님의 말씀을 듣고 비구들은 기쁘게 받아들였다.
-잡아함 864-

　생각(위타카)과 고찰(위짜라)도 쉬게 되어 안으로 깨끗한 마음이 되며 기쁨과 즐거움의 선정에 든다. 이것이 2선을 구족한 것이다.
-잡아함 867-

　탐욕과 기쁨을 떠나 버림(捨)에 머물면 바른 생각, 바른 지혜로 즐거움을 온몸으로 느낀다. 성인들이 말한 무심(捨)에 즐거운 생각으로 머문다. 이것이 3선을 구족한 것이다.
-잡아함 869-

　괴로움도 초월하고 즐거움도 쉰다. 경험한 고뇌와 기쁨이 벌써 소멸된다. 괴롭지도 않고 즐겁지도 않다. 무심(捨, 평등심)의 깨끗한 마음이다. 이것이 4선을 구족한 것이다.
(4선에서는 호흡도 멈춘다. -상응부 2권-)
-잡아함 870-

선정에 든 사리풋타
　이와 같이 나는 들었다.
　어느 때 부처님은 라자가하 교외의 대나무숲인 칼란다카 니바파 동산에 계셨다.

그런데 그때 사리풋타 존자와 마하 목갈라나 존자는 카포타 칸달라에 있었다. 사리풋타 존자는 달밝은 밤에 새로이 삭발한 머리로 밖에 나가 앉아 깊은 삼매에 들어 있었다.

이때에 야차, 둘이 무슨 용무가 있어 북쪽에서 남쪽으로 가던 중이었다. 두 야차는 사리풋타 존자가 달밝은 밤에 삭발한 머리로 밖에 앉아 있는 모습을 보았다. 첫째 야차가 둘째 야차에게 "이보게, 이 사문의 머리를 한 대 갈겨 보지 않겠나"라고 말하며 다가가 힘껏 때렸다.

이때 사리풋타 존자 곁에 있던 목갈라나 존자가 놀라 물었다.

"법우여! 견디시겠습니까? 괜찮습니까? 어디 아픈 데는 없습니까?"

"목갈라나 법우여! 저는 괜찮습니다. 다만, 조금 두통이 있을 뿐입니다."

"사리풋타 법우여! 참으로 불가사의하고 희유합니다. 사리풋타 존자는 위대한 신통력을 갖고 계십니다. 지금 웬 야차가 그대의 머리를 때렸던 것입니다. 그 힘의 세기란 코끼리를 7라타나(210센티)도 더 되는 땅속에 묻을 수도 있으며 산 정상을 조각낼 수 있을 정도로 강한 것입니다. 그런데도 그대는 그저 조금 두통을 느낄 뿐이라고 하고 계십니다."

"목갈라나 법우여! 참으로 불가사의하고 희유합니다. 마하 목갈라나 존자야말로 위대한 신통력을 지니고 계십니다. 왜냐하면, 마하 목갈라나 존자는 야차를 볼 수 있기 때문입니다. 하지만 저는 지금 니귀(泥鬼)조차도 볼 수 없습니다."

부처님은 맑고 비범한 천이(天耳)로 이 두 사람의 위대한 용(大龍, 뛰어난 비구의 존칭)이 나누는 대화를 들으시게 되었다.

이때에 부처님은 그것을 아시고 이러한 우다나를 노래하셨다.

　　커다란 바위처럼 마음이 굳건한 자는 흔들리지 않는다.
　　더러운 것에 물들지 않고 화를 일으키는 것에 대해서도 화내지 않는다.
　이처럼 수행된 마음을 가진 자에게 어디서 고통이 찾아오겠는가.
　　　　　　　　　　　　　　　　　　　　　　　　-우다나경-

사마타 선정에서 위빠싸나로 전환
　마음이 통일되어 청정하게 되고, 순수하게 되고, 오염되지 않고 번뇌가 없고 순일하게 되어 부동(不動)하게 될 때, 그 수행자는 그의 마음을 (번뇌를 멸하는) 통찰지혜(智見, 위빠싸나 지혜)쪽으로 전환해야 하느니라.
　그리하여 그는 다음과 같이 여실히 이해하느니라.
　"나의 이 몸은 물질로 이루어져 있다. 지·수·화·풍의 4대로 이루어져 있으며, 부모로부터 생겨난 것이며, 음식과 영양으로 이루어져 있어 무상하고 줄어들고, 소멸되는 성질이 있다. 나의 의식(意識) 역시 몸에 의지해 있고, 몸과 결부되어 있다…
　이것이 고(苦)이고 이것이 고의 원인이고, 이것이 고의 멸이고… 이것이 번뇌이고, 이것이 번뇌의 소멸이고…, 윤회는 끝났다. 청정한 삶은 완성되었다…
　　　　　　　　　　　　　　　　　　　　　　　-장부경, 사문과경-

　"마음이 통일되어…"라는 구절은 위빠싸나 관(觀)의 토대가 되는 4선정을 말한다.
　"마음을 통찰지혜 쪽으로…"의 구절은 도지(道智)·과지(果智)·일체지(一切智)·성찰지(省察智), 그리고 위빠싸나의 관찰지(觀智)를 말한다.
　　　　　　　　　　　　　　　　　　　　　　　-장부경 주석서-

사마타(定)와 위빠사나(慧)는 상호보완

"친구들이여! 어떠한 비구, 비구니나 나(아난다 존자)에게 아라한이 되었다고 말하는 사람은 누구나 네 가지 길 중 하나로 아라한이 되었다. 무엇이 네 가지 길이냐?

친구들이여, 어떤 수행자는 사마타를 먼저 수행하고 위빠싸나를 수행한다. 사마타를 먼저 수행하고 위빠싸나를 수행한 수행자에게 도(道, Magga)가 일어난다. 그 도(道)를 부지런히 연마하고 몇 번이고 되풀이하여 숙달하면 수행자는 번뇌를 멸하고 속박에서 벗어난다.

다음으로 친구들이여, 어떤 수행자는 위빠싸나를 먼저 수행하고 사마타를 수행한다. 위빠싸나를 먼저 수행하고 사마타를 수행한 수행자에게 도(道)가 일어난다. 그 도(道)를 부지런히 연마하고 몇 번이고 되풀이하여 반복한 수행자는 번뇌를 멸하고 속박에서 벗어난다.

그 다음으로 친구들이여, 어떤 수행자가 사마타와 위빠싸나를 연결해서 수행한다. 사마타와 위빠싸나를 연결해서 수행한 수행자에게 도(道)가 일어난다.

그 도(道)를 부지런히 연마하고 몇 번이고 되풀이 하는 수행자는 번뇌를 멸하고 속박에서 벗어난다.

마지막으로 친구들이여, (위빠싸나를 수행하는 가운데)수행자의 마음이 법(法)에 대단히 고양(高揚)된다. 이때 마음 가운데 고요함과 선정(定)이 깃든다. 이러한 수행자에게 도(道)가 일어난다. 이 도(道)를 부지런히 연마하고 몇 번이고 숙달한 수행자는 번뇌를 멸하고 속박에서 벗어난다.

친구들이여, 어떠한 비구나 비구니들도 나에게 아라한이 되었다고 말하는 사람은 누구나 이 네 가지 길 가운데 하나로 아라한이 된다."

―중지부, 행도장(行道場)―

이 경전의 주석서(붓다 고사)에 의하면 도(道)는 도(Magga)와 과(Phala) 중 도(Magga)를 말한다. 처음 일어나는 도(道)는 수다원의 예류도(豫流道)이다.

사마타와 위빠싸나를 연결해서 수련한다는것은 사마타만으로는 현상 관찰이 안되므로 우선 사마타로 선정을 어느 정도 얻은 후에 현상을 관찰하는 위빠싸나 수행으로 연결하는 것을 말한다.

-중지부 행도장의 주석서[2]-

8선정, 멸진정과 탐, 진, 치의 그침

이와 같이 나는 들었다.

어느 때 부처님께서 라자가하 성 칼란다 대나무 동산에 계셨다.

그때에 아난존자는 혼자 어떤 고요한 곳에서 선사하다가 이렇게 생각하였다.

즉 '부처님께서는 즐거운 느낌, 괴로운 느낌, 괴롭지도 즐겁지도 않은 느낌의 세 가지 느낌을 말씀하셨다. 또 모든 느낌은 다 괴로움이라고 말씀하셨다. 그것은 무슨 뜻인가' 라고 생각한 뒤에 곧 선정에서 일어나 부처님께서 계신 곳에 나아가, 머리를 조아려 그 발에 예배한 뒤에 한쪽에 물러 앉아 부처님께 여쭈었다.

"부처님이시여, 저는 혼자 어떤 고요한 곳에서 선정에 들어 '부처님께서는 즐거운 느낌, 괴로운 느낌, 괴롭지도 즐겁지도 않은 느낌의 세 가지 느낌을 말씀하셨다. 또 모든 느낌은 다 괴로움이라고 말씀하셨는데 이것은 무슨 뜻인가라는 생각을 하였나이다."

---

[2] 이 주석서의 번역은 일본 모지 선원의 위말라 스님과 같이 번역했다.(더욱 자세한 내용은 졸저 『보면 사라진다』 3장 참조)

부처님께서는 아난에게 말씀하셨다.

"나는 일체의 결합은 덧없고 일체의 결합은 변하고 바뀌는 법이기 때문에 모든 느낌은 다 괴로움이라고 말한다. 다시 아난이여, 나는 모든 결합은 점차로 고요해지고 멸하며, 모든 결합은 점차로 그치고 쉬기 때문에 일체의 모든 느낌은 다 괴로움이라고 말하느니라."

"부처님이시여, 어떻게 모든 느낌이 점차로 고요해지고 멸하기 때문이라고 말씀하십니까."

"초선(初禪)을 바르게 받을 때에 말이 고요해지고 멸하며, 제2선을 바르게 받을 때에 사색과 사려가 고요해지고 멸하며, 제3선을 바르게 받을 때에 기쁜 마음이 고요해지고 멸하며, 제4선을 바르게 받을 때에 드나드는 숨길이 고요해지고 멸하며[3], 공입처(空無邊處)를 바르게 받을 때에 색이라는 생각이 고요해지고 멸하며, 식별입처(識無邊處)를 바르게 받을 때에 공입처라는 생각이 고요해지고 멸하며, 무소유입처(無所有處)를 바르게 받을 때에 식별입처라는 생각이 고요해지고 멸하며, 비상비비상입처(非想非非想處)를 바르게 받을 때에 무소유입처라는 생각이 고요해지고 멸하며, 상수멸(想受滅)[4]을 바르게 받을 때에 생각과 느낌(想受)이 고요해지고 멸하나니, 이것을 점차로 모든 결합(行)이 고요해지고 멸하는 것이라 하느니라."

"부처님이시여, 어떻게 점차로 모든 결합이 그치고 쉬나이까."

"초선을 바르게 받을 때에 말이 그치고 쉬며, 제2선을 바르게 받을 때에 사색과 사려가 그치고 쉬며, 제3선을 바르게 받을 때에 기쁜 마음이 그치고 쉬며, 공입처를 바르게 받을 때에 색이라는 생각이 그치고 쉬

---

3) 사색은 위타카(vitakka), 사려는 위짜라(vicara)이고 기쁜 마음은 환희(pīti)이다.
4) 상수멸은 멸진정을 말한다.

며, 식별입처를 바르게 받을 때에 공입처라는 생각이 그치고 쉬며, 무소유입처를 바르게 받을 때에 식별입처라는 생각이 그치고 쉬며, 비상비비상처를 바르게 받을 때에 무소유입처라는 생각이 그치고 쉬며, 상수멸을 바르게 받을 때에 생각과 느낌이라는 생각이 그치고 쉬나니 이것을 점차로 모든 결합이 그치고 쉬는 것이라 하느니라."

"부처님이시여, 이것을 점차로 모든 결합이 그치고 쉬는 것이라 하나이까."

"다시 훌륭한 그침과 쉼, 기특한 그침과 쉼, 위되는 그침과 쉼, 위없는 그침과 쉼이 있나니 이와 같은 그침과 쉼은 다른 그침과 쉼으로써도 이보다 더 위되는 것이 없느니라."

"어떠한 훌륭한 그침과 쉼, 기특한 그침과 쉼, 위되는 그침과 쉼, 위없는 그침과 쉼이 있어서 모든 다른 그침과 쉼으로써도 이보다 더 위되는 것이 없는 것이라 하나이까."

"탐욕하는 마음에서 즐겨하지 않아 해탈하고 성내고 어리석은 마음에서 즐겨하지 않아 해탈하면, 이것을 훌륭한 그침과 쉼, 기특한 그침과 쉼, 위되는 그침과 쉼, 위없는 그침과 쉼이 있어서 어떤 다른 그침과 쉼으로서도 이보다 더 위되는 것이 없는 것이라 하느니라."

부처님께서 이 경을 말씀해 마치시자 존자, 아난은 부처님 말씀을 듣고 기뻐하며 받들어 행하였다.

— 잡아함경474, 지식경 —

8선정과 멸진정 이상의 즐거움은 욕심을 떠난 즐거움

이와 같이 나는 들었다.

어느 때 부처님께서 라자가하 성 칼란다 대나무 동산에 계셨다.

그때에 빔비사라왕은 우다이 존자가 있는 곳으로 가서 머리를 조아려 절한 뒤에 한쪽에 물러나 앉았다. 빔비사라 왕은 존자, 우다이에게 사뢰었다.

"부처님께서는 어떻게 모든 느낌을 말씀하십니까."

우다이는 말하였다.

"대왕이여, 부처님께서 세 가지 느낌을 말씀하십니다. 즉 즐거운 느낌, 괴로운 느낌, 괴롭지도 즐겁지도 않은 느낌입니다."

빔비사라 왕은 우다이에게 말하였다.

"그런 말씀 마십시오. '부처님께서는 세 가지 느낌 즉 즐거운 느낌, 괴로운 느낌, 괴롭지도 즐겁지도 않은 느낌을 말씀하신다'라고 하나 바로 두 가지 느낌, 즉 즐거운 느낌과 괴로운 느낌이 있을 것입니다. 만일 괴롭지도 않고 즐겁지도 않으면 그것은 적멸(寂滅)일 것입니다."

이와 같이 세 번 말하였다. 그리하여 우다이는 왕을 위해 세 가지 느낌을 세울 수가 없었고, 왕도 또한 두 느낌을 세울 수가 없었다. 그들은 함께 부처님 계신 곳에 나아가 머리를 조아려 그 발에 예배한 뒤에 한쪽에 물러섰다. 이때 우다이 존자는 아까 한 말을 널리 부처님께 사뢴 뒤, 다음과 같이 말씀드렸다.

"저도 또한 세 가지 느낌을 세울 수가 없었고 왕도 또한 두 느낌을 세울 수가 없었나이다. 이제 일부러 함께 나와 부처님께 그 뜻을 여쭙나이다. 꼭 몇 느낌이 있나이까."

부처님께서는 우다이에게 말씀하셨다.

"나는 때로는 한 가지 느낌을 말하고 혹 때로는 두 느낌을 말하며 혹은 셋·넷·다섯·여섯·열 여덟·서른 여섯… 내지 백팔 느낌을 말하고, 혹 때로는 한량이 없는 느낌을 말하느니라. 어떤 것이 내가 한 가지 느낌을 말하는 것인가. 모든 느낌은 다 괴로움이라고 말하는 것과 같은 것이나, 이것을 내가 한 가지 느낌을 말하는 것이라 하느니라."

어떤 것이 두 느낌을 말하는 것인가. 몸의 느낌과 마음의 느낌을 말하는 것이니 이것을 두 느낌이라 하느니라.

어떤 것이 세 가지 느낌인가. 즐거운 느낌, 괴로운 느낌, 괴롭지도 즐겁지도 않은 느낌이니라.

어떤 것이 네 가지 느낌인가. 이른바 애욕의 계층(欲界)에 매이는 느낌, 색의 계층(色界)에 매이는 느낌, 색이 없는 계층(無色界)에 매이는 느낌과 매이지 않는 느낌이니라.

어떻게 다섯 느낌을 말하는가. 이른바 즐거운 감각기관(根), 기쁜 감각기관, 괴로운 감각기관, 근심하는 감각기관, 평정의 감각기관이니 이것을 가리켜 다섯 느낌을 말하는 것이라 하느니라.

어떻게 여섯 느낌을 말하는가. 이른바 눈의 부딪침에서 생기는 느낌·귀·코·혀·몸·의지(意)의 부딪침에서 생기는 느낌이니라.

어떻게 열 여덟 가지의 느낌을 말하는가. 이른바 여섯 가지 기뻐하는 행(善行)을 따르고, 여섯 가지 걱정하는 행(憂行)을 따르며, 여섯 가지 평정한 행(捨行)을 따르는 느낌이니 이것을 열 여덟 느낌을 말하는 것이라 하느니라.

어떤 것이 서른 여섯 가지 느낌인가. 여섯 가지 탐착(貪着)의 기쁨(喜)에 의지하고, 여섯 가지 탐착을 떠나는 기쁨에 의지하며, 여섯 가지 탐착의 근심(憂)에 의지하고, 여섯 가지 탐착을 떠나는 근심에 의지하며, 여섯 가지 탐착의 평정함(捨)에 의지하고, 여섯 가지의 탐착을 떠나는 평정함에 의지하는 것이니 이것을 가리켜 삼십육 느낌을 말하는 것이라 하느니라.

어떻게 백팔 느낌을 말하는가. 이른바 서른 여섯 가지 느낌이란 과거의 서른 여섯 가지, 미래의 서른 여섯 가지, 현재의 서른 여섯 가지이니 이것을 가리켜 백팔 느낌을 말하는 것이라 하느니라.

어떻게 한량이 없는 느낌을 말하는가. 이 느낌, 저 느낌 등을 말하는 것과 같다. 비구여, 이것을 가리켜 한량이 없는 것을 말하는 것이라 하고, 이것을 가리켜 한량이 없는 느낌을 말하는 것이라 하느니라.

우다이여, 나는 이와 같이 갖가지로 느낌의 참다운 뜻을 말한다. 세간에서는 그것을 이해하지 못하기 때문에 서로 논쟁하고 서로 반대하면서, 마침내는 내 법률의 진실한 뜻인 스스로 그치고 쉼(止息)을 얻지 못하느니라. 우다이여, 만일 내가 말하는 이 갖가지 느낌의 뜻을 참다이 이해하여 안다면 논쟁하거나 서로 반대하는 것을 일으키지 않고, 일어날 것 같으면 일어나기 전에 능히 이 법률로써 그것을 그치고 쉬게 할 것이다.

그런데 우다이여, 두 느낌이 있으니 욕심의 느낌과 욕심을 떠난 느낌이니라. 어떤 것이 욕심의 느낌인가. 다섯 가지 욕심 공덕의 인연으로 생긴 느낌이니 이것을 욕심의 느낌이라 한다. 어떤 것이 욕심을 떠난 느낌인가. 이른바 비구가 욕심의 악하고 착하지 않은 법을 떠나 사색이 있고 사려가 있어서 욕심을 떠난 데서 기쁨과 즐거움이 생겨 초선(初禪)을 완전히 갖추어 머무르는 것이니, 이것을 가리켜 욕심을 떠난 느낌이라고 하느니라.

만일 어떤 이가 '중생이 이 초선을 의지하는 것은 오직 이 즐거움뿐이요, 다른 것은 아니다'라고 말한다면 그것은 그렇지 않다. 무슨 까닭인가.

다시 이보다 더 훌륭한 즐거움이 있기 때문이다. 어떤 것이 그것인가. 이른바 비구가 사색과 사려를 떠나고 안이 깨끗하여 정(定)에서 기쁨과 즐거움이 생겨서 제2선을 완전히 갖추어 머무르는 것이니 이것을 훌륭한 즐거움이라 하느니라.

이와 같이… 내지 비상비비상입처까지 계속하여 훌륭한 것을 말한다. 만일 어떤 이가 '오직 이 이치만이 있다… 내지 비상비비상처가 지극히 즐겁더라도 다른 것은 아니다'라고 말한다면 그것도 또한 그렇지 않다. 무슨 까닭인가. 다시 이보다 더 훌륭한 즐거움이 있기 때문이다. 어떤 것이 그것인가. 이른바 비구가 일체의 비상비비상입처를 건너 생각과 느낌(想受)의 멸함을 몸으로 증득하여 완전히 갖추어 머무르는 것으로 이것을 저보다 더 훌륭한 즐거움이라 하느니라.

만일 어떤 이학(異學)의 집을 나온 이가 말하기를 '사문 석가종(釋種)의 아들은 오직 생각과 느낌(想受)이 멸한 것을 말하여 지극한 즐거움이라고 한다'라고 한다면, 그것도 적당하지 않다. 무슨 까닭인가. 마땅히 이렇게 말하라. 즉 이것은 부처님께서 말씀하시는 즐거움의 느낌에 속한 것(數)이 아니다. 부처님께서 말씀하신 즐거움의 느낌에 속한 것은 우다이에게 네 종류의 즐거움을 말씀하신 것과 같다고 어떤 것을 넷이라고 하는가. 이른바 욕심을 떠난 즐거움, 멀리 떠난 즐거움, 적멸(寂滅)의 즐거움, 보리(菩提)의 즐거움이니라."

부처님께서 이 경을 말씀해 마치시자 존자, 우다이와 빔비사라 왕은 부처님 말씀을 듣고 기뻐하며 받들어 행하였다.

-잡아함경 우다이경 제17권 485-

정(止)·혜(觀)쌍수

이와 같이 나는 들었다.

어느 때 부처님께서는 코삼비국의 고시타 동산에 계셨다.

그때에 아난 존자는 상좌(上座)들이 있는 곳으로 갔다. 상좌라고 불리는 사람에게 나아가 공손하게 인사하고, 인사한 뒤에는 한쪽에 물러 앉아 상좌들에게 묻고 상좌라고 불리는 사람에게 말하였다.

"만일 비구로서 빈 곳이나 나무 밑, 고요한 방에서 생각하려고 한다면 마땅히 어떤 법으로써 골똘히 생각하여야 합니까."

상좌는 대답하였다.

"존자, 아난이여! 빈 곳이나 나무 밑, 한가한 방에서 생각하려는 사람은 마땅히 두 법으로써 골똘히 생각하여야 하나니 이른바 그침(止, 사마타)과 관찰(觀 위빠싸나)입니다."[5]

존자, 아난은 다시 상좌에게 물었다.

"그침을 닦아 익히고 많이 닦아 익힌 뒤에는 마땅히 무엇이 이루어져야 합니까. 관찰을 닦아 익히고 많이 닦아 익힌 뒤에는 마땅히 무엇이 이루어져야 합니까."

상좌는 대답하였다.

"존자, 아난이여! 그침을 닦아 익히면 마지막에는 관찰이 이루어지는 것입니다. 관찰을 닦아 익힌 뒤에도 또한 그침을 이루는 것입니다. 이른바 거룩한 제자는 그침과 관찰을 함께 닦아 모든 해탈의 경계를 얻는 것입니다."

아난은 다시 상좌에게 물었다.

"어떤 것이 모든 해탈의 경계입니까."

---

5) 대열반경 25에서는 "불성은 제일의 공(第一義空)이며, 제일의 공은 지혜이니라"라고 했다. 선문정로에서 성철 스님은 "지(止, 사마타)·관(觀, 위빠싸나)은 정·혜(定·慧)이며, 정·혜는 적조(寂照 혹은 常寂常照)라 하면서 지관이 쌍운(雙運)하면 견성(悟心見性)이며 구경불과(究竟佛果)이다"고 설명했다. 어떤 면에서 수행은 본래부터 완전한 사마타·위빠싸나(止觀=定慧)를 계발해 나간다고도 할 수도 있다(p.67참조). 지관이 극대화된 지혜의 완성인 마하반야바라밀이 되었을 때 5온(五蘊)이 공(空)하고 모든 고(苦)가 녹아버린 구경열반이 실현된다. 이것이 불교의 정수이며 우리들이 실현해야 할 인생의 숙제이다. 바로 가면 돈오이고 쉬어가든가 둘러서 가면 점오이다.(Ⅱ부 2장 누진통 참조)

상좌는 대답하였다.

"아난 존자여, 만일 끊음의 계층(斷界), 애욕 없음의 계층(無欲界), 멸함의 계층(滅界)이면 이것을 해탈의 계층이라 합니다."[6]

존자 아난은 다시 상좌에게 물었다.

"어떤 것이 끊음의 계층이며…, 내지 멸함의 계층입니까."

상좌는 대답하였다.

"아난 존자여, 일체의 결합을 끊으면 이것을 끊음의 계층이라 하고 애욕을 끊어 없애면 이것을 애욕 없음의 계층이라고 하며, 일체의 결합이 멸하면 이것을 멸함의 계층이라 합니다."

이때 존자 아난은 상좌의 말을 듣고 그 말을 따라 기뻐하였다. 다시 오백 비구들이 있는 곳으로 가서 공손하게 인사한 뒤에 한쪽에 물러 앉아 오백 비구들에게 사뢰었다.

"만일 비구로서 빈 곳이나 나무 밑, 한가한 방에서 생각하려 할 때에는 마땅히 어떤 법으로써 골똘히 생각하여야 합니까."

이때 오백 비구들은 존자 아난에게 대답하였다.

"마땅히 두 가지 법으로써 골똘히 생각하여야 합니다… 내지 멸함의 계층입니다."

(다른 것은 상좌의 말한 것과 같다.)

이때 존자 아난은 오백 비구의 말을 듣고 그 말을 따라 기뻐하였다.

다시 부처님 계신 곳에 나아가 부처님 발에 머리를 조아린 뒤에 한쪽에 물러앉아 부처님께 여쭈었다.

"부처님이시여, 만일 비구로서 빈 곳이나 나무 밑, 한가한 방에서 생각하려고면 마땅히 어떤 법으로써 골똘히 생각하여야 하나이까."

---

6) 잡아함경에선 탐·진·치의 모든 번뇌가 소멸된 것을 열반이라 했다.

부처님께서는 아난에게 말씀하셨다.

"만일 비구로서 빈 곳이나 나무 밑, 한가한 방에서 생각하려고 한다면 마땅히 두 가지 법으로써 골똘히 생각하여야 하느니라… 내지 멸한 계층이니라."

(다른 것은 오백 비구가 말한 것과 같다.)

이때 존자 아난은 부처님께 여쭈었다.

"기이합니다! 부처님이시여, 스승님과 모든 제자들은 모두 같은 법, 같은 글귀, 같은 이치, 같은 맛이옵니다. 저는 이제 상좌들에게 나아가 상좌라고 부르는 이에게 이와 같이 물었더니, 또한 이와 같은 이치, 이와 같은 글귀, 이와 같은 맛으로 제게 대답하였는데 부처님께서 말씀하신 것과 같았나이다. 제가 다시 오백 비구들에게 가서 또한 이와 같은 이치, 이와 같은 글귀, 이와 같은 맛으로 물었더니 그 오백 비구들도 또한 이와 같은 이치, 이와 같은 글귀, 이와 같은 맛으로, 방금 부처님께서 말씀하신 것과 같이 대답하였나이다. 그러므로 스승과 제자는 일체가 같은 법, 같은 이치, 같은 글귀, 같은 맛인 것을 알아야 하겠나이다."

부처님께서는 아난에 말씀하셨다.

"너는 그 상좌가 어떤 비구인 줄 아느냐."

아난은 부처님께 여쭈었다.

"알지 못하나이다, 부처님이시여."

부처님께서는 아난에게 말씀하셨다.

"그 상좌는 곧 아라한이니라. 모든 번뇌가 이미 다하고 짐을 이미 버리었으며 바른 지혜로 마음이 잘 해탈하였느니라. 그 오백 비구들도 또한 다 그와 같으니라."

부처님께서 이 경을 말씀해 마치시자 존자, 아난은 부처님 말씀을 들

고 기뻐하며 받들어 행하였다.[7]

−잡아함경 동법경 제17권−

거룩한 침묵이 선정

이와 같이 들었다.

어느 때 부처님께서 라자가하 성의 칼란다 대나무 동산에 계셨다.

그때에 목갈라나 존자는 라자가하의 기쟈쿠타 산에 있었다. 그때에 목갈라나 존자는 모든 비구들에게 말하였다.

"어느 때 부처님께서는 라자가하의 칼란다 대나무 동산에 계셨고 나는 이 기쟈쿠타산에 머물러 있었다. 나는 혼자 한 고요한 곳에서 이와 같이 생각하였다. '어떤 것을 거룩한 침묵이라고 하는가'라고 다시 이와 같이 생각하였다. '만일 어떤 비구가 사색이 쉬고 사려도 쉬고 그리하여 안으로 깨끗하고 한 마음이 되어, 사색이 없고 사려도 없어서 삼매에서 기쁨과 즐거움이 생기어 제2선(二禪)을 완전히 갖추어 머무르면 '이것을 거룩한 침묵이라고 한다'라고 다시 이와 같이 생각하였다. '나도 이제 거룩한 침묵에 들자'라고 그리하여 사색과 사려를 쉬고 안으로 깨끗하여 한 마음이 되어, 사색도 없고 사려도 없는 삼매에서 기쁨과 즐거움이 생겨 완전히 갖추어 많이 머물렀다. 많이 머무른 뒤에 다시 사색도 있고 사려도 있는 마음이 일어났다.

그때에 부처님께서는 내 마음의 생각을 아시고 대나무 동산의 절에서 사라지시어 기쟈쿠타 산에 있는 내 앞에 나타나 내게 말씀하셨다.

---

7) 법구경에도 "지혜가 부족한 자에게 선정은 불가능하고 선정의 성취없이 지혜는 자라지 않는다. 선정과 지혜를 함께 갖추면 그에게 열반은 진정 가깝다"고 정혜 쌍수를 설법하였다.

'목갈라나여, 너는 거룩한 침묵이 되라, 방일하지 말라.'

나는 부처님의 말씀을 듣자 곧 다시 사색과 사려를 떠나 안으로 깨끗하여 한 마음이 되고, 사색도 없고 사려도 없어서 삼매에서 기쁨과 즐거움이 생기어 제2선을 완전히 갖추어 머물렀다. 나는 이와 같이 하기를 두 번, 세 번 하였고 부처님께서도 또한 두 번, 세 번이나 '너는 마땅히 거룩한 침묵이 되라, 방일하지 말라'라고 내게 가르치셨다. 나는 곧 다시 사색과 사려를 쉬고 안으로 깨끗하여 한 마음이 되어 사색도 없고 사려도 없어서, 삼매에서 기쁨과 즐거움이 생겨 제2선을 완전히 갖추어 머물렀다.

만일, 바로 말한다면 부처님의 아들로서 부처님의 입으로 좇아 났고 법의 교화를 좇아 났으며, 부처님 법의 한 부분을 얻은 사람은 곧 내 몸이 그것이다.[7-1] 무슨 까닭인가. 나는 곧 부처님의 아들로서 부처님을 좇아 났고 법의 교화를 좇아 났으며, 부처님의 법의 한 부분을 얻었고 조그만 방편으로 선(禪)해탈을 얻어 삼매를 바르게 받았기 때문이니라.

비유하면, 전륜성왕의 맏 태자는 아직 관정(灌頂)하지 않았더라도 이미 왕의 법을 얻었고 부지런히 방편을 쓰지 않더라도 능히 다섯 가지 욕심의 공덕을 얻는 것처럼, 나도 또한 그와 같아서 부처님의 아들이 되었고 부지런히 방편을 쓰지 않더라도 선해탈을 얻어 삼매를 바르게 받았으며, 하루 동안에 부처님께서 신통의 힘으로써 세 번이나 내게 오셔서 세 번 내게 가르쳤으며, 대인의 자리에다 나를 세우셨느니라."

마하 목갈라나 존자가 이 경을 말해 마치자, 모든 비구들은 그 말을 듣고 기뻐하며 받들어 행하였다.

-잡아함경 성목련경 제18권-

7-1) 목갈라나 존자는 몸의 4대에서 수·상·행·식의 오온 관찰로 6신통을 성취한 아라한이 되었다.

은근한 정진이란

이와 같이 나는 들었다.

어느 때 부처님께서는 슈라바스티국 제타숲, 외로운 이 돕는 동산에 계셨다.

그때에 사리풋타 존자·마하 목갈라나·아난 존자는 라그리하성의 칼란다 대나무 동산에서 한 방에 머물러 있었다.

"기이합니다. 존자 목갈라나시여! 당신은 오늘밤에 적멸정수(寂滅正受)에 머물러 있습니다."

목갈라나 존자가 사리풋타 존자의 말을 듣고 말하였다.

"나는 전혀 당신의 숨소리를 듣지 못합니다."

목갈라나 존자는 말하였다.

"이것은 적멸한 정수가 아니요, 추한 정수일 뿐입니다. 사리풋타 존자여, 나는 오늘밤에 부처님과 함께 말하였습니다."

사리풋타 존자는 말하였다.

"목갈라나여! 부처님께서는 슈라바스티국 제타숲, 외로운 이 돕는 동산에 계시는데 여기서 아주 멉니다. 어떻게 서로 말할 수 있습니까. 당신은 지금 대나무 동산에 있는데 어떻게 서로 말할 수 있습니까. 당신이 갖고 있는 신통의 힘으로써 부처님이 계신 곳으로 갔습니까, 아니면 부처님께서 신통의 힘으로써 당신이 있는 곳으로 오셨습니까."

목갈라나 존자는 사리풋타 존자에게 말하였다.

"내가 신통의 힘으로써 부처님이 계신 곳으로 간 것도 아니요, 부처님께서 신통의 힘으로써 내가 있는 곳으로 오신 것도 아닙니다. 그러나 부처님과 나는 다 하늘 눈과 하늘 귀를 얻었기 때문에 나는 슈라바스티국 라자가하 성의 중간에서 들었습니다. 나는 부처님께 이른바 은근한 정진을 여쭈었습니다. '어떤 것을 은근한 정진이라고 하나이까'라고 부처님께서는 '목갈라나여, 만일 비구가 낮이면 거닐거나 혹은 앉아서 장애되지 않는 법으로써 스스로 그 마음을 깨끗하게 하며, 초저녁에도 혹은 앉거나 혹은 거닐면서 장애되지 않는 법으로써 스스로 그 마음을 깨끗하게 하며, 밤중에도 방 밖에 나가 발을 씻고 도로 방에 들어와 오른쪽 옆으로 누워 두 발을 포개고 밝은 모양에 생각을 매고, 바른 생각과 바른 지혜로 생각을 일으키다가 새벽이 되면 천천히 깨고 천천히 일어나 혹은 앉고 혹은 거닐면서 장애되지 않는 법으로써 스스로 그 마음을 깨끗하게 하나니 목갈라나여, 이것을 비구의 은근한 정진이라 하느니라'라고 내게 대답하셨습니다."

사리풋타 존자는 목갈라나 존자에게 말하였다.

"당신, 목갈라나 존자는 참으로 큰 신통의 힘과 큰 공덕을 위해 편안히 앉고 또 앉습니다. 나도 또한 큰 힘으로써 당신과 함께 할 수 있습니다. 비유하면, 어떤 사람이 한 개의 작은 돌을 가지고 큰산에 던지면 큰산의 빛깔과 맛이 꼭 같은 것처럼, 나도 또한 그와 같아서 존자의 큰힘과 큰덕과 함께 한 자리에 앉을 수가 있습니다. 비유하면, 세간의 곱고 깨끗한 좋은 물건은 사람들이 다 떠받드는 것처럼, 그와 같이 목갈라나 존자의 큰덕과 큰힘은 모든 범행자들이 다 마땅히 떠받들어야 할 것입니다. 목갈라나 존자를 만나 사귀어 놀면서 오고 가며 공경하고 공양할 수 있는 모든 사람은 크게 좋은 이익을 얻을 것이요, 이제 나도 또한 목갈라나 존자와 사귀어 놀고 오고 갈 수 있어서 큰 이익을 얻었습니다."

이때 존자 목갈라나는 사리풋타 존자에게 말하였다.

"나는 이제 큰지혜와 큰덕이 있는 사리풋타 존자와 함께 한 자리에 앉게 되었습니다. 마치 작은 돌을 큰산에 던지면 그 빛깔이 같이 되는 것처럼, 나도 또한 그와 같아서 큰지혜가 있는 사리풋타 존자와 한 자리에 앉아서 친구가 되었나이다."

이때 두 존자는 서로 논의하기를 마치고 각각 자리에서 일어나 떠나갔다.

－잡아함경 적멸경 제18권－

멸진정·무상정·무소유정의 차이

이와 같이 나는 들었다.

어느 때 부처님께서 라자가하 성에 노니시면서 죽림 칼란다 동산에 계셨다. 그때에 존자, 사리풋타는 오후에 연좌에서 일어나 존자 마하 코오티라가 있는 곳으로 가서 문안하고 물러나 한쪽에 앉았다. 사리풋타 존자는 말하였다.

"어진 이, 코오티라여. 묻고 싶은 일이 있는데 들어주겠소"

코오티라 존자는 사뢰었다.

"사리풋타 존자여, 마음대로 물으시오 나는 들은 뒤에 생각해 보리다."

존자, 사리풋타가 물었다.

"어진 이, 코오티라여. 착하지 않은 것(不善)은 착하지 않다고 말하고 착하지 않은 뿌리(不善根)는 착하지 않은 뿌리라고 말하는데, 어떤 것이 착하지 않은 것이며 어떤 것이 착하지 않은 뿌리인가요"

"몸의 악한 행과 입과 뜻의 악한 행은 착하지 않은 것이요, 탐욕과 성냄과 어리석음은 착하지 않은 뿌리요, 이것을 착하지 않은 것이라 하고 이것을 착하지 않은 뿌리라 하오."

"착하고 착하오 어진 이, 코오티라여."

존자, 사리풋타는 이렇게 찬탄한 뒤에 기뻐하며 받들어 행하였다. 그리고 그는 다시 물었다.

"어진 이, 코오티라여. 착한 것(善)은 착하다 말하고 착한 뿌리(善根)는 착한 기관이라 말하는데, 무엇이 착한 것이며 무엇이 착한 기관인가요"

"몸의 묘한 행과 입과 뜻의 묘한 행은 착한 것이요 탐욕과 성냄과 어리석음이 없는 것이 착한 뿌리요 이것을 착한 것이라 하고 이것을 착한 뿌리라 하오"

"착하고 착하오 어진 이, 코오티라여."

사리풋타는 이렇게 찬탄한 뒤에 기뻐하며 받들어 행하였다. 그리고 그는 다시 물었다.

"어진 이, 코오티라여. 지혜는 지혜라 말하는데 어떤 것이 지혜인가요"

"이러한 것을 알기 때문에 지혜라 하오 어떤 것을 아는 것인가. 이 괴로움의 진리를 알고 이 괴로움의 원인을 알며 이 괴로움의 멸함을 알고 이 괴로움의 멸함에 이르는 길을 아는 것이니, 이러한 것을 알기 때문에 지혜라 하는 것이오"

"착하고 착하오 어진 이, 코오티라여."

존자 사리풋타는 이렇게 찬탄한 뒤에 기뻐하며 받들어 행하였다. 그리고 그는 다시 물었다.

"어진 이, 코오티라여. 식별(識別)은 식별이라고 말하는데 어떤 것이 식별인가요"

코오티라 존자는 대답하였다.

"식별은 식별하기 때문에 식별이라고 말한다. 어떤 것을 식별하는가. 색을 식별하고 소리를 식별하고 냄새를 식별하고 맛을 식별하고 촉감을 식별하고 법을 식별하는 것이다. 식별은 식별하기 때문에 식별이라 하는 것이오"

"착하고 착하오 어진 이, 코오티라여."

사리풋타 존자는 이렇게 찬탄한 뒤에 기뻐하며 받들어 행하였다. 그리고 그는 다시 물었다.

"어진 이, 코오티라여. 지혜와 식별의 이 두 법은 합해지는 것(合)인가요, 갈라지는 것(別)인가요? 또는 이 두 법을 따로 주장할 수 있는 것인가요?"

"이 두 법은 합해지는 것으로서 갈라지는 것이 아니오 또 이 두 법은 따로 주장할 수 없는 것이오"

"착하고 착하오 어진 이, 코오티라여."

사리풋타 존자는 이렇게 찬탄한 뒤에 기뻐하며 받들어 행하였다. 그리고 그는 다시 물었다.

"어진 이, 코오티라여. 아는 것은 당신은 무엇으로써 아는가요"

"아는 것은 나는 지혜로써 아오"[8]

"착하고 착하오 어진 이, 코오티라여."

사리풋타 존자는 이렇게 찬탄한 뒤에 기뻐하며 받들어 행하였다. 그리고 그는 다시 물었다.

"어진 이, 코오티라여. 지혜는 어떤 뜻이 있고 어떤 훌륭함이 있으며 어떤 공덕이 있는가요"

"지혜는 싫어하는 뜻이 있고 욕심이 없는 뜻이 있으며 진리를 보는 뜻이 있소"

"착하고 착하오 어진 이, 코오티라여."

사리풋타 존자는 이렇게 찬탄한 뒤에 기뻐하며 받들어 행하였다. 그리고 그는 다시 물었다.

---

8) 알아차림(주시)이 지혜(반야)의 전주곡이다.

"어진 이, 코오티라여. 어떤 것이 바른 견해(正見)인가요?"[9]

"괴로움을 참다이 알고 괴로움의 원인을 알며 괴로움의 멸함을 알고 괴로움의 멸함에 이르는 길을 알면 이것을 바른 견해라고 하오."

"착하고 착하오 어진 이, 코오티라여."

사리풋타 존자는 이렇게 찬탄한 뒤에 기뻐하며 받들어 행하였다. 그리고 그는 다시 물었다.

"어진 이, 코오티라여. 몇 가지 인연으로 바른 견해가 생기는가요"

"두 가지 인연으로 바른 견해가 생기오, 어떤 것이 둘인가. 첫째는 남에게서 듣는 것이요, 둘째는 자기 마음으로 생각하는 것이오 이것을 두 가지 인연으로 바른 견해가 생기는 것이라 하오."

"착하고 착하오 어진 이, 코오티라여."

존자 사리풋타는 이렇게 찬탄한 뒤에 기뻐하며 받들어 행하였다. 그리고 그는 다시 물었다.

"어진 이, 코오티라여. 몇 가지 거둠이 있어 바른 견해를 거두어 마음 해탈의 결과와 슬기 해탈의 결과를 얻고 마음 해탈의 공덕과 슬기 해탈의 공덕을 얻는가요"

"다섯 가지 거둠이 있어 심 해탈의 결과와 혜 해탈[9-1]의 결과를 얻고, 심 해탈의 공덕과 혜 해탈의 공덕을 얻소 어떤 것이 다섯인가. 첫째는 진리의 거둠이요, 둘째는 계의 거둠이며, 셋째는 널리 들음의 거둠이요, 넷째는 그침의 거둠이며, 다섯째는 관찰의 거둠이오 이것을 다섯 가지 거둠이 있어 바른 견해를 거두어 심 해탈의 결과와 혜 해탈의 결과를 얻고, 심 해탈의 공덕과 혜 해탈의 공덕을 얻는 것이라 하오."

---

9) 정견은 사성제를 아는 것이다. 사성제를 알 때 팔리어로 지혜인 ñana를 사용했다. 처음부터 지혜와 오온·12연기의 흐름을 구분하는 것이 정견의 시작이고, 오온·12연기에서 탐·진·치를 소멸하는 것이 정견의 완성이다.

9-1) 정에 의해 탐욕을 끊는 결과로 얻는 것을 심 해탈, 무명을 멸하는 것을 혜 해탈이라 한다. 심 해탈은 신통을 포함한다.

"착하고 착하오. 어진 이, 코오티라여."

사리풋타 존자는 이렇게 찬탄한 뒤에 기뻐하며 받들어 행하였다. 그리고 그는 다시 물었다.

"어진 이, 코오티라여. 어떻게 미래의 존재(有)가 생기는가요"

"어리석은 범부는 무지하고 많이 듣지 못하여 무명에 덮이고 애욕에 얽매이고 착한 벗을 만나지 못하고 거룩한 법을 알지 못하며 거룩한 법을 모시지 못하고 그러므로 미래의 존재가 생기는 것이오"

"착하고 착하오. 어진 이, 코오티라여."

사리풋타 존자는 이렇게 찬탄한 뒤에 기뻐하며 받들어 행하였다. 그리고 그는 다시 물었다.

"어진 이, 코오티라여. 어떻게 미래의 존재가 생기지 않는가요"

"만일 무명(無明)이 이미 다하여 명(明)이 생기면 반드시 괴로움이 다할 것이니 그러므로 미래의 존재가 생기지 않을 것이오"

"착하고 착하오. 어진 이, 코오티라여."

사리풋타 존자는 이렇게 찬탄한 뒤에 기뻐하며 받들어 행하였다. 그리고 그는 다시 물었다.

"어진 이, 코오티라여. 몇 가지 느낌이 있는가요"

"세 가지 느낌이 있소. 곧 즐거운 느낌과 괴로운 느낌과 괴롭지도 않고 즐겁지도 않은 느낌이오. 이것들이 무엇을 인연하여 있는가 하면 부딪침을 인연하여 있소"

"착하고 착하오. 어진 이, 코오티라여."

사리풋타 존자는 이렇게 찬탄한 뒤에 기뻐하며 받들어 행하였다. 그리고 그는 다시 물었다.

"어진 이, 코오티라여. 느낌(受)과 생각(想)과 의도(思)의 이 세 가지 법은 합해지는 것인가, 갈라지는 것인가. 또 이 세 가지 법은 따로 주장할 수 있는 것인가요"

존자, 코오티라는 대답하였다.

"느낌과 인식과 의도의 이 세 가지 법은 합해지는 것이요, 갈라지는 것이 아니오. 또 이 세 가지 법은 따로 주장할 수 없는 것이오. 무슨 까닭인가. 느낌이 느끼는 것은 인식이 인식하는 것이요, 의도가 의도하는 것이오. 그러므로 이 세 가지 법은 합해지는 것이요, 갈라지는 것이오. 이 세 가지 법은 따로 주장할 수 없는 것이오."[10]

사리풋타 존자는 듣고 기뻐하며 말하기를,

"착하고 착하오 어진 이, 코오티라여."

사리풋타 존자는 이렇게 찬탄한 뒤에 기뻐하며 받들어 행하였다. 그리고 그는 다시 물었다.

"어진 이, 코오티라여. 멸(滅)은 어떤 상대가 있는가요"

코오티라 존자는 대답하였다.

"멸은 상대가 없소"

"착하고 착하오 어진 이, 코오티라여."

사리풋타 존자는 이렇게 찬탄한 뒤에 기뻐하며 받들어 행하였다. 그리고 그는 다시 물었다.

"어진 이, 코오티라여. 다섯 가지 감각기관(五根)은 제각기 다른 행과 다른 대상이 있어서 각각 제 대상을 느낍니다. 곧 눈·귀·코·혀·몸 이 다섯 가지 감각기관은 제각기 다른 행과 다른 대상이 있어서 각각 제 대상을 느끼는데, 무엇이 그들 때문에 그 대상을 다 느끼며 무엇이 그들

---

10) 느낌을 바로 인식하고 의도하는 것이다. 오온, 12연기, 사념처 등은 동시에 작용하면서 순차적으로 일어난다. 몸의 움직임이든 호흡이든 마음이든 하나를 관찰하면 신·수·심·법이 동시에 수행된다. 그중 어느 하나라도 완전히 알아차리면 완전히 깨닫는다.

의 의지(依)가 되는가요"

"다섯 가지 감각기관은 제각기 다른 행과 다른 대상이 있어서 각각 제 대상을 느낍니다. 곧 눈·귀·코·혀·몸, 이 다섯 가지 감각기관은 제각기 다른 행과 다른 대상이 있어서 각각 제 대상을 느끼는데, 의지에 의하여 그 대상을 다 느끼며 다섯 가지 감각기관은 의지에 의존하게 되는 것이오"

"착하고 착하오 어진 이, 코오티라여."

사리풋타 존자는 이렇게 찬탄한 뒤에 기뻐하며 받들어 행하였다. 그리고 그는 다시 물었다.

"어진 이, 코오티라여. 의지는 무엇을 의지하여 머무르는가요"

"의지는 목숨을 의지하고 목숨을 의지하여 머무르오"

"착하고 착하오 어진 이, 코오티라여."

사리풋타 존자는 이렇게 찬탄한 뒤에 기뻐하며 받들어 행하였다. 그리고 그는 다시 물었다.

"어진 이, 코오티라여. 목숨은 무엇을 의지하여 머무르는가요"

"목숨은 따뜻한 기운을 의지하여 머무르오"

"착하고 착하오 어진 이, 코오티라여."

사리풋타 존자는 이렇게 찬탄한 뒤에 기뻐하며 받들어 행하였다, 그리고 그는 다시 물었다.

"어진 이, 코오티라여. 목숨과 더운 기운, 이 두 법은 합해지는 것인가요, 갈라지는 것인가요? 또 이 두 법은 따로 주장할 수 있는 것인가요?"

"목숨과 더운 기운, 이 두 법은 합해지는 것이요 갈라지는 것이 아니며, 또 이 두 법은 따로 주장할 수 없는 것이오 무슨 까닭인가. 목숨으로 인하여 더운 기운이 있고 더운 기운으로 인하여 목숨이 있으며, 만일 목숨이 없으면 곧 더운 기운이 없고 더운 기운이 없으면 곧 목숨이 없기 때문이오 마치 기름과 심지로 인하여 등불을 켤 수 있는 것과 같소 거기에 불꽃으로 인하여 빛이 있고 빛으로 인하여 불꽃이 있으며, 만일 불꽃이 없으면 곧 빛이 없고 빛이 없으면 곧 불꽃이 없소.

 이와 같이 목숨으로 인하여 더운 기운이 있고 더운 기운으로 인하여 목숨이 있으며, 만일 목숨이 없으면 곧 더운 기운이 없고 더운 기운이 없으면 곧 목숨이 없는 것이오. 그러므로 이 두 법은 합해지는 것이요, 갈라지는 것이 아니며 또 이 두법은 따로 주장할 수 없는 것이오."

 "착하고 착하오 어진 이, 코오티라여."

 사리풋타 존자는 이렇게 찬탄한 뒤에 기뻐하며 받들어 행하였다. 그리고 그는 다시 물었다.

 "어진 이, 코오티라여. 몇 가지 법이 있어 산 몸이 죽은 뒤에는 몸이 무덤 사이에 버려져 나무처럼 무정한가요"

 "세 가지 법이 있어 산 몸이 죽은 뒤에는 몸이 무덤 사이에 버려져 나무처럼 무정해지오 어떤 것이 셋인가. 첫째는 목숨이요, 둘째는 더운 기운이며, 셋째는 식별이오 이 세가지 법이 있어 산 몸이 죽은 뒤에는 몸이 무덤 사이에 버려져 나무처럼 무정해지는 것이오."

 "착하고 착하오 어진 이, 코오티라여."

 사리풋타 존자는 이렇게 찬탄한 뒤에 기뻐하며 받들어 행하였다. 그리고 그는 다시 물었다.

 "어진 이, 코오티라여. 죽음과 멸진정(滅盡定)에 듦과는 어떤 차별이 있나요"

 "죽음은 목숨이 이미 끝나고 더운 기운이 이미 떠나며 모든 감각기관이 무너지는 것이요, 비구가 멸진정에 든 것은 목숨이 끝나지 않고 더운 기운이 떠나지 않으며 모든 감각기관이 무너지지 않소 죽음과 멸진정에 듦과는 이러한 차별이 있소"

"착하고 착하오 어진 이, 코오티라여."

사리풋타 존자는 이렇게 찬탄한 뒤에 기뻐하며 받들어 행하였다. 그리고 그는 다시 물었다.

"어진 이, 코오티라여. 멸진정에 든 것과 무상정(無想定)에 든 것과는 어떤 차별이 있는가요"

"비구가 멸진정에 들면 생각과 느낌이 멸하오 그러나 비구가 무상정에 들면 생각과 느낌이 멸하지 않소 멸진정에 든 것과 무상정에 든 것과는 이러한 차별이 있소"

"착하고 착하오 어진 이, 코오티라여."

사리풋타 존자는 이렇게 찬탄한 뒤에 기뻐하며 받들어 행하였다. 그리고 그는 다시 물었다.

"어진 이, 코오티라여. 멸진정에서 일어나는 사람과 무상정에서 일어나는 사람과는 어떤 차별이 있는가요"

"비구가 멸진정에서 일어날 때에는 '나는 멸진정에서 일어난다'라고 생각하지 않소 그러나 비구가 무상정에서 일어날 때에는 '나는 생각(想)이 있다고 할까, 나는 생각이 없다고 할까' 이렇게 생각하오 멸진정에서 일어나는 사람과 무상정에서 일어나는 사람과는 이러한 차별이 있소"

"착하고 착하오 어진 이, 코오티라여."

사리풋타 존자는 이렇게 찬탄한 뒤에 기뻐하며 받들어 행하였다. 그리고 그는 다시 물었다.

"어진 이, 코오티라여. 비구가 멸진정에 들어갈 때에는 몸의 행과 입과 뜻의 행 가운데서 어느 법이 먼저 멸하는가요"

"비구가 멸진정에 들어갈 때에는 먼저 몸의 행이 멸하고 다음에 입의 행이 멸하며 나중에 뜻의 행이 멸하오."

"착하고 착하오 어진 이, 코오티라여."

사리풋타 존자는 이렇게 찬탄한 뒤에 기뻐하며 받들어 행하였다. 그리고 그는 다시 물었다.

"어진 이, 코오티라여. 비구가 멸진정에서 일어날 때에는 몸의 행과 입과 뜻의 행 가운데서 어느 법이 먼저 생기는가요"

"비구가 멸진정에서 일어날 때에는 먼저 뜻의 행이 생기고, 다음에는 입의 행이 생기며 나중에 몸의 행이 생기오"

"착하고 착하오 어진 이, 코오티라여."

사리풋타 존자는 이렇게 찬탄한 뒤에 기뻐하며 받들어 행하였다. 그리고 그는 다시 물었다.

"어진 이, 코오티라여. 비구가 멸진정에서 일어날 때 몇 가지 부딪침에 부딪치는가요"

"비구가 멸진정에서 일어날 때에는 세 가지 부딪침에 부딪치오 어떤 것이 셋인가. 첫째는 움직이지 않는 부딪침이요, 둘째는 소유가 없는 부딪침이며, 셋째는 모양이 없는 부딪침이오 비구가 멸진정에서 일어날 때에는 이 세 가지 부딪침에 부딪치는 것이오."[11]

"착하고 착하오 어진 이, 코오티라여."

사리풋타 존자는 이렇게 찬탄한 뒤에 기뻐하며 받들어 행하였다. 그리고 그는 다시 물었다.

"어진 이, 코오티라여. 공(空), 원이 없음, 모양이 없음의 이 세 법은 뜻도 다르고 말도 다른가요, 혹은 뜻은 하나인데 말이 다른가요?"

"공과 원이 없음과 모양이 없음의 이 세 법은 뜻도 다르고 말도 다르

---

11) 오매일여·무상정·멸진정을 구체적으로 점검, 탁마하는 과정이다.

오."[12]

"착하고 착하오 어진 이, 코오티라여."

사리풋타 존자는 이렇게 찬탄한 뒤에 기뻐하며 받들어 행하였다. 그리고 그는 다시 물었다.

"어진 이, 코오티라여. 몇 가지 인연이 있어 움직이지 않는 정(定)이 생기는가요"

"네 가지 인연이 있어 움직이지 않는 정이 생기오 어떤 것이 넷인가. 만일 비구가 탐욕을 떠나고 악하고 착하지 않은 법을 떠나 내지 제사선(四禪)를 얻어 성취하여 노닐면, 이것을 네 인연이 있어 움직이지 않은 정이 생기는 것이라 하오."

"착하고 착하오 어진 이, 코오티라여."

사리풋타 존자는 이렇게 찬탄한 뒤에 기뻐하며 받들어 행하였다. 그리고 그는 다시 물었다.

"어진 이, 코오티라여. 몇 가지 인연이 있어 무소유정(無所有定)이 생기는가요"

"세 가지 인연이 있어 무소유정이 생기오 어떤 것이 셋인가. 만일 비구가 일체의 색이라는 생각을 지나 내지 무소유처(無所有處)를 얻어 성취하여 노닐면, 이것을 세 가지 인연이 있어 무소유정이 생기는 것이라 하오."

"착하고 착하오 어진 이, 코오티라여."

---

12) 평등지(平等智)가 아닌 차별지(差別智)를 설명하는 대목이다. 법거량은 이렇게 서로의 체험담을 진술하게 나누는 것이 진정한 탁마일 것이다. 서로의 경계를 문자로만 거량하다가 뒤에서 비판하는 일은 지양되어야 할 것이다. 그보다는 차라리 항상 깨어 있으면서 탐·진·치가 어느 정도 소멸되었는지를 진실하고 냉정하게 살펴보는 것이 나을 것이다.

사리풋타 존자는 이렇게 찬탄한 뒤에 기뻐하며 받들어 행하였다. 그리고 그는 다시 물었다.

"어진 이, 코오티라여. 몇 가지 인연이 있어 무상정(無想定)이 생기는가요"

"두 가지 인연이 있어 무상정이 생기오 어떤 것이 둘인가. 첫째는 일체의 생각을 하지 않는 것이요, 둘째는 생각이 없는 계층을 생각하는 것이요 이것을 두 인연이 있어 무상정이 생기는 것이라 하오"

"착하고 착하오 어진 이, 코오티라여."

사리풋타 존자는 이렇게 찬탄한 뒤에 기뻐하며 받들어 행하였다. 그리고 그는 다시 물었다.

"어진 이, 코오티라여. 몇 가지 인연이 있어 무상정에 머무르는가요"

"두 가지 인연이 있어 무상정에 머무르오 어떤 것이 둘인가. 첫째는 일체의 생각을 하지 않는 것이요, 둘째는 생각이 없는 계층을 생각하는 것이오 이것을 두 가지 인연이 있어 무상정에 머무르는 것이라 하오"

"착하고 착하오 어진 이, 코오티라여."

사리풋타 존자는 이렇게 찬탄한 뒤에 기뻐하며 받들어 행하였다. 그리고 그는 다시 물었다.

"어진 이, 코오티라여. 몇 가지 인연이 있어 무상정에서 일어나는가요"

"세 가지 인연이 있어 무상정에서 일어나오 첫째는 일체의 생각을 생각하는 것이요, 둘째는 생각이 없는 계층(無想界)을 생각하지 않는 것이며, 셋째는 이 몸과 여섯 가지 감각기관(六處)을 인(因)으로 하고 목숨기관(命根)을 연(緣)으로 하는 것이오 이것을 세 가지 인연이 있어 무상정에서 일어나는 것이라 하오"

이와 같이 그 두 분은 '착하고 착하오'라고 서로 찬탄하고 서로 말한 바를 기뻐하며 받들어 행한 뒤에 자리에서 일어나 떠나갔다.

-중아함경 대구치라경 제 58 권-

오락 열반경(娛樂 涅槃經)

이와 같이 내가 들었다.

어느 때 부처님께서는 제타숲, 외로운 이 돕는 동산에 계시면서 여러 비구들에게 말씀하시었다.

"무엇이 있기 때문에 무엇이 일어나고, 무엇에 매이어 집착하며 무엇에서 '나'를 보기에 모든 중생들로 하여금 '만일 다섯 가지 즐거움이 없으면 그는 곧 법의 열반을 볼 것이다. 만일 착하고 착하지 않은 법을 떠난 각(覺)이 있고 관(觀)이 있어서, 욕계의 악을 떠나는 데서 기쁨과 즐거움이 생겨 초선(初禪)과 내지 사선(四禪)에 들어가면 이것이 제일의(第一義)의 반열반(般涅槃)이다'라고 이렇게 보고 이렇게 말하게 하는가."

비구들은 부처님께 여쭈었다.

부처님께서는 법의 근본이시요, 법의 눈이시며 법의 의지이십니다.[13]

-잡아함경 7권. 170-

---

[13] 위빠싸나 4선(四禪定)은 인(因)이고 열반은 과(果)라고 본다. 4선은 평등심(無心, Upekkha)과 마음관찰(Sati)이 핵심이다. 이때는 오욕 팔풍이 근접 못 한다. 반야로 오온을 관찰할 때 그 깊어지는 정도에 따라 오욕락인 탐·진·치가 없어진다. 1선에서 4선으로 향상하여 완전한 관찰과 완전한 평등심이 되면 완전한 열반이 실현된다. 아라한의 4선과 그 이하의 4선의 깊이는 차이가 있다.

백 퍼센트 완전한 무심은 구경각에 간 아라한들만이 누리는 특권이다.(絕學無爲閑道人, 不除妄想不求眞)

2장 여래와 성위 4과 수행

1. 성위 4과(聖位四果)

4과란 무엇인가

4과에는 수다원·사다함·아나함·아라한으로 나누어진다. 여기에도 도(道, Magga)와 과(果, Phala)로 나누어져 8단계로 나누어질 수 있다. 그 단계는 번뇌의 심천 정도에 따라 나누어진 것이다. 흔히들 아라한하면 소승 아라한이라 하여 대승 아라한과 구분하기도 한다. 그러나 경전상에는 부처님의 별호 중 하나가 아라한(應供者)이다. 여기서 말하는 아라한은 탐·진·치가 완전히 소멸한 구경각(究竟覺)을 실현한 정각자를 말한다.

다음에서 4과를 상세하게 살펴보겠다.

〔사쌍팔배:四雙八輩〕
수다원도(sotāpatti-magga:道),
　수다원과(sotāpatti-phala:果)
사다함도(sakadāgāmi-magga:道),
　사다함과(sakadāgāmi-phala:果)
아나함도(anāgāmi-magga:道),

아나함과(anāgāmi-phala : 果)
아라한도(arahatta-magga : 道),
아라한과(arahatta-phala : 果)

1) 수다원(入流果, sotāpatti, stream entry)

열 가지 결박의 번뇌 중 처음 세 가지인 오온을 나로 착각(有身見), 의식과 형식에 대한 집착(戒禁取見), 의심(疑結)에서 벗어난다. 반야 지혜의 계발로 처음 세 가지 번뇌에서 벗어난 상태를 수다원과를 실현했다고 한다. 늦어도 7생안으로는 완전한 깨달음을 성취하므로 입류과에 들었다고 한다. 그리고 부처님은 수다원과만 성취해도 이 우주를 지배하는 왕(神)보다도 낫다고 공인하셨다.

2) 사다함(一來果, sakadāgāmi, once-return)

네번째, 다섯번째 번뇌인 감각적인 욕망(貪結)과 성냄의 번뇌(瞋結)가 상당히 약화되어 거의 제거된 상태이지만 완전히 제거된 것은 아니다. 8정도 즉, 계(戒)·정(定)·혜(慧)를 철두철미하게 수행한 사람은 그의 뜻(意)·말(口)·행동(身)에서 탐욕과 성냄이 거의 제거된 상태에 이른다. 그러므로 육체적인 몸을 받는 것은 한생, 즉 내생 안으로 완전한 정각을 성취하므로 일래과라 부른다.

3) 아나함(不還果, añagāmi, never-return)

네번째, 다섯번째 번뇌인 감각적인 욕망(탐욕)과 성냄이 완전히 제거된 상태를 말한다. 처음 다섯 가지 번뇌에서 완전히 벗어났으므로 물질적인 세계에는 전혀 탐착하지 않는다. 그러므로 계를 파하는 무애행은 부처님 수행에서는 찾아 볼 수 없고 이치에도 맞지 않는다. 설사 마지막 깨달음인 아라한과를 성취하지 못하고 죽는다 하더라도, 다시는 물질적인 세계에 태어나지 않고 보다 높은 세계에 태어나서 완전한 정각을 성취해 버린다. 그래서 불환과라 이름한다. 보다 높은 세계는 모든 종교에서 말하는 천상의 세계 즉 천사·신장·신들이 사는 곳을 말한다. 다른 종교에서는 이러한 세계를 영원한 천국 내지 범천의 세계라고 하지만 부처님은 열반을 제외하고는 모든 세계가 무상하다고 하는 것이 타종교와 틀린 점이다. 모든 천국, 범천의 세계도 다함이 있어 윤회하지만 아나함에서는 더이상 윤회하지 않고 바로 열반으로 향하여 간다.

4) 아라한(arahatta, 阿羅漢, 應供者 arahantship)
나머지 다섯 번뇌 즉, 색계에 대한 욕망(色愛結), 무색계에 대한 욕망(無色愛結), 불안정함(掉結), 자만심(명예욕, 慢結), 근본 무명(無明結)을 완전히 제거하여 탐·진·치가 소멸한 상태가 아라한이다.
아라한은 완전한 자유와 완전한 열반을 성취한다.
아라한은 완전히 윤회에서 벗어난다.
아나함과까지를 유학위(有學位)라 하지만 아라한위는 무학도(無學道)이며 무학위(無學位)라 한다.

4과는 어떻게 성취하는가[1]
한때 부처님께서 나란다의 파바리카에 머물고 있을 때 사리풋타 존자와 부처님과의 대화이다. 그 중에서 4과에 대한 것만 뽑았다….
"부처님께서는 다른 사람들이 최고의 가르침에 의해 얻을 수 있는 해

---

1) 4과의 성취는 번뇌의 제거 정도에 있다. 대승경전(화엄경·능엄경)의 12지도 결국은 번뇌의 제거 정도에 따라 그 단계가 나누어진다 하겠다. 돈오돈수, 점오점수도 이렇게 구체적인 시각에서 보면 쉽게 이해 될 것이다.

탈 지혜에 관한 법(法, Dhamma)을 가르치십니다…. 부처님께서는 다른 사람의 근기를 직관의 지혜로 살피시고 이와 같이 말씀하십니다.

'만약 이 사람이 내가 가르친 대로 법(法)을 수행하여 세 가지 결박의 번뇌(有身見, 戒禁取見, 疑心)를 소멸시키고 예류과인 수다원에 이른다면 다시는 고통스러운 하계(下界)에 떨어지지 않고 나머지 성위과에 이르게 될 것이다.

…만약 세 가지 결박의 번뇌는 소멸시켰지만 탐욕과 성냄을 약화시킨 사람은 일래과인 사다함에 이르러 한 번 더 사람의 몸을 받아서 고(苦)의 멸(滅)인 열반을 성취하느니라.

…다섯 가지 결박의 번뇌(유신견·계금취견·의심·탐욕·성냄)를 소멸시킨 사람은 불환과인 아나함에 이르러 다시 후퇴하지 않고 저절로 범천의 세계에 나투어 열반을 성취하느니라."

…열가지 결박의 번뇌(대념처경 주석 12참조)를 완전히 소멸시킨 사람은 이 생애에서 청정한 마음의 해탈을 성취하느니라…."

— 장아함, 삼파사다니야경 —

4과의 기준이란

이와 같이 나는 들었다.

어느 때 부처님께서는 슈라바스티국 제타숲, 외로운 이 돕는 동산에 계시면서 여러 비구들에게 말씀하셨다.

"사문의 법과 사문의 과가 있으니 자세히 듣고 잘 생각하라. 너희들을 위해 설명하리라. 어떤 것이 사문법인가. 이른바 성인의 여덟 가지 길이니, 바른 소견과 나아가서 바른 집중이다. 어떤 것이 사문과인가. 이른바 수다원과(須陀洹果)·사다함과(斯陀含果)·아나함과(阿那含果)·아라한과(阿羅漢果)이니라.

어떤 것이 수다원과인가. 세 가지 번뇌(사념처경 주석 12참조)가 끊어진 것이다. 어떤 것이 사다함과인가. 세 가지 번뇌가 끊어지고 탐욕·성냄·어리석음이 엷어진 것이다. 어떤 것이 아나함과인가. 이른바 욕계의 다섯 가지 번뇌가 다한 것이다. 어떤 것이 아라한과인가. 이른바 탐욕·성냄·어리석음이 모두 다 하고 일체 번뇌가 모두 다한 것이니라."

부처님께서 이 경을 말씀하시자, 여러 비구들은 그 말씀을 듣고 기뻐하며 받들어 행하였다.

-잡아함경 797. 사문법사문과경 29권-

비유법으로 4과 설명

이와 같이 나는 들었다.

어느 때 부처님께서는 슈라바스티국에 노니시면서 제타숲, 외로운 이 돕는 동산에 계셨다. 그때에 부처님께서 여러 비구들에게 말씀하셨다.

"나는 마땅히 너희들을 위하여 일곱 물에 비유한 사람을 말하리라. 자세히 듣고 잘 생각하라."

이때 여러 비구들은 그 가르침을 받고 있었다.

"어떤 것을 일곱이라 하는가. 어떤 사람은 항상 물속에 누워 있고, 또 어떤 사람은 물에서 나왔다가 다시 빠지며, 어떤 사람은 물에서 나와 머물러 있고, 어떤 사람은 물에서 나와 머무르고 머무른 뒤에는 살펴보며, 어떤 사람은 물에서 나와 머무르고 머무른 뒤에는 살펴보며 살펴본 뒤에는 건너가고, 또 어떤 사람은 물에서 나와 머무르고 머무른 뒤에는 살펴보고 살펴본 뒤에는 건너가고 건너간 뒤에는 저쪽 언덕에 이르며, 어떤 사람은 물에서 나와 머무르고 머무른 뒤에는 살펴보고 살펴본 뒤에는 건너가고 건너간 뒤에는 저쪽 언덕에 이르고 저쪽 언덕에 이른 뒤에는 그를 언덕에 머무르는 사람이라 한다. 이와 같이 나는 마땅히 다시 너희들을 위하여 일곱 물에 비유한 사람을 말하리라. 자세히 듣고 잘 생각하라."

이때 여러 비구들은 그 가르침을 듣고 있었다.

"어떤 것을 일곱이라 하는가. 어떤 사람은 항상 물 속에 누워 있고, 또 어떤 사람은 물에서 나왔다가는 다시 빠지며, 어떤 사람은 나온 뒤에는 머무르고, 어떤 사람은 나온 뒤에는 머무르고 머무른 뒤에는 살펴보며, 어떤 사람은 나온 뒤에 머무르고 머무른 뒤에는 살펴보며 살펴본 뒤에는 건너가고, 또 어떤 사람은 나온 뒤에 머무르고 머무른 뒤에는 살펴보고 살펴본 뒤에는 건너가고 건너간 뒤에는 저쪽 언덕에 이르며, 어떤 사람은 나온 뒤에 머무르고 머무른 뒤에는 살펴보고 살펴본 뒤에는 건너가고 건너간 뒤에는 저쪽 언덕에 이르고 저쪽 언덕에 이른 뒤에는 그를 언덕에 머무르는 범지라고 한다. 이 일곱 가지 물에 비유한 사람을, 내가 간략히 말한 것이 위에서 말한 것과 같고 위에서 베푼 것과 같다. 너희들은 어떤 뜻을 알고 어떻게 분별하며 무슨 인연이 있는가."

이때 비구들은 부처님께 여쭈었다.

"부처님께서는 법의 근본이 되시고 부처님께서는 법의 주인이 되시며 법은 부처님으로 말미암아 나오나이다. 원하옵건대, 그것을 말씀해 주소서. 저희들은 들은 뒤에는 널리 그 뜻을 알 수 있을 것입니다."

부처님께서 곧 말씀하셨다.

"너희들은 자세히 듣고 잘 생각하라. 나는 너희들을 위하여 그 뜻을 분별하리라."

모든 비구들이 이 가르침을 듣고 있었다.

"어떤 것을 사람이 항상 물에 누웠다고 하는가. 그것은 어떤 사람은 착하지 않은 법에 덮인 바 되고 더러움에 물들어 악의 과보를 받고 생사의 근본을 짓는다. 이것을 어떤 사람은 항상 물 속에 누워 있다고 한다. 마치 사람이 물에 빠져 물 속에 누운 것처럼 내가 그 사람을 말하는 것도 또한 그와 같다. 이것을 첫째의 물사람에 비유한 사람이라 하며 세상 이치도 또한 그러하다.

어떤 것을 사람이 물에서 나왔다가 다시 빠진다고 하는가. 그것은 사람이 이미 나와 믿음의 선법(善法)을 얻어 지계·보시·다문·지혜의 선법을 닦아 익힌다. 그는 훗날에 믿음을 잃어 견고하지 못했고 지계·보시·다문·지혜를 잃어 견고하지 못했다. 이것을 어떤 사람은 물에서 나왔다가 다시 빠진다고 한다. 마치 사람이 물에 빠졌다가 이미 나왔으나 다시 빠지는 것처럼 내가 그 사람을 말하는 것도 또한 그와 같다. 이것을 둘째의 물에 비유한 사람이라 하며 세상 이치도 또한 그러하다.

어떤 것을 사람이 이미 나와 머무른다고 하는가. 그것은 사람이 이미 나와 믿음의 선법을 얻어 지계·보시·다문·지혜의 선법을 닦아 익힌다. 그는 훗날에 가서도 믿음이 굳어 그것을 잃지 않고 지계·보시·다문·지혜도 견고하여 잃지 않는다. 이것을 어떤 사람은 물에서 이미 나와 머무른다고 한다. 마치 사람이 물에 빠졌다가 이미 나와 머무는 것처럼, 내가 그 사람을 말하는 것도 또한 그와 같다. 이것을 셋째의 물에 비유한 사람이라 하며 세상 이치도 또한 그러하다.

어떤 것을 사람이 나온 뒤에도 머무르고 머무른 뒤에는 살펴본다고 하는가. 그것은 사람이 이미 나와 믿음의 선법을 얻어 지계·보시·다문·지혜의 선법을 닦아 익힌다. 그는 훗날에 가서도 믿음이 견고해 그것을 잃지 않고 지계·보시·다문·지혜도 견고하여 잃지 않으며, 선법 가운데 머무르면서 괴로움의 사실을 알고, 괴로움의 원인을 알며, 괴로움이 멸함을 알고, 괴로움이 멸하는 길을 안다. 그는 이와 같이 알고 이와 같이 보았으므로 삼결(三結)이 곧 다 한다. 삼결이란, 이른바 몸이 있다는 소견(有身見)과 계율과 금기에 대한 집착(戒禁取見)과 의심(疑)이다. 삼결이 이미 다 하면 수다원을 얻어 악법에 떨어지지 않고 결단코 정각에 나아간다. 그래서 기껏해야 일곱 번 몸을 받아 천상과 인간에 일곱번을 오간 뒤에는 곧 괴로움을 끊어 다 한다. 이것을 어떤 사람은 나온 뒤에는 머무르고 머무른 뒤에 살펴본다고 하는 것이다. 마치 어떤 사람이 물에 빠졌다가 나온 뒤에는 머무르고 머무른 뒤에는 살펴보는 것처럼, 내가 그 사람을 말하는 것도 또한 그와 같다. 이것을 넷째의 물에 비유한 사람이라 하며 세상 이치도 그러하니라.

어떤 것을 사람이 나온 뒤에는 머무르고 머무른 뒤에는 살펴보며 살펴본 뒤에는 건넌다고 하는가. 그것은 사람이 이미 나와 믿음의 선법을 얻어 지계·보시·다문·지혜의 선법을 닦아 익힌다. 그는 훗날에 가서도 믿음이 견고해 그것을 잃지 않고 지계·보시·다문·지혜도 견고하여 잃지 않으며, 선법 가운데 머무르면서 괴로움의 사실을 알고, 괴로움의 원인을 알며, 괴로움의 멸함을 알고, 괴로움의 멸함에 이르는 길을 안다. 그는 이와 같이 알고 이와 같이 보았으므로 삼결이 곧 다 한다. 삼결이란 이른바 유신견과 계금취견과 의심이다. 삼결이 이미 다하면 탐욕·성냄·어리석음이 엷어지고 천상과 인간에 한 번 오고 가게 된다. 한 번 오고 간 뒤에는 곧 괴로움을 끊어 다 한다. 이것을 어떤 사람은 나온 뒤에는 머무르고 머무른 뒤에는 살펴보고 살펴본 뒤에는 건너간다고 한다. 마치 사람이 물에 빠졌다가 나온 뒤에는 머무르고 머무른 뒤에는 살펴보며 살펴본 뒤에는 건너가는 것처럼, 내가 그 사람을 말하는 것도 또한 그와 같다. 이것을 다섯째의 물에 비유한 사람이라 하며 세상 이치도 또한 그러하다.[2]

---

2) 일래과 사다함의 설명부분이다.

어떤 것을 사람이 나온 뒤에는 머무르고 머무른 뒤에는 살펴보며 살펴본 뒤에는 건너가고 건너간 뒤에는 저쪽 언덕에 이른다고 하는가. 그것은 사람이 이미 나와 선법을 얻어 지계·보시·다문·지혜의 선법을 닦아 익힌다. 그는 훗날에 가서도 믿음이 견고하여 그것을 잃지 않고 지계·보시·다문·지혜도 견고하여 잃지 않는다. 그리하여 선법 가운데 머무르면서 괴로움의 진리를 알고, 괴로움의 원인을 알며, 괴로움의 멸함을 알고, 괴로움의 멸함에 이르는 길을 안다. 그는 이와 같이 알고 이와 같이 보았으므로 오하분결(五下分結)이 다한다. 오하분결이란, 이른바 탐욕·성냄·몸이 있다는 소견, 계율과 금기에 대한 집착, 의심이 그것이다. 오하분결이 이미 다하면 그는 천상에 나서 곧 '반열반'하여 물러나지 않는 법을 얻어 이 세상에 돌아오지 않는다. 이것을 어떤 사람은 나온 뒤에는 머무르고 머무른 뒤에는 살펴보며 살펴본 뒤에는 건너가고 건너간 뒤에는 저쪽 언덕에 이른다고 한다. 마치 어떤 사람이 물에 빠졌다가 나온 뒤에는 머무르고 머무른 뒤에는 살펴보며 살펴본 뒤에는 건너가고 건너간 뒤에는 저쪽 언덕에 이르는 것처럼, 내가 저 사람을 말하는 것도 또한 그와 같다. 이것을 여섯째의 물에 비유한 사람이라 하며 세상 이치도 또한 그러하니라.[3]

어떤 것을 사람이 나온 뒤에는 머무르고 머무른 뒤에는 살펴보며 살펴본 뒤에는 건너가고 건너간 뒤에는 저쪽 언덕에 이르며 저쪽 언덕에 이른 뒤에는 그를 언덕에 머무르는 범지라고 하는가. 그것은 사람이 이미 나와 믿음의 선법을 얻어 지계·보시·다문·지혜의 선법을 닦아 익힌다. 그는 훗날에 가서도 믿음이 견고하여 그것을 잃지 않고 지계·보시·다문·지혜도 견고하여 잃지 않는다. 그리하여 선법 가운데 머무르면서

---

3) 불래과 아나함을 설명한 부분이다.

괴로움의 진리를 알고, 괴로움의 원인을 알며, 괴로움의 멸함을 알고, 괴로움의 멸함에 이르는 길을 안다. 그는 이와 같이 알고 이와 같이 보았으므로 탐욕의 번뇌에서 마음이 해탈하고, 존재의 번뇌와 무명의 번뇌에서 마음이 해탈하며, 해탈한 뒤에는 곧 해탈한 줄을 안다. 그리하여 생(生)은 이미 다 하고 범행은 이미 서고 할 일은 이미 마쳐 다시는 후생의 몸을 받지 않는다는 참뜻을 안다. 이것을 어떤 사람이 나온 뒤에는 머무르고 머무른 뒤에는 살펴보고 살펴본 뒤에는 건너가고 건너간 뒤에는 저쪽 언덕에 이르며 저쪽 언덕에 이른 뒤에는 그를 언덕에 머무르는 범지라고 한다.[4] 마치 어떤 사람이 물 속에 빠졌다가 나온 뒤에는 머무르고 머무른 뒤에는 살펴보며, 살펴본 뒤에는 건너가고 건너간 뒤에는 저쪽 언덕에 이르며 저쪽 언덕에 이른 뒤에는 그를 언덕에 머무르는 사람이라 하는 것처럼, 내가 그 사람을 말하는 것도 또한 그와 같다. 이것을 일곱째의 물에 비유한 사람이라 하며 세상 이치도 또한 그러하다. 내가 아까 말한 바 너희들을 위하여 일곱 가지의 물에 비유한 사람을 말하리라고 한 것은 이 때문에 말한 것이니라."

부처님께서 이렇게 말씀하시니, 여러 비구들은 부처님 말씀을 듣고 기뻐하며 받들어 행하였다.

― 중아함경 1권 4, 5행 ―

4과(四果)를 이룬 사람들의 내생

한때 부처님께서 '연와의 집'에 머무시던 어느날, 아난다 존자가 부처님의 처소로 왔다. 그리고 인사를 드린 다음 한쪽에 앉았다. 자리에

---

4) 구경각에 이르는 아라한을 설명한 부분이다.

앉은 아난다 존자는 부처님께 다음과 같이 사뢰었다.

"부처님이시여! 이 나디카 마을에서 사루하루라는 비구가 죽었사온데, 이 비구는 그후 어떤 세계에 태어나며 그의 운명은 어떻게 되어 있사옵니까? 또한 부처님이시여! 이 나디카 마을에서 난다라는 비구니가 죽었사온데, 이 비구니는 그후 어떤 세계에 태어나며 그의 운명은 어떻게 되어 있사옵니까? 또한 부처님이시여! 이 나디카 마을에서 스닷타라는 재가신자가…."

이에 대해 부처님께서는 다음과 같이 말씀하셨다.

"아난다여! 그들이 간 곳은 다음과 같으니라. 먼저 사루하루라는 비구는 살아 있는 동안에 도의 통찰(Magga)로 번뇌를 멸진하고 아라한과의 청정한 선정(arahatta-phala Samādhi)·지혜(arahatta-phala paññā)인 해탈을 스스로 깨닫고 체득하였다. 따라서 이 비구는 깨달음의 세계에서 다시 어리석은 생존을 받지 않느니라.

다음에 아난다여! 난다 비구니는 다섯 가지 번뇌[5]를 멸진하여 좋은 세계에 화생(化生)[6]하였다. 이 비구니는 천계(天界)에서 직접 깨달음의 세계에 들어 다시는 이 세상에 되돌아오지 않느니라(不還果, 아나함과).

또 아난다여! 스닷타 신자는 세 가지 커다란 번뇌를 멸진하고, 또한 욕심·성냄·어리석음이라는 세 가지 마음의 독이 엷게 되었으므로 '한 번만 되돌아오는 이(一來果, 사다함과)'가 되었다. 이 신자는 다시 한 번만 이 세상에서 생(生)을 받아 괴로움을 남김없이 멸진하고 깨달음의 세계에 들 것이니라.

---

5) 열 가지 결박의 번뇌 중 처음 다섯 가지 멸함(五下分結)
6) 태아나 알 등의 과정없이 홀연히 성인의 모습으로 태어나는 것.

그리고 아난다여! 스쟈타 여성 신자는 세 가지[7] 큰 번뇌를 멀리하고 '성자의 흐름에 든 이(預流果, 수다원과)'가 되었다. 이 여성 신자는 이제는 나쁜 세계에 떨어지는 일이 없으며 반드시 바른 깨달음을 얻을 것이 확정되어 있다.

아난다여! 이 밖에 카쿠다 신자는 다섯 가지 거친 번뇌를 멸진하여 좋은 세계에 화생하였다. 이 신자는 그 천계에서 직접 깨달음의 세계에 들어 다시 이 세상에 되돌아오지 않으리라. 마찬가지로 아난다여! 카링가·니카타·카팃사바·툿타·산툿타·밧다·스밧다 등의 재가신자도 다섯 가지 거친 번뇌를 멸진하여 좋은 세계에 화생하였다. 이들 신자들도 그 천계에서 직접 깨달음의 세계에 들어 다시 이 세상에는 되돌아오지 않는다.

아난다여! 이 나디카 마을에서는 오십 명이 넘는 재가신자들이 죽었는데, 이들 신자들은 다섯 가지 번뇌를 멸진하여 좋은 세계에 화생하였다. 이들 신자들도 그 천계에서 직접 깨달음의 세계에 들어 다시는 이 세상에 되돌아오지 않는다.

아난다여! 또 이 나디카 마을에는 구십 명이 넘는 재가신자들이 죽었는데 이들 신자들도 세 가지 번뇌를 멸진하고, 또 욕심·성냄·어리석음이라는 세 가지 마음의 독이 엷어졌기 때문에 '한 번만 돌아오는 이(一來果)'가 되었다. 이들 신자들도, 다시 한 번만 이 세상에서 생을 받고 괴로움을 남김없이 멸진하여 깨달음의 세계에 들 것이니라.

또한 아난다여! 이 나디카 마을에서는 오백 명이 훨씬 넘는 재가신자들이 죽었는데, 이들 신자들도 세 가지 큰 번뇌를 멸진하여 '성자의 흐름에 든 이'가 되었다. 이들 신자들도 나쁜 세계에 떨어지는 일은 없

---

7) 결박의 번뇌 중 처음 세 가지 번뇌 제거(有身見, 戒禁取見, 疑心)

으며 반드시 바른 깨달음을 얻을 것이 확정되어 있다."

　아난다여! 이와 같이 죽은 뒤의 일에 대해 아는 것은, 여래에게 있어서는 별로 불가사의한 일은 아니니라. 그러나 사람이 죽은 후, 일일이 여래의 처소에 와 묻는 것은 번쇄하고 번거롭다. 그래서 아난다여! 이제부터 나는 '진리의 거울(法鏡)'이라는 가르침을 설하리라. 이 가르침을 잘 이해할 수 있다면 성스러운 제자들은 '나에게는 지옥의 경계는 다 했다. 축생의 경계, 아귀의 경계, 나쁜 경계에 떨어진 조건은 모두 다 했다. 나는 성자의 흐름에 든 이가 되어 깨달음의 세계에서 물러나지 아니하고, 틀림없이 바른 깨달음으로 나아가는 이가 되었다'라고, 각자 원하는 그대로 확실하게 알 수 있을 것이니라.

　그럼 아난다여! 그것을 잘 이해할 수 있다면, 성스러운 제자들이 '나에게는 지옥의 경계는 다했다. 축생의 경계, 아귀의 경계, 나쁜 경계에 떨어지는 조건은 모두 다했다. 나는 성자의 흐름에 든 이가 되어 깨달음의 세계에서 물러나지 아니하고, 틀림없이 바른 깨달음으로 나아가는 이가 되었다'라고 각자 원하는 그대로 확실하게 알 수 있는, '진리의 거울'이라는 가르침은 어떤 것이겠는가?

　그것은 아난다여! 제일 먼저 성스러운 제자가 여래에 대해 절대적인 신심을 품어, '저 부처님께서는 이렇게 존경받을 만한 분(阿羅漢), 바른 깨달음을 얻은 분(正等覺者), 지성과 행동을 갖춘 분(明行足), 원만한 분(善逝) 세간을 아는 분(世間解), 위 없는 분(無上士), 사람을 잘 다스리는 스승(調御丈夫), 신들과 인간의 스승(天人師), 깨달은 분(佛), 지복한 분(世尊)이다'라고 믿으며, 또한 가르침에 대해 절대적인 신앙을 품어 부처님에 의해 설해진 이 가르침은 진리를 깨달을 수 있는 것, 때를 놓치지 않고 효과적으로 나타내는 것, 이 장소에서 알 수 있는 것, 깨달음으로 인도하는 것, 지자(智者)로서 각자 알아야만 하는 것'이라고 믿는다. 또 승가에 대해 절대적인 신앙을 품어 '부처님과 제자들의 모임은 바른 목적을 향하고, 바른 길을 목적으로 하며, 올바르게 목적을 향하고 있다'라고 믿는다. 이런 사람들은 곧 네 쌍, 여덟 종류의 사람들(四雙八輩)이니라.

또한 '세존과 제자들의 모임은 공양을 받을 만하고, 대접받을 만하며, 합장 예배받을 만하며, 세상에서 최상의 복덕을 낳게 하는 밭(福田)이다.'라고 믿으며, 성자들을 기뻐하고, 불괴(不壞)·부단(不斷)·불가(不假)·부잡(不雜)·자유(自由)롭게 하고, 식자(識者)들을 칭찬하며 집착하지 아니하고 선정(三昧)으로 나아가며, 계를 몸에 구족하는 것이니라.

아난다여! 이러한 '진리의 거울'이라는 가르침을 구족한 성스러운 제자들은 바라는 대로 각자 '나에게는 지옥의 경계는 다했다. 축생의 경계, 아귀의 경계, 나쁜 경계에 떨어지는 조건은 모두 다했다. 나는 '성스러운 흐름에 든 이'가 되었고, 깨달음의 세계에서 물러나지 않으며 틀림없이 바른 깨달음으로 나아가는 이가 되었다'라고 확실하게 알 수 있을 것이니라."

이렇게 나디카 마을의 '연와의 집'에 머무실 때도, 부처님께서는 비구들에게 많은 가르침을 설하셨다. 즉 "이것이 계율이니라, 이것이 선정이니라, 이것이 지혜이다. 또한 계율을 두루 닦은 선정에는 큰 과보와 이익이 있고, 선정을 두루 닦은 지혜에도 큰 과보와 이익이 있나니 이렇게 지혜를 두루 닦은 마음은 애욕·생존·견해·근본무지 등의 번뇌로부터 바르게 해탈할 수 있는 것이니라"라고

―장부경, 열반경―

2. 위빠싸나 4과 수행은 돈오인가, 점오인가

돈·점 논쟁에 대한 소견

불교에서 논쟁이 있으면 그 해결은 부처님 말씀에 기준을 두어야 한다.

현재 일부에서 논쟁중인 돈오돈수(頓悟頓修)—돈오점수(頓悟漸修) 논쟁은 부처님의 수행법을 이해하면 도움이 될 것 같아 필자의 소견을 몇 자 적어본다.

성철스님께서 선문정로에서 주장하는 돈오돈수는 구경각 아라한의 경지를 말한다. 그 전제 조건으로 혹은 점검 방법으로 오매일여(부동지=불환과=아나함)가 들어있다. (실제로 오매일여에 들기도 지극히 어렵다.)

돈오점수 혹은 점오(해오)점수는 아라한 이하의 단계에 해당한다.

문제는 열 가지 결박의 번뇌(탐·진·치·5장애)가 어느 정도 제거되었는가가 문제이다. 탐·진·치의 모든 번뇌를 단박에 제거하여 구경각에 이르면 돈오돈수이고, 점차로 쉬어 가면서 제거해 나가면 점오점수인 것이다. (Ⅲ부의 대념처경 중 사념처의 수행 결과와 Ⅱ부 1장 10의 성위 4과 참조)

여기에서 문제가 되는 것은 수행법에 대한 견해 차이이다.

선문 정로에서는 처음부터 구경각에 이르기까지 화두를 거각하여 의심해야 한다고 했다.

그러나 실제 한국의 최근래 선사들은 화두를 타파하면 돈오돈수이든가 아니면 돈오점수 상태에서 보임(保任)이라는 방법을 취하여 습기를 닦아 나간다고 했다. (여기에서 수(修)의 개념정리가 필요하다. 어떤 분은 신통과 자비행까지 포함시키나 여기에서는 열 가지 결박 번뇌에 제한한다.)

돈오돈수에서는, 돈오점수의 단계는 완전한 화두의 타파가 아닌 점오 내지 해오라고 주장한다(이것은 보조 선사의 수심결에 나타난 공안의 이해 기준과 간화 결의론에서 화두의 타파 기준이 다른 것에 기인하는 것인지도 모른다).

돈오점수에서는 보임의 방법을 주장하나 보임에 대한 구체적인 방법이 공개적으로 밝혀진 것을 찾기는 어렵다. 부처님의 모든 수행법은 사실 그대로 공개되어 있다. 이 보임의 수행 방법과 부처님의 수행법을 비교해 보면 쉽게 결론이 날 것이다. 부처님의 수행법은 I부에서 살펴 보았듯이 초보자·고참자·아라한·여래 모두 사념처 위빠싸나로 일관했다. 문제는 탐·진·치가 어느 정도 제거되었느냐에 따라 혹은 어느 정도로 성품을 깊이있게 보았느냐에 따라 4과로 혹은 12지(地)로 나누어진다. 마치 촛불의 광도, 햇불의 광도, 태양의 광도는 차이가 있듯이 중생의 지혜와 수다원의 지혜, 부처님의 지혜는 깊이가 다르다. 여기에 따른 명칭이 돈오이냐, 점오이냐가 될 것이다.

부처님은 초전 법륜과 최후의 제자, 수밧다에게 행한 법문에서 중도인 8정도를 깨달음의 유일한 길이라고 선언하셨다. 8정도는 계·정·혜로 축약된다. 청정도론(Visuddhi Magga)에서도 깨달음으로 가는 길을 세 가지로 제시했다. 즉 계·정·혜가 동시에 작용하되 그 중 하나의 길이 두드러진다는 것이다.

보시 공덕이 수승하고 신심이 있고, 계행이 청정하고 대결정심을 가진 수행자는 무상(無常)의 길로, 사마타 선정을 위주로 수행한 사람은 고(苦)의 길로, 위빠싸나 지혜 위주로 수행한 사람은 무아(無我, 空)의 길로 접근한다는 견해도 있다.

이것은 자기가 걸어온 업(業)과 관계가 있다. 이것을 근기의 차이라고도 한다. 필자의 생각으로는 무아(空, 慧)의 길은 돈오돈수에 가깝고,

무상(戒·대결정심·보시)이나 고(定)의 길은 점오점수 쪽에 가깝다고 보나 반드시 일치하는 것은 아닌 것 같다.

왜냐하면 계·정·혜는 동시에 작용하고 수행자의 발심·정진력·스승… 등의 변수가 작용한다고 보기 때문이다. 수행상 문제는 열 가지 결박의 번뇌, 5장애, 탐·진·치가 제거되었느냐이다. 실수행에서 점검 방법은 망상(탐욕·성냄·분별심·명예욕)이 있느냐, 사마타가 아닌 위빠싸나로 오욕락(오매일여)을 극복했느냐 이 두 가지를 기준으로 해도 될 것이다.

잠이 완전히 극복된 오매일여(부동지·불환과)에서는 자동적으로 구경열반에 이르기 때문에 망상이 들어오지 못한다. 24시간 빈틈이 없기 때문이다. 쉬어가면 점오이고, 바로 가면 돈오이다.

위와 같은 각도에서 돈·점 논쟁을 조명한다면 쉽게 결론이 나리라 본다. 경전이나 논에 의하면 계·정·혜는 동시에 작용하기 때문에 계를 무시한 무애행은 있을 수 없다.

그리고 계·정·혜가 동시에 작용한다는 것은 깨달음(悟)과 닦음(修)도 동시에 작용하므로 돈오점수(頓悟漸修)란 말은 논리 전개상 점오(해오)점수로 부르는 것이 맞다고 본다. 선가구감에 의하면 체(體)와 용(用), 성(性)과 상(相)은 동시인 것이다. 또한 유식에서 8식의 미세망념이 대원경지(大圓境智)인 백정식으로 전환할 때도 미세망념의 사라짐과 대원경지가 일어나는 것이 동시이다. 빛이 있으면 어두움은 저절로 사라지기 때문이다. 초지 보살의 깨달음과 구경각인 아라한의 깨달음의 깊이는 틀린다. 구경각(아라한)에선 탐·진·치가 소멸한 가운데 습기나 업이 지혜와 자비로 승화되고 그 밑의 단계에서는 계속 닦아 나가야 된다고 본다(Ⅰ부 2장의 여래의 특성과 초보자, 아라한의 수행법 참조).

성철스님의 선문정로에서는 보임의 경지를 무애자재·대적삼매(大寂

三昧)·상적상조(常寂常照)·평상심·내외명철·무념무생으로 표현했다. 영명 선사는 종경록에서 "모든 불법은 사념처(위빠싸나)에 포함되며 무념을 성취한 사람은 심상(心相)의 생·주·이·멸을 안다. 이것은 중도의 생·주·이·멸인 진여의 생·주·이·멸이다."라고 했다.

육조단경에서도 "무념에서 무(無)라 함은 두 가지 상이 없으며 모든 망심이 없는 것이다. 념(念)이라 함은 진여본성을 생각함이다. 진여는 곧 무념의 본체요, 생각은 진여의 작용이다."라 했다.

상응부경전에서 부처님은, 구경각 아라한은 탐·진·치가 소멸한 가운데 몸에서는 몸을, 감각에서는 감각을, 마음에서는 마음을, 법에서는 법을 즉 사념처를 수행한다고 했으며 감정과 생각의 처음·중간·끝을 안다고 구체적으로 설명했다.

그리고 대열반경 25에서도 "불성은 제불의 극과(極果)인 사념처(四念處)이니라"라고 했다.

결국 보임도 위빠싸나(사념처)이다. 진여연기의 대기대용을 '앎(반야)'으로써 관(觀)하면서 매일매일 좋은 날(日日是好日)하고 응당 머무른 바 없이 그 마음을 낸다(應無所住以生其心).

그리고 수행해 가는 과정에서 분별심과 착심(着心)이 제일 무서운 것 같다. 능엄경에 나타난 50마의 종류도 줄이면 결국 분별심과 착심으로 축약된다. 법구경에서 부처님은 말씀하셨다.

"자기자신은 세상의 모든 것을 벗어나 기쁨을 누린다고 스스로 자만하는 비구들이여! 모든 번뇌를 모두 제거하여 아라한과(구경각)를 성취할 때까지 스스로 만족하지 말라."

부족한 필자의 소견보다는 경전에 나타난 깨달음의 실례를 다음과 같이 살펴보기로 하겠다.

계행과 정견으로 구경각을 성취

한때 부처님이 사밧티에 머물고 계실 때, 바히야 비구는 부처님께 다가갔다. 존경스럽게 예의를 표하고 한쪽 옆에 앉았다. 그리고 부처님께 이와 같이 말했다.

"부처님께서 가르침에 관해서 간략하게 설명해 주신다면, 그 가르침에 따라 외진 곳에 가서 용맹스럽게 대결정심을 가지고 정진하겠습니다."

"좋다. 바히야여, 우선 모든 것들을 정화해야 하느니라. 그러면 무엇을 정화해야 하느냐? 그것은 잘 정화된 계행과 올바른 견해(正見)이니라. 그대의 계행이 청정하고 견해가 정확하다면 그때 바히야여, 계의 도움으로 네 가지 마음집중 수련(사념처 위빠싸나)을 해야 하느니라. 만약 바히야여, 계의 도움으로 밤낮을 가리지 않고 사념처 위빠싸나를 수련한다면, 그때는 불퇴전의 진보만을 기대할 수 있느니라."

부처님의 말씀에 만족하고 기뻐한 바히야 비구는 존경스럽게 인사를 하고 떠나버렸다.

그는 홀로 외진 곳으로 가서 대결정심을 가지고 용맹스럽게 전심전력으로 수행해 나갔다. 귀한 아들들이 집을 버리고 출가하여 달성하기 위한 그 목적, 바로 궁극의 깨달음을 바로 이 생애에서 그 자신 스스로 실현하게 되었다. 윤회(재생)는 끝났다. 청정한 삶은 이루어졌다. 할일은 다 해 마쳤다. 이후로 더 남아 있는 것은 없다. 그는 이것을 알았다. 그리하여 바히야 비구는 아라한들 중 한 분이 되었다.

-상응부 47, 15-

돈오돈수는 용맹 정진에서

비구 생활에 보람을 느끼지 못하던 비구 하나가 있었는데, 그는 그렇다고 다시 세속으로 돌아간다는 것도 수치스러운 일이라고 생각하여 차라리 목숨을 끊으리라 결심했다. 그래서 그는 한번은 독사가 들어 있는 항아리에 손을 넣었다. 그러나 독사는 전생에 비구의 하인이었으므로 전생의 주인을 물지 않았다. 이 일 때문에 그는 뱀의 주인이라는 뜻의 '삽빠다사'라는 이름으로 널리 알려지게 되었다.

뒤에, 그는 또 이번에는 날카로운 면도칼로 자기 목을 찔러 죽으려고 했다. 그런데 날카로운 면도날이 자기 목에 닿는 순간, 자기가 일생 동안 청정하게 비구 생활을 해온 것에 대한 환희와 만족감이 전신에 넘쳐 흐르는 것을 느끼고 크나큰 행복감에 몸을 떨었다. 그런 환희를 체험하고 나서 그는 마음을 자기의 몸과 마음에서 일어나고 사라지는 모든 현상에 집중시켰다. 그리하여 그 관찰력에 의해 삼매를 이룰 수가 있었고, 곧 아라한과에 도달하였다. 그는 수도원으로 돌아왔다.

그가 수도원에 돌아오자 비구들은 그에게 어디를 다녀왔으며 왜 손에 면도칼을 들고 있느냐고 물었다. 그래서 그 비구는 모든 일을 다 고백했다. 그러자 비구들은 왜 죽으려고 했으면서 죽지 않고 돌아왔느냐고 되물었다. 이에 삽빠다사 비구는 대답했다.

"처음에 나는 이 칼로 내 목을 자르려고 했었소. 그러나 나는 내적 관찰의 지혜라는 칼로써 모든 번뇌를 끊어 버렸소."

그러나 비구들은 그의 말을 믿으려고 하지 않았다. 비구들은 부처님께 가서 이렇게 말씀드렸다.

"부처님이시여, 이 비구는 생명을 끊으려고 목에 칼을 대었다가 아라한과를 성취했다고 말하고 있습니다. 이같이 짧은 순간에도 아라한과를 성취할 수 있습니까?"

그러자 부처님께서는 대답하시었다.

"비구들이여, 그러하니라. 그것은 가능한 일이니라. 어느 누구든지 용맹스럽게 마음을 다잡아 고요하게 하여 내적으로 일어나고 사라지는 모든 현상을 예리하게 관찰한다면, 그는 어느 한순간에 아라한과를 성취하게 되느니라. 예를 들어, 어떤 비구가 걷는 행위에 마음을 집중시킨다고 할 때 그가 발을 들어올렸다가 그 발이 다시 땅에 닿기 전에 아라한을 이룰 수도 있느니라."

그리고 부처님께서는 다음 게송을 읊으시었다.

게으르고 노력 없이 백 년을 사는 것보다는
단 하루라도 사마타 위빠싸나를
용맹스럽게 수행하는 것이 훨씬 낫다.[1)]

―법구경 112―

자스민 꽃이 떨어지기 전에 대오

사밧티 근처에 있는 수도원의 비구 오백 명이 제따와나 수도원에 계시는 부처님을 찾아뵙고 수행 주제를 받아 각기 좌선하기 위해 숲속으로 들어갔다. 그들은 거기에서 자리를 정하여 열심히 수행하다가 자스민 꽃이 아침 일찍 피었다가 해질 무렵이 되면 시들어서 떨어지는 것을 보고 이렇게 결심했다. '우리는 현상 관찰(위빠싸나)에 전념하여 저 자스민 꽃이 피었다가 시들어 떨어지기 전까지 해탈을 성취하자.' 그런 마음으로 열심히 정진하고 있을 때 부처님께서는 제따와나의 간다꾸티에 계시면서 신통력으로 그들을 살펴보시고 오색 광명을 보내시어 부처님께서 마치 그들 가까이에 계신 듯이 보이게 하시었다. 그런 다음 부처님

---

1) 용맹정진으로 돈오돈수의 진수를 부처님의 육성으로 듣는 장면이다. 다같이 분발하여 용맹정진하자.

께서는 이렇게 설법하시었다.

"비구들이여, 자스민 꽃이 한 번 시들어 떨어지면 다시 되붙을 수 없 듯이 너희도 너희의 모든 번뇌와 망상, 온갖 청정치 못한 것들을 다 제거하여 다시는 붙지 않도록 함으로써 생사 윤회의 고통으로부터 벗어나거라."

그리고 부처님께서는 다음 게송을 읊으시었다.

비구들이여, 마치 자스민 꽃이 시들어
나무에서 떨어지듯
이와 같이 욕망과 성냄을 떨어뜨려라
그러면 모든 고통에서 해탈하리니.

부처님의 이 설법 끝에 오백 명의 비구들은 모두 아라한과를 성취했다.

―법구경 377―

언하에 대오한 서른 명의 비구들

어느 때 비구 서른 명이 부처님을 친견하기 위해 다른 지방으로부터 제따와나 수도원에 도착했다. 그 비구들이 부처님께서 머무시는 간다꾸티에 들어가 부처님을 뵙고 있는 동안, 부처님의 시자인 아난다 존자는 밖으로 나와 그 비구들이 부처님으로부터 법문을 다 듣고 나오기를 기다렸다. 그런데 꽤 긴 시간이 지났는데도 비구들이 부처님 처소에서 나오질 않기에 시자 아난다 존자가 안으로 들어가 보니 어찌된 셈인지 비구들의 모습이 보이지 않았다. 이에 당황한 아난다 존자가 부처님께 서른 명의 비구들의 행방을 여쭈었다. 그러자 부처님께서는 이렇게 대답하시었다.

"아난다여, 그 비구들은 여래의 법문을 듣고 아라한이 되었으며 동시에 신통력까지 갖추어 허공을 통해 이곳을 떠났느니라."

그리고 부처님께서는 다음 게송을 읊으시었다.

백조가 허공으로 날아가 버리듯
그들은 신통을 얻어 허공으로 날아갔도다.
그들 지혜로운 사람들은 마라를 항복받고
이 세상을 벗어나 버렸도다.

-법구경 175-

삭발중 아라한이 된 사미

띳사 존자는 어느 때 그의 아버지의 요청을 받아들여 일곱 살 난 사마네라(사미)를 받아들인 적이 있었다. 존자는 소년의 머리를 깎기에 앞서 소년에게 좌선 수행에 관한 법문과 함께 수행법을 자세하게 일러주었다. 그러자 소년은 머리를 깎는 동안, 스승으로부터 배운 수행법을 집중적으로 실천하여 마음을 자신의 호흡에 집중 밀착시키어 일념을 이루었다. 그리하여 자기 머리가 다 깎이는 것과 동시에 아라한을 성취하였다.

얼마의 시간이 흐른 뒤에 띳사 존자는 사마네라 아라한을 데리고 부처님을 친견하기 위해 사밧티로 떠났다. 여행 도중 그들은 어느 마을에서 하룻밤을 지내게 되었다. 이때 존자는 먼저 곤한 잠에 취해 떨어졌고, 어린 사마네라는 스승이 주무시는 침상 곁에 바르게 앉아 밤을 새며 좌선 정진했다.

아침 일찍이 잠에서 깨어난 존자는 사마네라를 깨워야겠다고 생각했다. 그런 생각으로 침상에서 종려나무 잎으로 만든 부채를 쥐고 일어났는데, 그 부채 손잡이의 끝 부분이 그만 사마네라의 눈을 찌르고 말았다. 그러나 사마네라는 아무런 동요도 보이지 않고 다친 한쪽 눈을 가리고 나이 많은 스승을 위해 세숫물을 떠와 스승의 손과 입, 얼굴 등을 씻어 드렸으며 수도원의 마당과 방도 쓸었다. 그런데 사마네라가 물을 바칠 때 두 손으로 올리지 않고 한 손으로 올렸다 하여 스승은 사마네라를 꾸짖었다. 그러면서 존자는 어른들께 무엇을 올릴 때에는 두 손으로 공손히 올리는 법이라고 타일렀는데, 이때에 이르러 사마네라는 자기가 눈 하나를 잃었다는 것을 스승께 말씀드렸다.

존자는 자기가 이 진실한 어린 성자에게 얼마나 큰 잘못을 저질렀는지를 알고 부끄러움과 고통을 느껴 제자에게 백배 사과했다. 그러나 사마네라는 말하기를 이것은 존자의 잘못도 아니고 또한 자기의 잘못도 아니며, 다만 업의 결과일 뿐이라고 담담하게 말했다. 사마네라는 오히려 존자에게 이번 일에 대해서 너무 유감스럽게 생각하실 것이 없다고 위로했다. 그러나 존자는 이 불행한 사고를 잊을 수가 없었다. 마침내 사밧티의 제따와나 수도원에 도착하자 존자는 부처님께 나아가 자기와 함께 온 어린 사마네라는 자기로서는 처음으로 보는 훌륭한 성자라면서 여행하는 동안 일어난 일을 보고드렸다. 부처님께서는 존자의 보고를 들으시고 이렇게 말씀하시었다.

"아라한은 어느 누구에게든 진심을 일으키지 않느니라. 그는 감각을 잘 다스려 완전히 고요하고 평등하기 때문이니라."

그리고 부처님께서는 다음 게송을 읊으시었다.

아라한의 마음은 고요하다.
그의 언어도 고요하며 그의 행동 또한 고요하다.
그는 진실로 담마를 깨달은 사람,

모든 번뇌로부터 벗어났기에
삶의 행, 불행에 동요가 없다.

-법구경 96-

형장에서 깨달음을 성취하다

마하 까싸빠 존자의 제자인 비구 한 사람이 수행을 열심히 한 결과 네번째의 선정을 성취하였다. 그런데 그는 어느날 자기 숙부가 경영하는 금방을 구경하고서 자기도 그같이 부유하고 화려하게 살고 싶은 마음이 일어나 비구 생활을 포기하고 말았다.

그렇게 그는 다시 사회로 돌아가 자기 숙부 집에서 살게 되었지만 게으르게 굴며 아무 일도 하지 않았고, 숙부의 돈벌이에도 별 도움을 주지 못해서 마침내 쫓겨나고 말았다. 그는 그 뒤, 질이 나쁜 패들과 어울렸고 마침내는 도적떼에 들어가 도적질까지 하게 되었다. 그러다가 결국은 관원에게 붙들려 손을 등 뒤로 묶인 채 사방으로부터 날아오는 가죽 채찍을 맞으며 사형장으로 끌려갔다.

이때 마하 까싸빠 존자가 탁발차 시내에 들렀다가 옛날 자기 제자였던 자가 사형장으로 끌려가는 것을 보고 묶인 손을 잠시 풀어 준 다음 그에게 다음과 같이 옛 수행 시절을 상기시켜 주었다.

"너는 내가 과거에 가르쳐 준 수행법을 아직 잊지 않았으리라. 그러니 이제부터 너는 그때를 기억하며 다섯 가지 모임(5온 : 五蘊)의 일어나고 사라지는 현상에 일념으로 네 마음을 집중시키거라."[2]

그래서 그는 스승의 말을 따라 사형장으로 끌려가는 동안 열심히 마

---

2) 이것은 4념처 중 법의 관찰이다.

음을 집중시켰다. 그리하여 예전에 성취한 적이 있는 네번째 선정을 다시 맛볼 수 있었다.

이때 사형 집행관은 그에게 선언했다.

"우리는 네 목을 쳐 죽일 것이니라!"

그러면서 그는 쇠창을 불에 달구고 있었는데, 도적이 조금도 두려워하거나 동요하지 않자 그의 주변을 빙빙 돌면서 칼과 창을 치켜 들고 위협을 가했다. 그러나 도적은 조금의 흔들림도 없이 극히 고요한 태도로 앉아 있는 것이었다. 이에 그는 매우 감탄하여 상관에게 이렇게 보고했다.

"여기 이 사람을 보십시오! 그는 지금 수많은 망나니들이 자기를 둘러싸고 있는데도 자기의 몸을 평정하게 지키며 조금도 떨거나 흔들리지 않습니다. 이것은 참으로 대단한 일이 아니겠습니까!"

그는 이렇게 말하는 한편 감탄어린 음성으로 "아, 이것은 얼마나 대단한 일인가!"라고 외쳤다. 그리하여 그 같은 사실은 곧 왕에게도 보고되었고, 왕은 특별 명령을 내려 도적을 풀어 준 다음 부처님께 가서 이 사실을 말씀드렸다.

그러자 부처님께서는 그 도적에게 광명을 놓으시어 부처님께서 마치 그 앞에 계신 듯이 모습을 보이시며 다음 게송을 읊으시었다.

> 가정, 그 욕망의 숲을 떠나
> 비구, 그 수행의 숲을 택했으나
> 수행의 숲에서 벗어나 다시
> 욕망의 숲으로 되돌아갔다.
> 모두들 와서 보라, 욕망의 자유로부터
> 다시 욕망의 얽매임으로 달려간 자를!

부처님의 이 설법을 들은 과거 비구였던 도둑은 비록 쇠창 끝과도 같이 위태롭게 많은 망나니들에게 둘러싸여 있는 절박한 상황이었지만 태어나고 죽는 현실을 관찰 대상으로 삼아 일념을 이루었다. 그리하여 제행무상·일체개고·제법무아의 세 가지 진리로 대표되는 이 세계의 진실을 깨달아 수다원과를 성취하는 한편 신통력까지 얻었다. 그는 곧 기쁨에 충만하여 허공으로 솟구쳐 올라 허공에 있는 채로 부처님께 인사를 올리더니, 왕을 비롯한 수많은 사람들이 지켜보는 가운데 아라한과를 성취하였다.

-법구경 344-

하나는 무엇인가?

꾼달라께시는 라자가하에 사는 한 부자의 딸이었다. 그녀는 어릴 적부터 조용하고 한적한 생활을 좋아했는데, 어느날 사형장으로 끌려가는 도둑을 보고 그만 사랑에 빠져 버렸다. 그녀의 부모는 큰 부자였던만큼 딸을 생각해서 도둑을 잡아가는 사람에게 많은 돈을 주고 그를 풀어 주도록 한 뒤 그녀와 결혼을 시켰다. 꾼달라께시는 자기와 결혼한 남자가 한때 도둑이었던지라 사랑보다는 그녀가 부모로부터 물려받은 재산과 또 몸에 지니고 있는 값진 금은보석 따위에 더 마음을 두고 있었다.

어느날 남편은 아내에게 모든 값진 물건을 몸에 다 지니게 하고 자기와 함께 멀리 산에 올라가서 산신에게 제사를 지내자고 말했다. 남편은 아내에게 자기는 옛날에 죽을 지경에 처한 적이 있었는데, 그때 산신이 생명을 구해 주었다고 말했다. 그러므로 이제는 아내와 함께 산에 가서 제사를 올리지 않으면 안 된다는 것이었다.

남편은 그녀를 데리고 산꼭대기까지 올라갔다. 그러나 산 위에 오른 남편은 갑자기 태도를 바꾸어 사실, 자기는 제사를 지내려는 것이 아니라 너를 죽이고 몸에 지닌 값진 것들을 빼앗으려는 거라고 말했다. 이에 너무나 놀란 아내는 모든 것을 다 드릴테니 목숨만은 살려 달라고 애원했다. 그렇지만 남편은 마음을 바꾸려고 하지 않았다. 그 순간 아내는 생각했다. '이렇게 되었으니 내가 살기 위해서는 남편을 처치하는 수밖에 없겠다. 그러니 만큼 아주 능숙하게 행동해야 할 것이다.' 이렇게 마음을 정한 꾼달라께시는 몸에 지니고 있는 보석들을 풀어 남편이 안심하도록 유도하면서 슬픈 목소리로 말했다.

"이제 저는 당신에 의해 죽게 되었어요. 그러니 이것이 우리의 마지막이 되겠군요. 우리는 이번에 헤어지면 다시는 만날 수 없는 운명입니다. 그렇더라도 어쨌건 당신은 제 첫사랑이었고, 제 남편이었습니다. 그러니 당신께 마지막으로 법도에 맞게, 공손하게 예를 표할 수 있도록 제게 잠시 여유를 주세요. 이제부터 제가 당신의 오른편으로 조용히 세 바퀴를 돌고 큰절을 올릴테니 그 다음엔 모든 것을 당신 마음대로 하세요."

이렇게 간청하자 도둑도 마음이 움직였던지 그것을 허락해 주었다. 꾼달라께시는 두 손을 모아 합장을 하고 아주 천천히 남편의 오른쪽 방향으로 돌면서 그의 동정을 예리하게 살폈다. 그때 도둑 남편은 자기 눈앞에 쌓인 보석에 모든 관심이 집중되어 있어서 아내의 행동에는 주의를 기울이지 못하고 있었다. 그때를 놓치지 않고 그녀는 있는 힘을 다해 남편의 등을 떠밀어 벼랑 아래로 떨어뜨려 버렸다.

이같이 도둑 남편을 처치하고 자기 목숨을 구한 그녀는 금은보석을 나무 위에 매달아 놓았다. 그리고 나서 어디로 가야 할지를 몰라 그저 무조건 앞으로 걷기 시작했다. 그러다가 그녀가 도착한 곳은 우연하게도 여자들이 모여 수행하는 빠리바지까라는 곳이었고, 그녀는 거기에 머물러 수행 단체의 일원이 되었다. 그 뒤, 꾼달라께시는 그곳에서 가르치는 일천 가지나 되는 각종 형이상학적인 학문을 배웠고 그 해답을 터득하였을 뿐만 아니라, 수행을 통해 그것들을 확인하기까지 하여 아주 이름 높은 수행자가 되었다. 그녀는 두뇌가 매우 명석하였으므로 아주 짧은 기간에 그 모든 것을 터득했던 것이다.

그러자 그녀의 스승(여자)이 말했다.

"너는 이제 세상에 나가서 그동안 배운 일천 가지 문제를 제기해 보아라. 그래서 누군가가 그에 대해 명석하게 답변한다면 너는 그 사람의 제자가 되어야 할 것이고, 아무도 그 문제에 대답하지 못한다면 너는 세상에서 가장 지혜로운 사람이라 불리게 될 것이다."

그리하여 꾼달라께시는 세상으로 나왔다. 그녀는 세상을 널리 돌아다니면서 자기의 지식과 능력을 드러내었고 공개적으로 도전자를 청했다. 그러나 아무도 그녀에게 도전해 오는 사람이 없었으므로 그녀는 계속하여 이 지방 저 지방으로 순회를 하면서 상대를 구했다. 그 때문에 그녀는 잠부까 빠립바지까, 즉 세상을 누비는 여자 수행자라고 불리우게 되었다.

이렇게 지방을 계속 여행하던 어느날, 잠부까는 사왓티 성에 도착했다. 그녀는 성에 들어가 탁발을 하기 전에 자기에게 도전해 올 사람을 찾는다는 표시로 모래 무덤을 크게 만들고 그 꼭대기에 우제니아(열대식물) 가지를 꺾어 높이 달아두었다. 이때 사리풋타 존자가 이 여인에게 도전하게 되었던 것이다.

꾼달라께시는 갈고 닦은 솜씨를 발휘하여 일천 가지의 문제를 제기했다. 그렇지만 사리풋타 존자는 아주 쉽게 이 모든 문제를 풀었다. 그 다음은 사리풋타 존자가 질문할 차례였다. 사리풋타 존자는 그녀에게 단 한 가지를 물었을 뿐이다. 그 질문은 '하나는 무엇인가?'라는 것이었다. 꾼달라께시는 그 질문에 대답할 수가 없었다. 그래서 그녀는 존자에게 해답을 가르쳐 달라고 청했고, 존자는 그러기 위해서는 먼저 비구니가 되어야 한다고 말했다. 그리하여 그녀는 비구니가 되었다.

꾼달라께시는 수행을 시작한 지 불과 며칠 만에 아라한이 되었다. 그러자 몇몇 비구가 부처님께 여쭈었다.

"비구니 꾼달라께시는 어떻게 적은 법문만을 듣고도 아라한이 될 수 있었습니까? 그녀는 출가하기 전에 다른 수행 단체에 속해 있었고, 또 사람을 죽인 여인이었는데 말입니다."

그러자 부처님께서는 다음의 게송 두 편으로 대답을 대신하시었다.

> 열반(닙바나)을 깨닫는 것과 관련없는
> 무의미한 게송 백 편을 읊어 주는 것보다는
> 단 한 편에 지나지 않을지라도
> 듣는 이의 마음을 고요하게 해주는
> 게송을 읊어 주는 편이 훨씬 낫다.[3]
> 전쟁터에서 백만인을 정복하는 것보다는
> 자기자신을 정복한 것이
> 참으로 더욱 위대한 것이다.

—법구경 102—

---

3) 당하 무심의 돈오돈수의 비결을 부처님이 설파하고 계시는 장면이다.

3. 여래와 아라한 Ⅰ

아라한과 여래와의 차이에 대해서는 여러 가지 견해가 많다.

흔히들 북방 대승경전에서 말하는 소승 아라한은 아직 미세 망념이 남아 있는 상태를 말하고, 대승 아라한은 미세 망념까지 제거된 탐·진·치가 완전 멸진한 상태를 말하는 것이 지금까지 통례이다. 아함경에 나타난 아라한은 후자의 경우를 말한다.

남방에서도 여래와 아라한과의 차이에 대해서는 시비가 많은 것 같다. 심지어 부파불교 당시에도 각 부파간에 이 문제로 논쟁을 많이 했을 정도이다.

성철스님의 선문정로에는 각 경전과 조사어록의 예를 발췌해서 견성(구경각)과 성불을 같은 것으로 논증했다.

즉 대열반경에는 "번뇌가 불생(不生)하는 고로 곧 불성을 정견하며, 불성을 정견한 고로 대열반에 안주하나니 이를 불생(不生)이라"했고, 종경록에는 "견성하면 즉시 여래가 되느니라"라고 했다.

여래의 개념에도 다소 상이한 입장이 있는 것 같다.

그리고 부처님의 열 가지 명호 중 아라한(應供者, 응공자)이란 별칭이 들어 있다. 아함부 경전에 나타난 아라한은 탐·진·치가 소멸한 응공자를 말한다.

일반적으로, 아라한의 경지는 8정도로만 가능하지만 성불(成佛)의 필수 요건으로 8정도와 10바라밀(보시·지계·지혜·정진·인욕·진실·결의·자애·평온)을 든다.

한편 부처님도 '정업은 난면'이라 하여 당신께서 지은 업(業)은 피할 수 없되, 받는 바 없이 받아서 자비와 지혜로 승화시켜 나간다.

경전상에서 보면 부처님은 신통과 특수능력에서 분명히 상수 제자분들을 압도한다. 그리고 여래는 혼자서 깨달음을 이루셨고 가르침에 있어서도 탁월한 법력을 발휘하신다. 아마 이러한 능력은 무수한 전생부터 쌓아온 수행과 보살의 자비선근 공덕에 기인하리라고 추측해 본다.

사리풋타가 제자들을 가르치는데 부처님이 수정하는 경우가 종종 발견된다. 사리풋타·목갈라나·마하 까사빠 존자들은 대표적인 상수제자로 대아라한이다. 사리풋타와 목갈라나 존자는 부처님보다 먼저 열반에 드셨다. 팔리어 근본 경전에서는 '삼처전심'은 발견되지 않는다. 후대에 첨가했다는 설이 강하게 대두된다. 그러나 부처님의 깨달음의 핵심이 중도, 연기라는 것에는 이견이 없다.

위와 같은 문제들에 너무 관심을 많이 갖는 것은 수행상 도움이 되지 않는다. 열반, 깨달음의 세계는 우리들의 분별심이나 상대적인 견해의 관점 너머에 있기 때문이다. 아라한도 여래도 절대지인 열반에는 이미 도달했다. 생, 사의 고해도 영원히 끝났다.

상대적인 견지에서는 백두산은 높고 남산은 낮다. 그러나 백두산도 남산도 우주를 머금고 있다(一中一切多中一, 一卽一體多卽一). 근본적인 이(理, 體)와 현상적인 나툼인 용(事, 用)의 문제인 것 같다(明暗一相, 山高水長).

현재 우리들 수행자의 입장에서는 탐·진·치의 소멸로 고(苦)로부터 해탈하고, 지혜와 자비의 완성으로 자신을 구하고 이웃을 구하는 것이 가장 현실적이고 절실한 문제이다. 이것이 중도 8정도이다.

"독화살을 뽑고 볼 일이다."

부족한 필자의 견해보다는 경전상에 나타난 여래의 법력과 아라한들의 특성을 자료가 미흡하지만 살펴보면서 우리도 그렇게 체험할 수 있도록 수행하자.

여래와 아라한의 차이

"번뇌의 소멸을 얻은 사람들(아라한), 그들은 실로 나와 같은 승리자들이로다."
-중부경. 26-

"비구들이여, 여래는 아라한이면서 대각자[1] 이노라. 여래는 일찍이 알려진 적이 없는 길을 선포한 사람이로다.

실로 그는 길을 아는 사람이고, 길을 이해하는 사람이고, 길에 숙달한 사람이로다. 이에 반해 여래의 제자들은 여래의 발자취를 따라 여행하는 사람들이니라. 비구들이여! 이것이 그 차이로다. 아라한이면서 대각을 성취한 여래와 통찰에 의해 자유를 얻어 성취한 제자들과의 차이점이니라."
-상응부경 3, 66-

여래의 여섯 가지 힘

나는 이와 같이 들었다. 부처님께서 기원정사에 계실 때였다. 제자들에게 말씀하셨다.

"여래는 여섯 가지 훌륭한 능력이 있다. 여섯 가지 힘을 성취하면 여래이며 등정각(等正覺)이다.

여래의 첫째 힘은, 과거 부처님들의 훌륭한 지혜를 얻어 법륜을 굴리며 대중을 향해 사자후를 토한다. 그곳이 옳은 곳인가 그른 곳인가를 틀림 없이 안다.

여래의 둘째 힘은, 과거·현재·미래를 즐거운 마음으로 진실하게 느낀다.

---

1) 여기서 말하는 대각자는 신통까지 포함하는 것 같다. 남방에서는 여래는 홀로 깨치신 분이고 아라한은 여래의 가르침에 따라 깨친 분으로 정의한다.

여래의 셋째 힘은, 여래선·해탈·삼매·관찰이 올바르고 진실하다.

여래의 넷째 힘은, 과거의 여러가지 숙명의 사실들을 명백하게 안다.

여래의 다섯째 힘은, 여래의 눈은 천안이다. 모든 중생이 여기서 죽고 저기서 태어나는 것을 본다.

여래의 여섯째 힘은, 번뇌가 없다. 번뇌가 다 했으므로 마음도 지혜도 다 벗어났다. 대중을 향해 사자후를 토한다."

대중들은 부처님의 말씀을 기쁘게 받아들였다.

—잡아함경 686—

여래가 체득한 세 가지 신통이란

부처님이 나란다 성 바바리암라 동산에 계실 때였다. 하루는 견고(堅固)라고 하는 남신도 한 사람이 부처님을 찾아왔다.

"부처님, 이토록 번화하고 잘 살고 있는 나란다 사람들이 부처님을 공경하며 믿고 있습니다. 원컨대, 부처님께서는 어떤 비구로 하여금 신통 변화를 나타내 보이게 해주십시오. 그러면 이 성 안에 사는 사람들이 더욱 부처님의 법을 믿고 공경할 것입니다."

"나는 비구들에게 여러 사람이 보는 앞에서 신통 변화를 나타내 보이라고 가르친 일이 없소. 다만, 한적한 곳에 앉아 도를 생각하고 공덕이 있거든 안으로 감추어 두고 허물이 있으면 몸소 드러내 놓으라고 가르칠 뿐이오"

그러나 견고는 거듭거듭 부처님께 간청했다. 부처님은 그의 청을 거절하시고 나서 이렇게 말씀하셨다.

"세 가지 신통이 있는데, 그것은 내가 몸소 체득한 것이니 말해보겠소. 신족통(神足通)과 타심통(他心通)과 교계통(敎誡通)이 그것이오 신족통이란, 한 몸으로 여러 몸을 나타내기도 하고 여러 몸을 합쳐 한 몸을 만들기도 하며 또는 나타내고 숨기기도 하오 산과 장벽을 지나되 허공과 같이 걸리지 않고, 땅 속에 출몰하되 물 속에서처럼 자유로우며, 물 위로 다니되 땅 위와 같고 허공에 앉되 날개 있는 새와 같소 큰 신통력과 위력으로 해와 달을 손으로 만지고 몸으로 범천(梵天)에 이르기도 하오.

어떤 신도가 비구의 이러한 신통을 보고 아직 믿음을 얻지 못한 사람에게 이것을 이야기하면 그 사람은 '저 비구는 간다리라는 주문을 외어 그러한 신통을 얻은 것이다'라고 할 것이오 이것은 오히려 불법(佛法)을 비방하는 결과를 가져오지 않겠소? 그러므로 나는 신통 변화 같은 것을 부질없게 여기어 비구들에게 금하도록 한 것이오.

그리고 타심통이란, 남의 마음을 관찰하여 '너의 뜻은 그렇고 네 마음은 이렇다'라고 말하는 것이오 이것을 보고 믿음을 얻은 이가 아직 믿음을 얻지 못한 사람에게 이야기한다면, 그 사람은 '저 비구는 마니가라는 주문을 외어 그런 신통을 얻은 것이다'라고 할 것이오 이것은 오히려 불법을 비방하는 결과가 되지 않겠소? 그러므로 나는 이런 허물을 보고 신통 변화 같은 것을 부질없게 여기어 비구들에게 금하도록 한 것이오 교계통이란, 여래가 세상에 출현하여 사문이나 바라문들에게 '그대들은 이렇게 생각하고 저렇게는 생각하지 말라. 이런 일은 하고 저런 일을 해서는 안 된다. 이것은 내버리고 저것을 취해라' 이와 같이 가르쳐 훈계하는 것이오 그들은 모두 어둠을 떠나 밝음을 찾고 죄악을 버리고 공덕을 성취하게 되는 것이오 이렇게 출가하여 정진 수행하므로 계행이 갖추어지고 선정이 갖추어지며 지혜가 갖추어져 아라한의 지위를 얻게 되는 것이오 이 세 가지 신통은 여래가 스스로 체득하여 가르치는 것이오.

견고는 부처님의 말씀을 듣고 기뻐하면서 받들어 행했다.

－장아함경 堅固經－

여래가 전생에 쌓은 보시·자제·금욕의 공덕

바로 이와 같은 것을 아라한 세존께서 설하셨다고 나는 들었다.

"비구들이여! 공덕을 두려워하지 말라. 비구들이여! 공덕은 안락을 의미하며 사람이 바라는 것, 원하는 것, 즐거운 것을 의미한다. 다시 말하면 비구들이여! 오래도록 공덕을 쌓으면 오랜 시간에 걸쳐 원하고 바라던 즐거운 그 결과를 누리리라는 것을 나는 알고 있다. 나는 7년 간 자비심을 닦은 후, 그 과보에 따라 세계가 일곱 차례 생성과 소멸을 거듭하는 동안 이 세상으로 돌아오지 않았다. 비구들이여! 나는 세계가 붕괴해 가는 동안에 실은 광음천에 있었던 것이다. 또 세계가 생성되어 가는 동안에는, 아직 천신이 머문 적 없는 공허한 범천궁에서 살아가고 있었던 것이다. 비구들이여! 실로 그곳에서 나는 범천이요, 대범천이며 정복자요, 일찍이 정복받지 못했던 자이며 모든 것을 보는 자요, 최고의 권위를 가진 자였다. 그리고 비구들이여! 나는 열 여섯 번도 넘게 온갖 하늘의 제왕인 제석천이었다. 나는 수백 번도 넘게 정의를 지키는 군주였고 사방에 그 위세를 떨친 정복자였고 내 통치하에 있던 나라들을 잘 다스렸다. 일곱 가지 보배를 가진 전륜성왕이었다. 지방의 작은 왕국에까지 위광이 미쳤음은 말할 나위도 없다.

비구들이여! 그에 관해 다음과 같이 생각이 일어났다. 내가 지금 이와 같이 위대한 세력과 위력이 있는 것은 내 어떠한 행위의 갚음 때문일까, 어떠한 행위의 결과 때문일까!

비구들이여! 이어서 이와 같은 생각이 떠올랐다. 내가 지금 이같은 세력과 위력을 지닌 것은 나의 세 가지 행위의 결과이다. 그 과보이다. 즉, 보시와 자제와 금욕의 과보인 것이다."

이렇게 부처님께서 말씀하시며 그에 관해 다음과 같이 설하셨다.

"그는 미래의 안락의 기반이 되는 공덕을 닦아야 한다. 보시와 고요한 행동, 그리고 자비심을 닦아야 한다.
안락을 부르는 이 세 가지를 닦아 현명한 사람은 증오하는 마음 없는 안락한 세계에 태어난다."

― 이티붓티카경 ―

무학[2]의 능력

이와 같이 나는 들었다.

어느때 부처님께서는 슈라바스티국 제타숲, 외로운 이 돕는 동산에 계시면서 여러 비구들에게 말씀하셨다.

"다 배운 이(無學)의 세 가지 밝음이 있다. 어떤 것이 셋인가. 전생을 아는 지혜의 신통, 생사를 아는 지혜의 신통, 번뇌가 다한 지혜의 신통이니라.

어떤 것이 다 배운 이의 전생을 아는 지혜의 신통인가. 이른바 성인의 제자는 갖가지 전생 일을 안다. 즉 일생에서 백천 만억 생에 이르기까지 내지 이루어지고 무너진 겁의 수, 자기와 중생들이 과거에 어떤 이름, 어떤 생(生), 어떤 성을 가진 것과 어떤 음식을 먹은 것과 어떤 괴로움과 즐거움을 받은 것, 생이 오래 머무른 것과 어떤 신분을 받았던가를

---

2) 무학은 더 배울 것이 없는 아라한과 부처의 경지를 말한다.

다 알고, 또 자기와 중생들이 여기서 죽어 다른 곳에 나고, 다른 곳에서 죽어 여기에 난 것과 어떤 행(行)·어떤 인(因)·어떤 믿음으로 갖가지 전생 일을 받았던가를 다 밝게 안다. 이것이 이른바 전생을 아는 지혜의 밝음이니라.

어떤 것이 생사를 아는 지혜의 밝음인가. 이른바 성인의 제자는 사람 눈보다 뛰어난 하늘 눈으로 모든 중생들의 죽는 때와 나는 때, 좋은 얼굴과 나쁜 얼굴, 귀한 몸과 천한 몸, 나쁜 곳으로 업(業)을 따라 태어나는 것들을 본다. 그리고 이런 중생들은 몸으로 나쁜 행을 행하고, 입과 뜻으로 나쁜 행을 행하며, 성인을 비방하고 삿된 소견으로 삿된 법의 인연을 받았으므로, 몸이 무너지고 목숨이 끝난 뒤에는 지옥같은 나쁜 곳에 난다고 참다이 안다. 또 이 중생은 몸과 입과 뜻으로 착한 행을 행하고 성인을 비방하지 않으며, 바른 소견을 성취하였으므로 몸이 무너지고 목숨이 끝난 뒤에는 천상이나 인간의 좋은 곳에 난다고 참다이 안다. 이것이 이른바 생사를 아는 지혜의 밝음이니라.

어떤 것이 번뇌가 다한 지혜의 밝음인가. 이른바 성인의 제자는 이것은 괴로움이라고 참다이 알고, 이것은 괴로움의 원인, 이것은 괴로움의 멸함, 이것은 괴로움의 멸함에 이르는 길이라고 참다이 안다. 그는 이렇게 알고 이렇게 봄으로 탐욕의 번뇌에서 마음이 벗어나고, 존재와 무명의 번뇌에서 마음이 벗어나고, 그리고 벗어난 줄을 알고 보아 나의 생은 이미 다 하고 범행은 이미 서고, 할 일은 이미 마쳐, 다시는 후생 몸을 받지 않을 줄을 스스로 안다. 이것이 이른바 번뇌가 다한 지혜의 밝음이니라."

그때에 부처님께서는 곧 게송으로 말씀하셨다.

자세히 관찰하여 전생 일 알고

하늘이나 나쁜 곳에 나는 것 보고
나고 죽는 그 온갖 번뇌 다 하면
그것은 곧 무지의 밝음이니라.

저 일체의 탐욕과 애정에서
그 마음 벗어나게 된 것을 알고
세 가지 모두 다 통달했나니
그러므로 세 가지 밝음이라 말한다.

부처님께서 이 경을 말씀하시자, 여러 비구들은 그 말씀을 듣고 기뻐하며 받들어 행하였다.

-잡아함경 제31권-

술 취한 여성을 제도한 여래의 법력

뿝빠라마 수도원을 승단에 시주한 위사카는 성품이 너그럽고 베풀기를 즐기며, 친절하고 인정 많은데다가 계행도 잘 지켰다. 그녀는 또한 지혜로운데다 덕행도 높았는데, 어느 때 사밧티에 사는 남자 오백 명은 자기들의 아내들도 위사카와 같이 되기를 바라서 위사카와 친하게 지내게 하려고 자기 아내들을 위사카에게 보냈다. 그런데 그때 마침 위사카는 다른 급한 볼일이 있어서 그녀들을 돌보아 주지 못하였다. 그러자 그녀들은 밧차날리안 축제 때 남편들이 이렛동안 마시다가 남은 술을 마시고 만취되어 잠들었고, 돌아온 남편들은 이 광경을 보고 화가 치밀어 아내들을 두들겨 팼다.

그 뒤 한 번은 그 여인들이 위사카에게 부처님을 뵙고 설법을 듣겠다고 청하므로 위사카는 그들을 데리고 부처님이 계시는 수도원에 가게 되었는데, 이때 그녀들은 여러 종류의 술을 옷 안에 감춰 가지고 들어갔다. 그녀들은 수도원에 들어가자 감춰가지고 온 술을 모두 마시고 술병을 수도원 아무데나 버렸다. 그러나 위사카는 그런 줄도 모르고 부처님께 그녀들에게 설법을 해주실 것을 간청했고, 부처님께서 설법을 시작하실 즈음 술기가 오른 그녀들은 마음이 흐트러지고 정신이 몽롱해져서 노래를 부르고 덩실덩실 춤까지 추기 시작하는 것이었다.

누구든지 부처님께서 법을 설하시는 건물 안에 들어오게 되면 마음이 정숙해지게 마련이며, 광명으로 빛나는 부처님의 상호를 뵙게 되면 그 거룩한 모습에 압도되어 고개를 바르게 하고 공손하며 진지한 태도가 되는 게 보통이었다. 그런데 그녀들은 술에 취해서 완전히 제 정신을 잃은 것이어서 손뼉을 쳐대며 이러저리 뛰고 큰 소리로 노래를 부르는 등 야단법석을 부렸다.

이때 부처님께서는 오백 명의 여자들이 마라의 장난에 의해 제정신을 잃은 것을 보시고 이대로 두어서는 안 되겠다고 생각하시었다. 그래서 부처님께서는 남색의 짙은 광명을 놓으시어 설법하시던 방 전체를 아주 깜깜하게 만드시었다. 그러자 한참 떠들고 노래부르며 날뛰던 여자들은 이 갑작스런 사태에 당황하더니 차츰 정신이 깨어났다. 여인들이 술기운에서 깨어나자 부처님께서는 앉아계시던 간다꾸티에서 순간적으로 몸을 옮기시어, 힘센 남자가 자기 오른팔을 폈다가 구부리는 정도의 짧은 시간에 메루 산 수도원에 앉으시었다. 그리고 하얀 광명을 일직선으로 비쳐 보내시니, 하늘에 퍼진 그 빛은 일천 개의 달이 뜬 것보다 더 밝았다. 부처님께서는 이와 같이 위대하신 힘을 내보이심으로써 오백 명의 여자들로 하여금 자기들의 초라한 모습을 부끄럽게 느끼도록 하시었다. 그리하여 마침내 그녀들이 온전한 제정신으로 돌아왔을 때 부처님께서는 이렇게 말씀하시었다.

"이토록 마음이 산란하여 집중되지 못하는 상태였다면 그대들은 처음부터 수도원에 들어오지 않았어야 했느니라. 그대들이 이같이 흐트러진 마음 상태에 있으므로 마라(어리석음)가 기회를 잡아 그대들로 하여금 수도원 안에서 춤추고 노래하고 떠들며 무질서하게 행동하게 한 것이니라. 이제 그대들은 그대들 안에 있는 탐욕과 분노와 어리석음을 다스리기 위해 스스로 힘써 노력하여라."

그리고 부처님께서는 다음 게송을 읊으시었다.

어찌하여 웃는가?
세상이 불타고 있는데 어찌 즐거울 수 있는가?
세상이 어둠에 가려 있는데
어찌하여 빛을 찾지 않는가?

이 설법 끝에 오백 명의 여인들은 모두 수다원과를 성취했다.

-법구경 146-

마하가섭 존자의 신통과 여래의 신통[3]

어느날 마하 까싸빠(마하가섭) 존자는 핍팔리 석굴에서 수행하고 있었다. 존자는 평소 때와 마찬가지로 라자가하 성에서 탁발을 해와 일정한 장소에서 음식을 공양하고 나무 밑에 앉았다. 마하 까싸빠 존자는 내적 현상 관찰에 마음을 집중하는 수행에 몰두하면서 신통력으로 많은 종류의 중생을 살펴보았다. 존자는 어느 중생이 얼마만큼 마음이 집중

---

[3] "그때에 부처님은 말할 수 없이 많은 대중 가운데서 마하가섭이 자기와 똑같은 광대한 승묘공덕이 있음을 칭찬해 마치시니 비구들이 부처님 말씀을 듣고 환희하여 받들어 행하였다."라고 잡아함경에 되어 있어 가섭을 인정하는 곳도 있다.

되어 생활하고 있으며, 어느 중생은 얼마만큼 마음이 산만한 상태로 생활하고 있는지, 또 어느 중생이 어떤 업으로 태어나며 죽어가는지를 살펴보려 했다.

존자가 이런 것들을 알아보려 하고 있을 때 부처님께서는 사밧티 교외의 제따와나 수도원에 계시면서 역시 신통력으로 까싸빠 존자를 관찰하고 계시었다. 그 결과 부처님께서는 까싸빠 존자가 중생들이 업에 따라 태어나고 죽어가는 현상에 의문을 갖고 그것을 열심히 알려고 하는 것을 보시었다. 부처님께서 생각하시기에 까싸빠의 지혜로서는 의문을 풀 수 없다고 보시고 곧 까싸빠 존자 앞에 모습을 나타내시어 이렇게 말씀하시었다.

"까싸빠여, 중생이 태어나고 죽어서 다시금 새 어머니의 인연을 만나 태(胎)에 들어가는 것은 네 힘으로는 알기 어려우니라. 네 능력은 아주 적은 것이며, 여래만이 이에 관한 진실을 꿰뚫어 아느니라."

부처님께서는 광명을 보내시어 부처님께서 바로 까싸빠 존자와 마주 앉으신 것과 같이 모습을 나타내신 상태로 다음 게송을 읊으시었다.

> 현자는 마음집중으로써 태만을 다스려
> 슬픔에서 벗어나 지혜의 정상에 올라
> 중생의 어리석음을 내려다본다,
> 마치 산 위에 오른 사람이
> 산 아래 사람들을 내려다보듯이.

―법구경 28―

4. 여래와 아리한 II

사리풋타 아라한

이와 같이 나는 들었다.

어느 때 부처님은 사밧티 교외의 제타숲에 있는 아나타핀디카 장자 동산에 계셨다.

그런데 그때 사리풋타 존자가 부처님으로부터 그다지 멀리 떨어지지 않은 곳에서 가부좌하여 자세를 바르게 하고 마음의 중심을 똑바로 앞에 놓고 앉아 있었다.

부처님은 사리풋타 존자가 올바른 자세로써 마음 집중하여 앉아 있는 모습을 보시게 되었다.

이때에 부처님은 그것을 아시고 이러한 우다나를 노래하셨다.

바위산이 흔들림 없이 의젓하고 안정되게 서 있듯이
어리석음을 멸한 비구는 산과도 같이 흔들림이 없다.

목갈라나 아라한

이와 같이 나는 들었다.

어느 때 부처님은 사밧티 교외의 제타숲에 있는 아나타핀디카 장자의 동산에 계셨다.

그런데 그때 마하 목갈라나 존자가 부처님에게서 그다지 멀리 떨어져 있지 않은 곳에서 가부좌하여 올바른 자세로, 마음집중하여 앉아 있었다.

부처님은 마하 목갈라나 존자가 그다지 멀지 않은 곳에서 가부좌하여 올바른 자세로 몸에 대한 바른 생각을 마음에 견실하게 집중하여 앉아 있는 모습을 보시게 되었다.

이때에 부처님은 그것을 아시고 이러한 우다나를 노래하셨다.

몸에 대한 바른 생각이 서서,
여섯 가지 부딪쳐 들이는 곳(六觸處)을 제어하며
언제나 삼매에 들어 있는 비구는
스스로의 열반을 알 수 있으리라.

습관에 젖어 있는 필린다 존자
이와 같이 나는 들었다.

어느 때 부처님은 라자가하 교외의 대나무숲, 칼란다카 니바파 동산에 계셨다. 그런데 그때 필린다밧챠 존자는 비구들을 '천민'이라 부르고 있었다. 그래서 수많은 비구들이 부처님 계신 곳으로 가서 부처님께 절하고 곁에 앉아 여쭈었다.

"스승이시여! 필린다밧챠 존자는 저희 비구들을 '천민'이라 부르고 있습니다."

그러자 세존은 한 비구에게 말씀하셨다.

"비구여! 그대는 필린다밧챠 비구에게 가서 부처님이 부르신다고 전하라."

"그리 하겠나이다, 스승이시여!"

그 비구는 부처님의 말씀을 따라 필린다밧챠 비구에게 가서 "벗이여! 부처님께서 그대를 부르고 계십니다"라고 전했다.

필린다밧챠 비구는 그 전언을 듣고 부처님 계신 곳으로 와서 절을 하고 곁에 앉았다. 부처님은 그 비구에게 말씀하셨다.
"밧챠여! 그대는 비구들을 '천민'이라 부른다는데 그 말이 사실인가?"
"스승이시여! 사실이옵니다."
그러자 부처님은 필린다밧챠의 전생을 더듬어 기억하신 후 비구들에게 말씀하셨다.
"비구들이여! 그대들은 밧챠 비구에게 앙심을 품어서는 안 된다. 비구들이여! 밧챠는 미워하는 마음에서 그대들을 '천민'이라 부른 것이 아니다. 비구들이여! 밧챠 비구는 오백 생을 거듭해 오면서 바라문의 가문에 태어났었다. 그의 '천민'이라는 호칭은 오랫동안의 습관이다. 그래서 이 밧챠는 비구들을 '천민'이라 불렀던 것이다."[1]
이때에 부처님은 그것을 아시고 이러한 우다나를 노래하셨다.

> 거짓 없고 자만심 없으며, 탐하는 마음 없고
> 아집이 없으며, 성냄을 떠났고
> 욕심 없으며, 마음이 고요한 사람이야말로
> 바라문이며 사문이며 비구이다.

－우다나경－

아라한은 성내지 않는다

한 비구가 부처님으로부터 좌선 수행에 관한 주제를 받아 수행을 하

---

1) 학자에 따라 여래는 습기를 모두 제하였고 아라한은 술병에 술을 다 비운 후에도 술냄새는 아직 남아 있는 것에 비유해서 아직 습기가 남아 있다고 설명하는 분도 있다. 그러나 탐·진·치가 이미 소멸했고 마하반야가 갖추어진 아라한에게 습기보임은 큰 문제가 되지 않을 것이다. 우주가 생·멸하는 것도 영원에 비하면 순간이지만 한번 구경각에 도달하면 영겁불멸이다.

려고 숲속으로 들어갔다. 그는 자신을 경책해 가면서 열심히 수행했고, 보람이 있어 마침내 아라한과를 성취할 수 있었다. 그래서 그는 이 고마운 일을 빨리 부처님께 보고해야겠다고 생각하여 그 숲을 떠났다. 그런데 마침 그때 그 비구가 통과하는 마을에 사는 부부가 서로 싸운 끝에 아내가 친정으로 가겠다고 생각하여 집을 나와 큰길에 들어서고 있었다. 그녀는 길을 가다가 비구를 보았다. 그래서 그녀는 이 비구의 뒤를 따라가야겠다고 마음먹고 계속해서 비구를 뒤따라갔다. 그런데 비구는 여인이 자기 뒤를 따라오는지 모르고 있었다.

한편 아내의 남편은 집을 나갔다가 다시 돌아와 보고는 아내가 없는 것을 알자 이는 반드시 친정으로 간 것이라 생각하여 뒤쫓게 되었다. 그는 깊은 숲에 이르러 아내를 발견했고 혼자 이렇게 생각했다.

'이렇게 깊은 숲길을 여자 혼자서 들어설 수는 없었을 것이다. 분명히 누군가가 있을 것이다.'

그러던 중 그는 저만치 걸어가고 있는 비구를 발견했다. 그는 틀림없이 저 비구가 자기 아내를 데리고 여기까지 온 것이라 생각하여 비구를 뒤쫓아가서 마구 성을 냈다. 그러자 여인이 남편에게 말했다.

"이분은 내게 아무 관심도 보이지 않았어요. 내게 말 한 마디도 걸지 않았다구요. 이분을 그렇게 대하지 마셔요"

그러자 남편은 "그렇다면 네 년은 어떻게 이 숲속까지 올 수 있었지? 나는 너를 야단치는 대신으로 이 비구를 때려줄테야!" 그러더니, 아내에게 품은 미움을 몽땅 비구에게 쏟아 비구를 마구 두들겨 패기 시작했다. 그런 다음 직성이 풀리자 그는 자기 아내를 끌고 자기 집으로 돌아갔다. 비구의 온 몸은 상처투성이였다. 그는 간신히 수도원까지 와서 다른 비구들의 치료를 받았다. 비구들은 그에게 왜 이런 상처를 입게 되었는지 물었고, 그는 여행중에 겪은 일을 이야기해 주었다. 그러자 비구들이 그에게 물었다.
"그때 당신은 그 사나이에게 성내는 마음을 일으키지 않았습니까?"
"나는 성내는 마음을 일으키지 않았습니다."
이 대답을 들은 비구들은 부처님께 가서 이렇게 고했다.
"부처님이시여, 저 비구는 그때 성내는 마음을 일으키지 않았다고 말하고 있습니다. 그는 거짓말을 하고 있는 것입니다."
그러자 부처님께서 말씀하시었다.
"비구들이여, 그렇지 않으니라. 스스로 모든 고뇌와 악한 감정을 다 제거한 사람은 마음으로부터 진심이라는 몽둥이를 던져 버렸기 때문에 어떤 사람이 그를 때린다 하더라도 더이상 성내지 않으니라."
그리고 부처님께서는 다음 게송을 읊으시었다.

> 그는 크고 작은
> 모든 생명을 괴롭히는 무기를 던져 버렸나니
> 생명을 해치지 않고
> 해치는 원인도 만들지 않았다.
> 나는 그를 브라흐마나(아라한)라 부른다.

—법구경 405—

아라한은 성욕을 느끼지 않는다

비구 오백 명이 부처님으로부터 수행에 관한 법문을 듣고 수행 주제를 받아 정진하기 위해 숲속으로 들어갔다. 비구들은 그 숲속에서 열심히 좌선 수행에 몰두하여 마침내 선정에 들 수 있었다. 비구들은 그렇게 한번 선정 삼매를 체험하고 나자 자기들이 감각적 쾌락으로부터 자유롭게 되었다고 생각하였고, 마치 아라한이라도 된 듯한 착각을 일으켰다. 그러나 그들은 자신들의 경지를 과대평가한 것에 불과했다. 그런데도 그들은 진실을 모른 채 부처님을 뵙고 자기들이 아라한을 이루었다고 보고 드리려고 제따와나 수도원으로 향했다.

그들이 제따와나 수도원의 일주문에 이르렀을 때, 부처님께서는 시자인 아난다 존자에게 말씀하시었다.

"저 비구들이 여래를 찾아온다 해도 그들에게는 아무런 이익이 없느니라. 그러니 그들에게 먼저 공동묘지부터 다녀온 다음에 여래를 만나라고 일러 주어라."

그래서 아난다 존자는 수도원에 들어오려는 비구들에게 부처님께서 하신 말씀을 전했다. 그러자 그들은 깜짝 놀라며 "부처님께서는 실로 무엇이든 다 아시는 분이시구나! 부처님께서 우리에게 먼저 공동묘지부터 다녀오라고 하신 데는 필시 무슨 까닭이 있을 것이다"라고 말하고는 순순히 공동묘지 쪽으로 발길을 돌렸다.

공동묘지에 도착한 비구들은 부패한 시체를 보게 되었다. 그들은 그 시체가 부패되고 있는 모습을 조금의 허위도 없이 사실 그대로 관찰했는데, 그러는 동안 마음이 평안하지 않았을 뿐만 아니라 감각적 쾌락도 끊이지 않고 일어나는 것이었다. 그래서 그들은 자기들이 아직도 감각적 쾌락을 추구하고 있으며 따라서 아라한을 이루지 못했다는 것을 알고 당황했다.

바로 이때 부처님께서는 제따와나 수도원의 간다꾸티에 계시면서 그들에게 광명을 놓으시며 그들 앞에 모습을 나타내시어 이렇게 말씀하시었다.

"비구들이여, 너희는 변색된 뼈를 보았느냐? 그것을 보고도 감각적인 욕망을 일으키는 것이 과연 수행자로서 올바른 마음 자세라 하겠느냐?"

그리고 부처님께서는 다음 게송을 읊으시었다.

　　가을에 떨어져 뒹구는 조롱박과 같은
　　퇴색한 뼈들을 보라.
　　거기에 무슨 쾌락이 있단 말인가?

부처님의 이 설법 끝에 오백 명의 비구들은 모두 아라한과를 성취하였다.

아라한이 가는 길은 천인도 알지 못한다

라자가하에 사는 완기사라는 사람은 이상한 능력의 소유자였다. 그는 죽은 사람의 두개골을 툭툭 건드려 나는 소리를 듣고 그 두개골의 주인이 죽어서 어디에 태어났는지 예컨대, 인간계에 났는지 천상에 났는지 축생이나 지옥에 났는지, 아수라 따위 귀신의 세계에 났는지를 알아 내는 것이었다. 그래서 그의 가족들은 그의 능력으로 돈을 벌려고 마음먹었다. 그리하여 그들은 완기사에게 빨간 색의 가사를 입혀 여러 지방으로 순회하며 그의 능력을 선전했다. 그러자 사람들은 수백 냥, 또는 수천 냥의 돈을 내고 자기네 부모나 친척들이 어느 세계에 났는지 가르쳐 달라고 몰려들었다.

완기사와 그의 일행은 그렇게 세상을 돌다가 어느 때 사밧티에 오게 되었다. 그들은 사밧티 근교에 있는 제따와나 수도원으로 가는 길목에 숙소를 정했다. 그런데 아침 식사 시간이 지나자 많은 사람들이 손에 꽃과 향과 초 따위를 가지고 제따와나 수도원 쪽으로 가는 것이었다. 그래서 완기사 일행들은 그들에게 물어 보았다.

"대체 어디들 가시는 겁니까?"
"부처님의 설법을 들으려고 수도원에 가는 길이오."
"거기 가서 당신들은 무엇을 얻습니까?"
완기사 일행들은 자기네 자랑을 늘어놓았다.
"이 세상에 우리 완기사같이 비상한 능력을 가진 사람은 없을 겁니다. 그는 죽은 사람의 두개골을 건드려 보고 그 사람이 어느 세계에 태어났는지 말해주니까요. 자, 당신네들도 여기 와서 한번 해보시지요."
그러자 신도들은 반박했다.
"완기사든 누구든 우리 부처님같이 탁월한 분은 달리 있을 리가 없소."
그래서 완기사들과 신도들 간에는 뜨거운 논쟁이 벌어졌다. 그러다가 신도들이 말했다.
"그렇다면 같이 수도원에 갑시다. 그래서 당신네의 완기사가 더 비상한 능력을 가졌는지, 우리 부처님이 더 수승한 능력을 가지셨는지 봅시다."
그래서 그들은 함께 수도원으로 갔다.
이때 부처님께서는 그들이 오는 것을 미리 아시고 다섯 개의 두개골을 상위에 올려놓고 계시었다. 그것은 각기 다른 세계에 태어난 두개골이었다. 즉, 축생·귀신·인간·천상과 아라한의 두개골이었던 것이다. 그들이 도착하자 부처님께서는 완기사에게 물으시었다.
"죽은 사람의 해골을 두드려 보고 그 해골 주인이 어느 곳에 태어났는지 알아맞춘다는 사람이 그대인가?"
"그렇습니다."
"그러면 이 두개골의 주인은 어디에 태어났는지 말해 보라."
완기사는 두개골을 두들겨 보더니 말했다.

"이 두개골의 주인은 남자인데 니라야(지옥)에 태어났습니다."
그러자 부처님께서는 그를 칭찬하시었다.
"사두, 사두(훌륭하구나, 훌륭하구나!)"
부처님께서는 계속해서 나머지 세 개의 두개골에 대해서도 물으시었는데, 완기사의 대답은 정확했다. 그리고 부처님께서는 그가 바르게 대답할 때마다 그를 칭찬해 주시었다. 그런 다음 부처님께서는 마지막으로 아라한의 두개골을 가리키시며 그 주인은 어디에 태어났는지 물으시었다. 그러자 완기사는 다른 두개골을 감정할 때처럼 그것을 툭툭 건드려 보았다. 그러나 그는 그것의 주인이 어디에 태어났는지 알 수가 없었으므로, 마침내 자기는 그것을 모르겠노라고 고백할 수밖에 없었다.
그러자 부처님께서는 물으시었다.
"완기사여, 너는 그것을 모르겠느냐?"
"부처님이시여, 저는 알 수 없습니다."
"완기사여, 여래는 그것을 아느니라."
그러자 완기사는 부처님께 그것을 알 수 있는 주문을 알려 달라고 청했다. 그러자 부처님께서는 이렇게 대답하시었다.
"여래는 비구가 아닌 사람에게 그것을 가르쳐 줄 수 없노라."
그리하여 완기사는 잠시 생각해 보았다. 그런 끝에 그는 '내가 이것까지 알게 되면 인도 안에서 으뜸가는 사람이 될 것이다'
라고 생각하고, 자기 동료들을 밖으로 불러내어 이렇게 말했다.
"동료들이여, 이 근처에서 며칠만 기다려 주게나. 나는 며칠간만 비구가 되어 그 비밀을 알고 나서 돌아올테니까."
이렇게 되어 완기사가 비구가 되자, 부처님께서는 그에게 몸의 서른 두 가지 구성 요소 하나하나를 면밀히 관찰하는 수행법을 지도하시었다. 그래서 완기사는 부처님의 가르침에 따라 몸의 각 부분을 하나하나

의미를 새기면서 관찰하고 외며 마음을 집중시켜 나갔다.

그동안 완기사가 밖으로 나갈 때면 그의 동료들이 초조하여 그에게 물어 왔다.

"어떤가? 비법을 다 배웠는가?"

완기사가 대답했다.

"조금만 더 기다리게나. 지금 열심히 배우고 있는 중이니까."

그러다가 며칠이 지난 뒤 그는 아라한과를 성취하였다. 그런 다음부터 그의 동료들이 그에게 예의 그 질문을 해오면 그는 이렇게 대답했다.

"브라흐만 형제들이여, 이제 나는 그런 것은 더이상 배우고 싶지 않네."

이같은 그의 말을 들은 다른 비구들이 완기사가 거짓으로 자기는 아라한이 되었다고 말한다 하여 부처님께 자기들의 생각을 말씀드렸다. 그러자 부처님께서는 말씀하시었다.

"비구들이여, 너희는 그렇게 말해서는 안 되느니라. 여래의 아들 완기사는 일체 중생이 죽어가며 다시 태어난다는 것을 근본으로부터 잘 깨달았느니라."

그리고 부처님께서는 다음 게송 두 편을 읊으시었다.

> 그는 모든 중생의 태어나고 죽는 길을 알고
> 어느 것에도 집착하지 않고
> 번뇌로부터 멀리 떠나 깨달음에 이르렀나니
> 나는 그를 브라흐마나(아라한)라 부른다.
> 그가 가는 길, 천인도 인간도 알지 못한다.
> 모든 번뇌를 완전히 파괴하고

욕망에서 벗어났나니 나는 그를 브라흐마나(아라한)라 부른다.

―법구경 419―

아라한은 모든 욕망에서 벗어난다

사밧티의 한 부자에게 나이 찬 딸이 있었다. 그 딸은 얼굴이 너무나 예쁘고 피부가 부드러워서 마치 푸른 연꽃과도 같았으므로 웁빨라완나(푸른 연꽃)라고 불리웠다. 웁빨라완나의 아름다움은 널리 소문이 퍼져 유명해졌다. 그러자 각계 각층의 사람들, 즉 왕손·재산가·장군·고관 등의 집에서 청혼이 잇따랐다. 그러나 웁빨라완나는 결혼하여 가정생활을 하는 것이 인생의 궁극적인 목표는 아니라고 생각하여, 참다운 길을 가는 수행자가 되고 싶어했다. 그러던 중 부처님의 설법을 듣고 큰 감동을 받은 그녀는 곧 출가하여 비구니가 되기로 마음먹었다. 그녀는 곧 수도원으로 가서 자신의 뜻을 밝히고 비구니가 되었으며, 부처님으로부터 수행 주제를 받아 수행을 시작했다.

그녀는 기름에 타는 램프를 켜놓고 불꽃을 응시하다가 그 불꽃이 일렁거리고 계속 불빛을 낼 수 있는 것은 기름이 소모됨으로써 가능하다는 것을 깨달았다. 웁빨라완나는 부처님으로부터 받은 수행 주제인 불꽃에 관한 마음집중을 통해서 그것이 끊임없이 변하는 것으로 새로운 불꽃에 의해서 먼저 불꽃은 사라져 버리는 과정을 예의 관찰함으로써 마침내 삼매를 이루었고, 곧 제행무상의 진리를 깨달아 도(道 : Magga)에 들어가게 되었다. 그리고 계속 수행에 매진한 결과 아라한과까지 성취하였다.

그런 지 얼마 뒤 웁빨라완나는 자신을 좀더 다지기 위해서 조용하고 한적한 숲속 깊은 곳에 혼자 들어가 선정 삼매를 익히고 있었다. 그동안 그녀는 매일 아침마다 탁발을 나갔는데, 그녀가 탁발을 나간 어느 날 그녀의 사촌 동생인 난다가 숨어 들어와 그녀의 침상 밑에 숨었다. 난다는 전부터 웁빨라완나에게 연정을 품어 그녀가 비구니가 되기 전부터 그녀와 결혼하기를 원했었다. 그러다가 그녀가 비구니가 되어 버리자 크게 실망했는데, 어떻게든 그녀를 차지하려고 더욱 집착하고 있었다.

웁빨라완나는 탁발에서 돌아와 자기 방에 침입자가 숨어 있는 것을 발견하고 조용한 목소리로 타일렀다.

"어리석은 자여! 그대는 나에게 해를 끼치지 말라. 나를 괴롭히지 말라. 그러면 그대에게 큰 불행이 닥치게 될 것이다."

그러나 난다는 웁빨라완나의 충고에는 귀도 기울이지 않고 그녀에게 달려들어 결국 자기의 욕구를 채우고 말았다. 그런 뒤 방문을 열고 밖으로 나와 땅을 딛자마자 땅이 두 쪽으로 갈라지면서 그는 그만 산 채로 땅 속에 묻혀 버렸다.

제따와나 수도원에 계시던 부처님께서는 웁빨라완나를 겁탈한 난다가 산 채로 땅에 묻혔다는 이야기를 전해 들으시고 다음 게송을 읊으시었다.

> 악행의 결과가 나타나지 않는 동안
> 어리석은 자들은 그것을 꿀처럼 달게 여긴다.
> 그러나 악행이 마침내 결과를 이끌어 올 때
> 그들은 크나큰 고통을 겪는다.

부처님의 이 설법 끝에 많은 사람들이 수다원과를 성취하였다. 그뒤 부처님께서는 빠세나디 왕에게 비구니들이 숲속에서 사는 것이 위험하다는 점을 인식시키시어, 왕으로 하여금 시내에 비구니 전용 수도원을 건립케 하시었다.

"연꽃 잎에는 단 한 방울의 물도 붙지 못한다. 어리석은 자가 악한 행동을 할 때는 마치 달콤한 꿀을 먹듯 한다."

이는 웁빨라완나를 겁탈한 죄로 땅이 갈라지면서 삼킴을 당한 비구니의 사촌 동생, 난다에 대한 경책의 게송이다.

그 사건이 있은 지 얼마 뒤에 비구들은 법당에 모여 이런 이야기를 나누고 있었다.

"비록 자기의 번뇌를 다 제거한 아라한이라고 해도 그때 웁빨라완나 비구니에게 감각적 기쁨이 있긴 있었겠지. 왜 그녀라고 해서 기쁨이 없었을까? 그녀는 꼴랍빠나무도 아니고, 개미 집 언덕도 아니니까. 그녀는 습기 있는 젖은 살로 된 몸을 가진 살아 있는 생명이 아닌가? 그러니까 웁빨라완나 비구니도 당연히 사람의 즐거움을 즐거워 했을 것이다."

이때 부처님께서 들어오시어 무엇을 주제로 토론하고 있는지 물으시었다. 이에 비구들이 이러저러한 주제로 토론하고 있노라고 대답하자 부처님께서는 이렇게 말씀하시었다.

"비구들이여, 그렇지 않느니라. 번뇌를 다스려 제거해 버린 사람은 사랑의 기쁨도 좋아하지 않으며, 그 쾌락을 즐겨하지 않느니라. 연꽃 잎에는 한 방울의 물도 붙지 못하고 다만, 굴러떨어질 뿐이 아니더냐? 또한 겨자씨는 뾰족한 송곳 끝에 붙어 있을 수 없지 아니 하냐? 무릇 번뇌를 다 제거한 아라한에게 있어서 쾌락이라는 것 또한 그러하나니, 쾌락의 감정과 감각은 그들을 집착케 하지 못하느니라."

그리고 부처님께서는 다음 게송을 읊으시었다.

마치 연꽃 위의 물방울 같고
뾰족한 송곳 끝 위의 겨자씨같이
조금의 감각적 쾌락의 더러움에도 머물지 않는다.

나는 그를 브라흐마나(아라한)라 부른다.

-법구경 405/법구경 69. 401-

아라한이 된 장관은 수행자인가

부처님께서 제따와나 수도원에 계시던 어느 때, 산따띠 장관은 국경의 반란을 평정하고 사밧티에 개선했다. 그러자 국왕 빠세나디는 그의 승리를 축하하고 노고를 치하하기 위해 많은 하사품을 내리는 한편, 그의 명예를 높여 주려고 화려한 연회를 베풀어 어여쁜 기생들로 하여금 그를 이렛 동안 모시도록 해주었다.

왕이 베풀어 주는 이렛 동안의 향연에 산따띠 장관은 매우 만족하여 마음껏 먹고 마시며 즐겼다. 그러다 보니 술에 취한 데다가 어여쁜 여인들에게 매혹되어 정신을 차리지 못하게 되었다. 산따띠가 그처럼 향연을 즐기던 마지막 날, 그는 화려하게 장식된 왕실의 코끼리를 타고 강변으로 목욕을 나갔다. 그는 그때 마침 탁발을 나오시던 부처님과 마주치게 되었는데, 평소 같으면 내려와서 부처님께 머리를 숙여 인사를 올리던 그가 이 날은 만취하여 부처님을 무시하고 그냥 고개만 끄덕이면서 어디 가시느냐는 시큰둥한 태도를 보였다. 부처님께서는 그같은 그의 태도에 대해 미소를 지으실 뿐 다른 말씀이 없으시었다. 이에 아난다 존자는 부처님께서 왜 미소를 지으시는지 여쭈어 보았다. 그러자 부처님께서는 이렇게 말씀하시었다.

"아난다여, 저 장관은 지금 저 모습 그대로 머지 않아 여래를 찾아올 것이니라. 그때 그는 여래의 짧은 법문을 듣고 나서 아라한을 성취할 것이며, 아라한이 된 뒤 바로 대열반(빠리닙바나)을 실현할 것이니라."

산따띠 장관 일행은 이날 하루를 강변에서 목욕을 한 뒤 먹고 마시고 춤추고 노래하며 아주 즐겁게 보냈다. 그런 뒤 저녁때가 되자 마지막 밤은 어여쁜 기생들이 춤추며 노래하는 것을 보며 즐기기 위해 아늑하고 조용한 정원으로 갔다. 그날 춤을 출 여인은 산따띠가 사랑하는 기생이었는데, 그녀는 장관의 마음에 들려고 이렛동안 금식에 가까운 정도의 음식만 먹은 상태였다. 그때문에 그녀는 아주 쇠약해져 있었다. 그 기생은 그날 저녁 열심히 춤을 추다가 그만 위장에 충격을 받아 쓰러지더니 입을 크게 벌리고 눈을 치뜬 상태로 급사해 버리고 말았다.

이 갑작스런 사태는 산따띠 장관의 술기운을 확 걷어가 버렸다. 그는 어여쁜 여인을 잃어버린 데 대해 큰 충격을 받고 어찌할 바를 모른 채 망연자실했다. 그가 받은 충격은 너무나 커서 그는 어디든지 가서 마음의 의지처를 찾고 싶은 생각만 강렬했다. 그래서 그는 동행자들에게 부처님이 계시는 제따와나 수도원으로 가자고 독촉했다.

그는 수도원에 도착하여 부처님께 인사를 올렸다. 그러나 아직도 충격에서 벗어나지 못하여 채 말문을 열지 못했다. 그래서 일행 가운데 한 사람이 오늘 있었던 일을 부처님께 세세하게 말씀드렸다. 그가 이야기를 하는 동안에 장관도 말문이 열려서 부처님께 이렇게 애원했다.

"부처님이시여, 제발 저로 하여금 이 슬픔과 불안으로부터 벗어나게 해주십시오. 부처님이시여, 부처님께서는 제 의지처가 되어 주십시오. 그리하여 제가 평화로운 마음을 갖게끔 도와주십시오."

그러자 부처님께선 말씀하시었다.

"여래의 아들이여, 안심하라. 너는 너를 도와줄 스승을 바르게 찾아왔나니, 여래는 너에게 위안을 줄 수 있는 스승이며 너의 참다운 의지처가 되어주겠노라. 장관이여, 네가 이루 헤아릴 수 없이 긴 세월동안 나고 죽는 윤회를 거치면서 그 연인이 죽게 되어 흘린 탄식의 눈물은 이 세상의 모든 바닷물보다도 오히려 많으니라."

부처님께서는 산따띠 장관을 따뜻한 말로 위로해 주신 다음, 게송을 읊어주시는 한편 설법도 해주시었다. 그 게송의 뜻은 다음과 같았다.

"헤아릴 수 없는 세월을 두고 너는 여인에 대해 집착해 왔으나 이제 너는 마땅히 그로부터 벗어나야 한다. 너는 미래에 다시는 그런 집착이 일어나지 않도록 하고, 집착하려는 마음조차도 먹지 말라. 네가 그 무엇에도 집착하지 않으면 욕망과 색욕은 조용히 가라앉게 되고, 그러면 너는 가만히 네 마음을 관찰하여 마침내 열반을 깨닫게 될 것이다."

이 설법을 들은 산따띠 장관은 즉시 아라한을 이루었다. 아라한이 된 그는 자기를 관찰해 보고 자기의 수명이 다 했음을 알았기 때문에 부처님께 이렇게 사뢰었다.

"부처님이시여, 제가 지금 이 자리에서 열반을 실현하는 것을 허락해 주십시오 이제 저의 시간은 다했습니다."

이에 부처님께서는 침묵으로써 응락하시었고, 산따띠는 하늘 높이 자란 야자나무만큼의 높이로 허공에 솟아오르더니 결가부좌를 한 채 불(火)의 삼매에 들어 그 자리에서 열반을 실현했다. 그렇게 열반에 든 그의 몸은 자기 몸에서 나온 불의 기운에 의해 허공에서 스스로 불꽃에 휩싸여 화장되었고, 뼈는 사리가 되어 떨어졌다. 그러자 부처님께서는 깨끗한 천을 펴서 그 사리를 모두 모으라고 하시었다.

많은 대중이 모인 어느 때 비구들이 부처님께 여쭈었다.

"부처님이시여, 산따띠는 장엄스런 장식이 달린 장관의 관복을 입은 채 열반에 들었습니다. 그를 수행자라고 보아야 하겠습니까? 아니면 브라흐만(속인)이라고 보아야 하겠습니까?"

이에 대해 부처님께서는 말씀하시었다.

"비구들이여, 그는 그 둘 모두로 불러도 좋으니라."

그리고 부처님께서는 다음 게송을 읊으시었다.

비록 그가 화려한 장관의 옷을 입었어도
그의 마음이 고요하고 번뇌로부터 벗어났고
감정을 다스려 도의 관찰을 이루었고
청정한 마음으로 일체 중생들에 대한 원한심을 버렸다면
그는 브라흐마나이자 사마나이며 비구이다.

─법구경 142─

5. 근기에 따른 수행 주제의 선택

사념처에 대한 주석을 보면 각각의 관찰 대상에 맞는 수행자의 특성 기질에 대해 다음과 같이 설명해 놓았다.

1) 몸에 대한 관찰은, 둔하고 느리고 욕심이 많은 사람에게 적합하다.
2) 감각에 대한 관찰은, 기민하고 빠르고 욕심이 많은 사람에게 적합하다.
3) 마음에 대한 관찰은, 둔하고 느리고 추상적인 관념을 가진 사람에게 적합하다.
4) 법에 대한 관찰은, 예리하면서 추상적인 관념을 가진 사람에게 적합하다.

또 다른 견해는

1) 몸에 대한 관찰은 집중력(定)이 느린 사람에게 적합하다. 왜냐하

면 관찰대상이 뚜렷하고 포착하기 쉽기 때문이다.

2) 감각(느낌)에 대한 관찰은 집중력이 예리한 사람에게 적합하다. 왜냐하면, 감각은 오래 머물지 않기 때문이다.

3) 마음에 대한 관찰은 지혜가 느린 사람에게 적합하다. 왜냐하면, 대상이 단순한 집합이기 때문이다.

4) 법에 대한 관찰은 지혜가 예리한 사람에게 적합하다. 왜냐하면, 대상이 복잡 미묘한 집합이기 때문이다.

그리고 감각적인 욕망이 강한 사람은 부정관을, 성을 잘내는 사람은 자비관을, 어리석은 사람은 인연관을 가르치기도 한다. 즉 대치적인 수행으로 균형을 이루어 나간다. 이것은 다음에 부처님이 설법하신 것에서도 발견된다.

마하 라훌라 바다경

라훌라야! 자애(慈)를 관하는 공부를 닦아라. 자애로운 마음을 닦으면 나쁜 마음이 사라지게 된다. 라훌라야! 더불어 아파함(悲)을 관하는 공부를 닦아라. 더불어 아파하는 마음을 닦으면 잔인한 마음이 사라지게 된다. 라훌라야! 더불어 기뻐함(喜)을 관하는 공부를 닦아라. 더불어 기뻐하는 마음을 닦으면 혐오하는 마음이 사라지게 된다. 라훌라야! 평등함(捨)을 관하는 공부를 닦아라. 평등한 마음을 닦으면 미워하는 마음이 사라지게 된다. 라훌라야! 육신의 더러움을 관(不淨觀)하는 공부를 닦아라. 더러움을 관하는 공부를 닦으면(감각적 욕망에 대한) 탐착심이 사라지게 된다.

라훌라야! 무상의 상(無常想)을 관하는 공부를 닦아라. 무상상을 관하는 공부를 수행하면 '내가 있다', '나다'라는 생각이 사라진다.

라홀라야! 출입식(出入息, 아나파나)을 관찰하는 공부를 닦아라. 라훌라야! 출입식을 염하는 공부를 자주 닦아 익히면 얻는 바가 많아서 크게 이익되리라.[1]

-중부경 62-

수행주제를 바꾸어 지도하시다

인품이 좋고 풍채가 당당한 금 세공사의 아들이 가정을 떠나 사리풋타 존자의 제자가 되었다. 이에 사리풋타 존자는 그를 보고 이 사람은 젊고 건강하니 정욕이 강하리라 여겨 몸에 대한 혐오감과 더러움에 마음을 집중하는 수행을 시켰다. 그래서 그 비구는 자기 몸이 얼마나 혐오스럽고 더러운 것인지를 관찰하기 위해 숲속에 들어가 스승에게 배운 대로 열심히 수행했다. 그러나 그 수행 주제가 적당치 않았던지 한 달 동안 열심히 수행을 했는데도 별 성과가 없는 것이었다.

그래서 젊은 비구는 스승에게 돌아왔고, 존자는 그에게 물었다.

"비구여, 수행 주제가 일념으로 잘 잡혀 가는가?"

이에 젊은 비구는 그 같은 수행법으로서는 자기 마음도 잘 안정시키지 못하는데 어떻게 일념 집중이 되겠느냐고 반문했다. 그렇지만 사리풋타 존자는 그에게 그같이 말해서는 안 된다고 충고하고 다시금 아주 자세하게, 어떻게 자기 몸의 서른 두 가지 각 부분에 대해 마음을 집중시키는 것인지 설명해 주었다. 그러나 이 같은 스승과 그의 노력에도 불

---

1) 여기에서도 알 수 있는 것은, 수행은 균형(中道)을 유지시키는 것이다. 수행자 자신의 특성을 알아서 자신에 맞는 수행법을 택하면 보다 효과있게 수행하리라 본다. 잡아함경 254에서도 부처님은 갈등을 느낀 이십억귀 비구에게 거문고의 비유를 들면서 마음의 조화와 균형(중도)를 강조하셨다.

구하고 그는 두번째에도 마음을 안정시키지 못했다. 그래서 그는 세번째로 스승을 찾아뵈었고, 스승은 다시 보다 더 자세하게 설명을 해주어 제자를 숲속으로 돌려보냈다.

그러던 중 사리풋타 존자는 자기가 그 젊은 비구의 성격과 기질을 잘못 파악하고 있을지도 모른다고 생각하였다. 그래서 그는 제자를 데리고 부처님을 찾아가 이렇게 사뢰었다.

"부처님이시여, 이 젊은 비구는 제 제자입니다. 저는 이 비구에게 이러저러하게 수행 지도를 해왔지만 성공을 거두지 못하고 있습니다."

그러자 부처님께서는 "사리풋타여, 중생의 생각과 그들의 기질을 알 수 있는 것은 오직 바라밀을 성취하여 그 무한한 힘으로 능히 일만 세계를 진동시키는 기쁨의 쇠를 내게 되는 여래밖에 없느니라."라고 말씀하시고, 스스로 깊은 선정에 드시어 그 젊은 비구의 과거 숙업(宿業)을 관찰하시었다. 그리하여 그가 어느 가계에서 출생하였는지를 알아보니 그는 금 세공을 하는 가정에서 태어나 비구가 되었을 뿐 아니라, 과거 전생에도 오백 생 동안 한 생도 빠짐없이 금 세공사의 집안에 태어났다는 것을 아시었다. 그래서 부처님께서는 생각하시었다.

'이 젊은 비구는 오랜 세월을 두고 자마금색(紫磨金色)의 꽃을 만들려고 염원하며 일해 온 사람이다. 그런 그에게 혐오감을 주는 수행을 시킨다면 그는 그 수행법에 공감하지 못하여 도와 과를 성취하지 못하리라. 이같은 사람에게는 그의 마음을 기쁘고 즐겁게 해주는 대상을 주어 그것에 마음을 집중케 하여야 쉽게 일념을 이루게 마련이다.'

부처님께서는 사리풋타 존자에게 말씀하시었다.

"사리풋타여, 네가 이 젊은 비구에게 몸에 대한 혐오감과 더러움을 관찰하라고 했기 때문에 그는 싫증을 느끼고 좌절하여 지난 넉 달을 헛되이 보내게 되었도다. 그러나 이제 너는 오늘 아침 공양이 끝난 다음에 이 젊은 비구가 아라한과를 성취하는 것을 보게 되리니, 너는 다만 너의 길을 가도록 하여라."

이렇게 말씀하시더니, 부처님께서는 곧 신통력으로써 물을 뚝뚝 흘리는 수레바퀴만한 황금 연꽃과 꽃잎을 만드시어 그 젊은 비구에게 주시며 이렇게 이르시었다.

"비구여, 이 연꽃을 수도원 구석에 있는 모래 언덕에 꽂고 그 앞에 가부좌를 하고 앉아 '핏빛 붉은 색'이라고 외도록 하여라."

그런데 그 젊은이는 부처님으로부터 연꽃을 받는 순간부터 벌써 마음이 차분하게 가라앉기 시작하는 것이었다. 젊은 비구는 곧 부처님 앞에서 물러나와 부처님께서 이르신 대로 그 꽃을 수도원의 구석에 있는 모래 언덕에 꽂고 그 앞에 가부좌를 하고 앉아 부처님께서 일러주신 말을 외며 몸과 마음을 관찰하기 시작했다. 그러자 그의 마음속에 있던 초조와 불안은 점차 사라지고 마음이 고요하게 가라앉았다.

그는 이제 제1선정을 계발하기 시작한 것이었다. 그렇게 첫번째 선정에 든 그는 다시 나아가 다섯 가지 장애를 극복하고 두번째와 세번째의 선정에 들었다. 그리하여 그가 이렇게 일념집중을 통해서 마침내 네번째 선정에 들려고 하는 순간, 그에게는 잡념이 스며들어 마음이 선정으로부터 벗어나려고 하는 것이었다. 이때 부처님께서는 그를 살펴보시다가 그가 남의 도움 없이 성공적으로 최고의 경지에까지 이를 수 있을 것인지 어떤지를 생각해 보시고 그것은 되지 않으리라는 것을 아시었다. 그래서 부처님께서는 신통력으로써 그가 마음을 집중시키고 있던 연꽃이 시들어 버리도록 하시었다. 그러자 아름다웠던 연꽃은 꺼멓게 죽은 색으로 변하면서 시들었고, 마침내는 부처님의 손 안에 들어가 부서져 가루가 되어 버리고 말았다. 이때 젊은 비구는 선정에서 일어나 시든 연꽃을 보고 이렇게 생각했다.

'연꽃은 어찌해서 저렇게 시들었는가? 세간에 대한 애착이 없는 저 같은 무정물(無情物)도 변화하여 마침내 저렇게 스러지는 것이라면 세간에 집착이 많은 인간에게 있어서 늙음과 쇠멸이 따르는 것은 당연한 일일 것이다.' 그래서 그는 제행무상의 진리를 절실하게 깨달았다. 그리고 그는 이와 동일한 방법으로 고(苦)와 무아(無我)도 깨닫게 되었다. 그와 동시에 그는 이같은 존재의 세 가지 기본적인 특성(三法印:삼법인)이 마치 불꽃처럼 자기 몸을 태우는 것을, 혹은 엄청난 파도처럼 자기의 목을 치고 올라오는 것을 느꼈다.

바로 그때 몇 명의 소년이 가까운 연못에 들어가서 한창 자라고 있는 연꽃을 꺾어다가 못둑 위에 쌓기 시작하는 것이 보였다. 젊은 비구는 연못 속의 연꽃과 못둑에 쌓여진 연꽃을 번갈아 바라보았다. 아직 연못 속에 있는 연꽃은 너무나도 아름답게 꽃봉오리를 높이 쳐들고 물방울을 청초하게 흘러 내리고 있었고, 못둑 위의 연꽃은 벌써부터 시들어가고 있어서 가엾기 그지없었다. 그것을 바라보던 젊은 비구는 이런 생각이 들었다.

'아아, 이같이 세간에 집착이 없는 연꽃에게도 쇠멸이라는 것이 여지없이 찾아오는 것이라면 세간에 집착이 강한 사람들에게 어찌 쇠멸의 늙음이 찾아오지 않으랴?'

그리하여 젊은 비구는 생명의 무상함, 고통의 엄연함, 무아의 진실성을 다시 한 번 절실하게 느꼈다.

이때 부처님께서는 비구의 이같은 심경의 변화를 잘 아시고 이제는 이 젊은 비구에게 좌선 수행의 주제가 잘 나타나게 되었다고 판단하시어 웅향각에 그대로 계시는 상태로 광명에 가득 찬 모습을 그 비구 앞에 나투시어, 부처님의 모습이 그림자처럼 젊은 비구의 얼굴 위로 스치게 하시었다. 그러자 젊은 비구는 이게 무엇인가 생각하여 이러저리 살펴보다가 부처님께서 자기 앞에 나타나 자기와 얼굴을 마주 대한 듯이 보이자 일어나 두 손을 모아 합장하고 아주 공손히 인사를 올렸다. 이때 부처님께서는 그 젊은 비구를 모든 욕망과 미망으로부터 벗어나 진실한 해탈을 이루게 하시었다.

그리고 부처님께서는 다음 게송을 읊으시었다.

네 애정의 욕망을 끊어 버려라,
마치 가을 백합을 손으로 꺾어버리듯이.
열반의 도를 잘 닦아 나가라
이는 여래가 잘 설명한 진리이거니.

부처님의 이 설법 끝에 젊은 비구는 즉시 아라한과를 성취하였다.

―법구경 285―

수행 주제에 갈등을 느낀 비구들

어느때 비구 오백 명이 부처님으로부터 수행에 관한 설법을 듣고 수행 주제를 받아 좌선을 하기 위해 숲속으로 들어갔다. 이들 오백 명의 비구들은 그날부터 상당한 기간 동안 열심히 수행했으나 별 진전을 보지 못했다. 그래서 그들은 부처님께 돌아가 자기들의 적성에 맞는 수행 주제를 다시 받으려고 제따와나 수도원을 향해 떠났다.

그들은 길을 가던 중에 길 위에서 아른거리는 아지랑이를 보게 되었다. 아지랑이가 끊임없이 변화하며 아른아른 움직이는 것을 보면서 그들은 그것에 마음을 집중시켰다. 그리고 그들은 곧 제따와나 수도원에 도착했는데, 이번에는 억수같은 비가 내리기 시작했다. 그래서 비구들이 빗줄기를 자세히 관찰해 보니, 굵은 물방울이 땅에 떨어지면서 땅바닥에 이미 고여 있는 물과 함께 거품을 만들더니 그 거품은 이내 사라지는 것이었다. 비구들은 그 같은 물거품 현상을 보고 '우리의 몸도 저 물거품과 같이 잠시 머물다가 곧 사라지게 된다'라고 느껴 5온의 무상과 자아가 아지랑이 같음을 깨달을 수 있었다.

이때 부처님께서는 간다꾸티에 계시면서 비구들이 이같이 반조하는 것을 아시고 그들에게 광명을 놓으시며 모습을 나투시어 다음 게송을 읊으시었다.

만일 누구든지 간에 세상(오온) 보기를 물거품같이 보고
자기 마음을 아지랑이같이 본다면
그의 발자취,
마라도 그 주인을 찾지 못하리.

부처님의 이 설법 끝에 오백 비구들은 모두 아라한과를 성취하였다.[2]

-법구경 170-

6. 육신통은 어떻게 증득하는가

육신통을 이해하면 불교와 타종교의 차이점을 이해할 수 있다.
신통(神通)즉 초능력(psychic power, Abhiñña)도 수없이 많겠으나

---

2) 무상을 느껴 간절하게 용맹 정진하는 수행자에게 수행 주제는 방해되지 않는다. 자신의 근기와 수행법을 의심하지 말고 자신의 게으름을 탓하자. 불방일이 부처님의 최후 유언이다.

크게 나누면 여섯가지로 나눈다(1부의 중부경 염심경 참조) ①신족통(神足通) ②천이통(天耳通) ③타심통(他心通) ④숙명통(宿命通) ⑤천안통(天眼通) ⑥누진통(漏盡通)

이중 누진통을 제외한 나머지 신통은 사마타 선정에서도 가능하므로 요가나 타종교의 수행자도 가능한 반면 누진통만은 불교의 위빠싸나 수행으로 가능하다. 이러한 신통은 대개 선정에 바탕을 둔다. 누진통을 제외한 다른 신통은 무상, 고, 무아 법칙을 못 벗어나고 위험하며 깨달음에 방해가 되므로 경전이나 율장에선 완전히 깨달은 아라한이 방편으로 사용할 때 외엔 금하고 있다.

경전과 주석서를 중심으로 신통에 대해서 간략하게 살펴 보겠다.

신족통(神足通 iddhī viddha)

「장부경」(Sāmañña phala 沙門果經, 235, 283)에 의하면 "선정에 든 마음이 숙련되어 청정하고 확고 부동하게 될 때 수행자는 그의 마음을 마음으로 만든 몸을 창조하는 데에 기울인다. 이때 수행자는 그 자신의 몸에서 마음으로 만든 5장6부를 갖춘 완전한 몸을 마치 칼집에서 칼을 뽑듯이 뱀이 뱀허물에서 나오듯이, 만들어 내느니라….

또한 수행자가 선정에 든 마음을 초능력에 기울일 때, 몸이 하나이면서 여럿이 되게 하고, 수많은 몸에서 하나의 몸으로 되게 할 수 있고, 자신을 보이게도, 보이지 않게도 할 수 있고, 벽이나 산을 허공속을 지나듯이 자유롭게 왕래하며, 물속을 거닐듯이 땅속을 거닐며, 물위를 땅위 걷듯이 하며, 가부좌한 채로 허공을 새가 날 듯이 왕래하며, 해와 달을 만지며, 그의 몸을 범천에까지 나툰다 …."

다음에서 신족통에 관해 좀더 자세히 살펴 보겠다.

(1) 하나의 몸이 수백, 수천의 여러 개가 되기도 하고 여러 개의 몸이 하나로 되는 것을 자유자재로 한다.

이것은 사선정(四禪定)을 성취한 후에 가능하다.

「무애해도」(無碍解道 Paṭisambhidāmagga, 小部經中 하나)207에 나타난 실례를 살펴보면 "선정에 들었다 나온 후 '내 몸이 백개가 되어라'라 굳게 생각한다. 본래는 하나의 몸이면서 여러 개를 관한다. 여러 개의 몸을 관하면서 그는 여럿이 된다"

(2) 자유자재로 자신의 몸이나 장소를 보이게도 하고 사라지게 할 수 있다.

선정에 들었다(入定)가 출정(出定)한 후에 "이 어두운 곳이 밝아져라, 혹은 숨겨져 있는 이 곳이 나타나라"고 굳게 생각하면, 먼 곳에 있는 사람들도 볼 수 있다.

"부처님이 사밧띠에 머물고 있는 동안 사밧띠에서 7요자나 떨어진 사케타에 공양초청을 받았다. 부처님은 사케타의 주민과 사밧띠의 주민이 서로 볼 수 있도록 하려고 마음 먹었다. 부처님은 또한 땅을 아비지옥에 이르를 정도로 낮게 둘로 나누고, 그리고 허공을 천상의 세계에까지 멀리 이르를 정도로 높게 나누어서 그 주민들은 아비지옥에서 천상의 세계까지 보았다."

— 무애해도(paṭisambhidāmagga) 125—

(3) 벽이나 산속등을 자유자재로 뚫고 다닌다.

이 신통을 행하기를 원하면 허공(空)을 대상(space-kasina)으로 한 선정에 들어야 한다. 선정에서 나온 후 벽, 산등을 생각한다. "그곳에 허공이 있으라"라고 굳게 생각한 후 다시 입정(入定)한다. 출정(出定)후에 허공을 본다. 만약 수행자가 산속이나 벽속을 올라가거나 내려가거나 관통하기를 원하면, 공간이 생긴다. 「무애해도」 208에 의하면 "허공을 대상(space-kasina)으로 한 선정을 얻은 수행자는 벽이나 산의 다른 쪽을 관한다. 즉 관한 후에 '공간(초)이 있으라, 공간이 있으라'라고 생각한다. 아무런 방해없이 벽이나 산의 다른 쪽으로 나가버린다."

(4) 땅속을 물속같이 들어가서 돌아다닌다.

「무애해도」에 의하면 "이 신통을 행하고자 원하는 수행자는 물을 대상(water-kasina)으로 한 선정에 든다. 출정후에 원하는 땅의 구획만큼 물로 변하도록 결심한다. '이것이 물로 되어라'이 굳은 생각으로 원하는 땅의 구획이 물로 되면 그는 그 속을 자유자재로 드나든다"

(5) 물위를 땅위 걷듯이 한다.

「무애해도」 208에 의하면 "땅을 대상(earth-kasina)으로 한 선정을 성취한 수행자는 물을 관한다. 초능력으로 '땅이 되어라'라고 굳게 생각한다. 그러면 땅이 된다. 물에 빠지지 않고 물위를 땅위 걷듯이 한다"

이와 같이 땅뿐만 아니라 보석, 금, 언덕, 나무 등 무엇이든 원하는 대로 만들 수 있다. 물이 땅이 될 경우 수행자에게만 해당되지 물속에 있는 물고기, 자라 등 다른 생물은 자유롭게 활동한다. 그러나 다른 사람을 위하여도 땅으로 변하게 할 수 있다. 정해진 시간이 지나면 땅은 물로 변한다.

(6) 공중을 자유롭게 거닌다.

「무애해도」 208에 의하면 "땅을 대상(earth-kasina)으로 한 선정을 성취한 자는 허공을 관하면서 초능력으로 '땅이 있으라'라고 굳게 생각하면 땅이 나타난다. 허공을 앞으로 뒤로 왕래하기도 하고 서 있기도 하고 눕기도 한다"

이때 수행자는 나무, 언덕등을 보고 적절한 장소를 찾기 위하여 천안통을 가져야 한다.

(7) 손으로 달과 해를 만진다.

「무애해도」208에 의하면 "마음을 조절하고 초능력을 얻은 수행자는 태양과 달을 관하면서 '해와 달이 나의 손안으로 나타나라'고 굳게 생각한다. 그러면 나타난다. 앉아 있거나 누운 채로 손으로 해와 달을 만지고, 감촉하고, 느낄 수 있다."

만약 해와 달로 가기를 원하면 갈 수 있다. 자신이 그렇게 할 수 있고 다른 사람을 통해서 할 수도 있다. 그러나 자연의 달과 해의 빛과 운동은 변함 없다. 천강유수 천강월(千江流水, 千江月)이기 때문이다.

(8) 몸을 범천의 세계에 마음대로 나툰다.

「무애해도」209에 의하면 "초능력을 가진 사람이 범천의 세계에 가기를 원하여 범천의 세계까지 먼거리가 가까워지라고 굳게 생각하면 가까워진다. 또한 가까운 거리가 멀어지라고 생각하면 멀어진다. 많은 수가 적은 수가 되라고 생각하면 적어지고, 적은수가 많은 수로 되라고 하면 많은 수가 된다. 천안통으로 범천의 세계를 본다. 천이통으로 범천의 소릴 듣는다. 타심통으로 범천신(왕)의 마음을 읽는다. 만약 보이는 이 몸으로 범천의 세계에 가기를 원하면 선정에 든 마음을 육체적 몸에 기울여 마음에 대해서 몸과 같이 생각한다. 즉, 마음을 몸에 적용하여 고요하고 밝은 빛의 생각속으로 들어간다. 그리고 눈에 보이는 몸으로 범천의 세계로 간다. 만약 보이지 않는 몸으로 범천의 세계에 가기를 원하면 이와 마찬가지로 할 수 있다.

범천의 세계에 나타나서 마음으로 지은 몸을 창조한다.

그는 앞으로 뒤로 걷는다. 창조된 몸도 또한 앞으로 뒤로 걷는다. 그가 서고, 앉고, 누우면, 창조된 몸도 또한 서고, 앉고, 눕는다. 만약 그가 수증기나 불을 뿜거나 말을 하거나 무엇을 하더라도 창조된 마음은 따라 한다"

또한 법구경 주석서 367에서는 마하 목갈라나(목련) 존자가 한 그릇의 떡으로 그 양을 늘려서 500명의 비구들에게 나누어 준다. 아나율 존자의 경우도 많은 비구들이 탁발을 했는데 오직 마른 음식만 받아 온 것을 보고는 강물을 크림으로 변화시켜 그곳에 모인 비구들이 맛있게 공양들게 한 경우도 있다. 인간의 마음은 무한한 능력을 가졌으며 일체유심조(一切唯心造)이다.

신족통은 물질과 정신, 자신과 타인(객체)을 포함해서 초능력을 발휘하는 반면 다음에 나오는 신통력은 주로 심리적 현상을 다룬다.

천이통(天耳通, Dibba-sota-dhātu)

장부경 사문과경 240에 의하면 "…선정에 든 마음으로 천이통에 적용한다. 보통 인간의 듣는 능력을 능가한 정화된 청력(聽力)으로 멀고 가까운 인간과 신들의 소리를 듣느니라 …."

청정도론에 의하면 천이통은 천상의 소리를 듣는 것을 포함한다. 천이통은 선업(good karma)으로부터 오고 육체적·정신적 감각에서 벗어난 정화된 상태이므로 먼곳의 소리를 듣는 것이 가능하다.

천이통을 수행하고자 하는 수행자는 선정에 들었다(入定)가 출정(出定)후에 보통사람들이 들을 수 있는 거리의 천둥이나 사자의 소리와 같은 뚜렷한 대상에 집중했다가 점점 미세한 새소리, 바람소리 같은 대상을 관한다. 그리고 나서 소리의 대상을 동·서·남·북·사방, 팔방 상후, 좌우로 향한다. 수행해감에 따라 집중된 마음은 무의식상태(Bhavaṅga state)까지 스며든다. 미리 결정한 소리대상을 취하면 마음의 의식은 무의식(Bhavaṅga) 흐름내에서 평상시와 같은 진동(vibration) 후에 일어난다. 이것이 끝날 때 '준비(preliminary)' '접근(access)' '적응(adaptation)' '채택(adoption)'의 의식흐름(adhiñña-vithi)이 일어난다. 이 상태의 네번째나 다섯번째 생각의 순간이 사선정에 속하는 무아경의 상태(appanā, ecstatic conciousness)이다. 이 상태에서 원하는 소리의 현상이 나타난다. 이 무아경의 상태와 함께 나타난 통지(通知)가 소리의 대상에 머물고 있을 때를 천이통이라 한다. 그리하여 이 의식의 과정이 초능력(abhiñña knowledge)의 흐름에 들어가 강화된다. 다른 종류의 신통도 이와 유사한 절차를 따른다. 나중에 지구나 천상의 소리를 마음대로 듣는다(더욱 자세한 것은 「무애해도」112참조).

타심통(他心通, Cetopariyañana)

장부경 사문과경 242에 의하면 "선정에 든 마음으로 다른 사람 마음상태를 아는 것에 적용한다. 자신의 마음을 식별하면서 다른 사람 마음 상태를 이해하느니라. 즉 탐욕이 있는 마음, 탐욕에서 벗어난 마음, 성냄이 있는 마음, 성냄에서 벗어난 마음, 어리석은 마음, 어리석음에서 벗어난 마음, 선정에 든 마음, 해탈된 마음 등을 이해한다."

이 신통은 천안통을 얻은 후에 가능하다고 주석서에서는 말한다. 그리고 자기보다 법력이 높은 사람의 마음상태는 읽을 수 없다.

보통 사람이 수다원을 성취한 사람의 마음상태는 모른다. 부처님은 타심통으로 많은 중생들을 효과있게 제도하셨다.

숙명통(宿命通 Pubbenivāsa-anussati-ñaṇa)

장부경 사문과경 244에 의하면 "마음이 선정에 들어 청정하고 확고 부동하게 되면 수행자는 이 선정에 든 마음을 전생의 상태를 살피는 쪽으로 기울이니라 그는 한생, 두생에서부터 수만생, 수억겁 생전을 기억하며, 우주의 생·멸(生·滅)을 안다. 그때 나는 누구였으며, 내이름, 나의 직업 등은 이러하였으며, 나의 가족과 즐거웠던 일, 고통스러웠던 일, 수명은 이러했고, 그 세계에서 죽어서 다른 세계에 태어났으며, 그때 이름은 … 등으로 회상할 수 있다."

숙명통을 가진 사람은 능력에 따라 여섯 갈래로 나누는 사람도 있다. 외도들은 40겁까지만 기억한다. 보통 불교의 제자들은 백겁에서 천겁까지, 8명의 위대한 제자들은 십만겁까지, 사리불이나 목련존자는 아상케야(asaṅkheyya 수없는 겁)까지, 벽지불은 두배의 아상케야까지, 부처님은 한계를 넘어선 무한대까지 기억한다. 이러한 분류는 보는 사람의 기준에 따라 달라질 수 있다.

이 숙명통은 업(業)과 인과를 알므로 자·비·희·사의 실천에 유용하고 지혜를 계발하여 사성제를 실현하는 데 도움이 된다. 쉽게 삼법인을 이해한다.

부처님의 전생담인 자타카(jātaka)경전도 숙명통에 의해 설해졌다.

천안통(天眼通, Dibba-cakkhu-ñaṇa, divine vision)

장부경 사문과경 246에 의하면 "선정에 든 마음이 청정하고 확고부동하게 되어지면, 수행자는 이 선정에 든 마음으로 존재의 죽고 태어나는 것을 아는 쪽으로 기울인다. 보통인간의 시력을 능가하는 천안통으로 존재의 생사, 낮은 세계, 천상의 세계에 추한 모습으로 아름다운 모습으로 선업과 악업에 따라 태어나고 죽어가는 모습을 본다.
 그러나 친구들이여, 신(身) 구(口), 의 (意)에 의해 선업을 지은 중생도 있지만 그들은 정견(正見)을 가지고 바르게 행하는 성위과 (Aryas)에 이르는 성자들을 해치지는 못하며, 그들은 천상에서 행복하게 다시 태어나느니라…"
 이러한 신통은 4선정을 성취한 수행자에게 가능하다. 죽는 모습만을 관하는 수행자는 모든 것을 소멸한다는 단견(斷見)에 빠지고, 태어나는 모습만을 관하는 수행자는 모든 것은 항상하다는 상견(常見)에 빠진다. 그리고 성위과에 들지 않은 사람이 무서운 장면을 볼 때 공포심이 생기므로 다른 신통도 그렇지만 이 수행은 성위과에 이르지 못한 사람의 경우는 위험하다.
 청정도론에 의하면 천안통은 과거생도 알지만 미래생에 대해서도 예언할 수 있다고 했고 부처님은 여러 경전에서 미래의 예언을 정확하게 하셨다.

누진통(漏盡通, Āsavakkhaya ñaṇa)
 누진통은 위빠사나 수행만으로 가능하다. 이 수행에 의해서 해탈, 열반의 실현이 가능하다.
 장부경 사문과경 248에 의하면 "선정에 든 마음이 청정하고 확고부동하게 숙련되면, 수행자는 이 마음으로 번뇌가 다한 지혜의 마음쪽으로 향한다. 이것이 고(苦)이며, 이것이 고(苦)의 원인(原因)이며 이것이 고(苦)의 멸(滅)이며, 이것이 고(苦)의 멸(滅)에 이르는 길이라는 것을 있는 그대로 아느니라…. 마치 맑고 투명한 호숫가에서 그 호수 속에 있는 조개, 굴, 자갈, 고기떼, 등을 보듯이…"

누진통은 열반과 직결되므로 열반에 대해서 간략하게 살펴 보겠다. 열반은 언어의 한계를 넘어선 체험의 세계이다. 여름만 보낸 메뚜기에게 겨울의 얼음 얘기를 하면 이해 못하는 것처럼 열반을 설명하면 오히려 혼란만 가져오므로 처음엔 이 책에서 설명하려고 하지 않았지만 독자와 함께 공부하는 마음에서 간략히 살펴 보겠다.

(1) 열반의 어원

팔리어로 열반, Nibbāna의 Ni는 부정적으로 '없다(無, 滅)'는 뜻이고 Vāna는 욕망이나 탐욕을 나타낸다.

한마디로 램프의 기름이 다하여 불이 꺼지듯이 탐욕, 성냄, 어리석음이 소멸하는 것이며, 모든 이원성, 상대성, 시간과 공간을 벗어나는 것이다.

(2) 부정적 표현

열반에 대한 설명들이 중생의 마음에 혼란을 가져오기 쉬우므로 부정적 언어로 주로 묘사되었다.

부처님은 출가 후 사마타의 8선정을 성취해보았지만 이것도 결국 변하여 다시 윤회로 떨어져 고통의 원인이 된다는 것을 알았다.

그래서 모든 현상을 원시경전에서는 무상(無常), 고(苦), 무아(無我)로 주로 표현했다고 탐·진·치의 소멸로써 열반을 설명했다.

상응부경 4.251에서도 "사리풋다여! '열반, 열반이라고 합니다. 그러면 무엇이 열반입니까?'라고 고행자 잠부카다카는 물었다. 사리풋타는 '열반은 탐·진·치의 소멸이다'라고 대답했다." 그러나 열반은 마음 상태의 소멸이 아니다. 열반은 자유이며 해탈이다. 다음에서 열반의 적극적 표현을 살펴 보겠다.

(3) 적극적 표현

열반을 설명하는 많은 적극적 표현들이 있다.

목하(Mokkha) : 고통과 슬픔으로부터 해탈
니롯다(Niroddha) : 윤회의 속박에서 자유로워 짐.
산타(Santa) : 평화
삿자(Sacca) : 불변의 진리
시바(Siva) : 축복, 법열의 상태
아마타(Amata) : 죽음이 없는 불사(不死)의 경지
두바(Dhuva) : 영원의 상태
아난타(Ananta) : 다함이 없는 상태
케마(Khema) : 공포로부터 벗어난 상태
케바라(Kevala) : 절대의 세계
판니타(paṇita) : 지고의 상태
뭇티(Mutti) : 자유, 벗어남
위뭇티(Vimutti) : 해탈
산티(Santi) : 평온
위숫디(Visuddhi) : 청정 등
아함경에는 32가지의 표현이 있다.

"사제팔정도만이 안전하고, 더 없는 피난처이다.
그 피난처를 얻은 후에는 온갖 고통으로부터 벗어나게 된다"

― 법구경 192 ―

"피할 수 없는 늙음과 죽음의 공포에 쌓인 사람들을 위하여 안전한 섬이 있음을 말하노라. 바로 열반이 그 섬의 이름이라, 이 곳에선 결함도, 빼앗김도, 사라짐도 발견되지 않는다. 거기엔 죽음도 늙음도 영원히 사라진다.

이 생애에서 이러한 평화를 실현한 사람들은 마라(惡魔)의 지배에서 벗어난다"

-숫타니 파아타 1093-

(4) 부정도 긍정도 아닌 절대의 세계

열반은 시간·공간의 제약적인 조건에서 벗어난다. 열반은 모든 부정적·긍정적, 상대적·분별적 개념을 벗어나므로 부정도 긍정도 아닌 유(有) 중도(中道)이다. 열반은 어떠한 논리나, 표현도 넘어선 범부의 생각으로 측량할 수 없는 절대의 세계이다.

잡아함경 249에서 "여섯 가지 부딪쳐 들이는 기관이 다하고 욕심을 떠나 멸하고 쉬고 마친 뒤에도 '남음이 있는가'한다면 이것은 곧 빈말이요 '남음이 없는가'하면 이것도 빈말이다. '남음이 있기도 하고 없기도 한다'면 이것도 빈말이다. '남음이 있는 것도 아니요 없는 것도 아닌가'하면 이것도 빈말이다. 만일 여섯 가지 부딪쳐 들이는 곳이 다하고 욕심을 떠나 쉬고 마친 뒤에는 모든 거짓을 떠난 반열반(pari-nibbāna)이라고 말한다면 곧 부처님 말씀이다."

이것은 아난 존자의 질문에 대한 사리풋타 존자의 설명이다. 열반에 관해서 부처님은 우다나에서 다음과 같이 설했다.

"비구여, 지(地), 수(水), 화(火), 풍(風)이 없으며 가이없는 공간(空無邊處)도 아니며, 가이없는 의식(識無邊處)도 아니며, 무소유처(無所有處)도 아니며, 이 세계도 아니며, 저 세계도 아니다. 비구여! 오는 것도 아니며, 가는 것도 아니며, 서있는 것도 아니다. 죽음도 아니며 태어남도 아니다. 거기엔 세움도 없고, 소유도 없고 근거지도 없다. 고(苦)의 멸(滅) 이것이 열반이다.

비구여, 태어나지도 않고, 시작도 없고, 형상(조건)지워지지 않는 것이 있다. 태어나지 않고 시작도 없고 조건지워지지 않는 것이 없다면 태어나고 시작하고 조건지워지는 것에서 탈출하지 못할 것이다. 태어나지 않고, 시작하지 않고, 조건지워지지 않는 것이 있으므로 태어나고 시작하고 조건지워지는 것에서 벗어나는 길이 있으니라.

조건지워진 곳에는 변화가 있다. 조건지워지지 않는 곳에는 변화가 없다. 변화가 없는 곳에는 평온이 있다. 평온이 있는 곳엔 욕망이 없다. 욕망이 없는 곳엔 가고 옴이 없다(不來不去). 업이 소멸한 가고 옴이 없는 곳엔 죽음도 태어남도 없다.

죽음도 태어남도 없는 곳엔 이 세계도 아니고 저 세계도 아니고 그 중간의 세계도 아니다. 그것은 고(苦)의 끝인 열반이다."

그러면 열반은 어디에서 실현되는가?

밀린다 왕문경에 의하면 "계를 지키고 올바른 지혜를 가진 자는 열반을 실현한다. 그가 그리스나 중국이나 알렉산드리아나 코살라등 어디에 있더라도….

특별한 장소에서 불은 일어나지 않지만 필요한 조건이 갖추어 지면 불은 일어난다. 마찬가지로 열반은 특별한 곳에서는 존재하지 않지만 필요한 조건이 갖추어질 때 열반은 달성된다"

상응부경전에서 로히탓사가 이와 같은 질문을 했을 때 부처님은 "고(苦)의 존재, 고(苦)의 시작, 고의 멸(열반), 열반에 이르는 길은 의식을 가진 이 육체 안에 있다고 선언하노라."라고 했다.

그러므로 열반은 죽은 다음이나 천상에서 실현되는 것이 아니고 계·정·혜로 몸과 마음을 관찰하여 탐·진·치를 제거하고 실상을 철견할 때 지금, 여기 오온이 생·멸하는 곳에서 실현된다.

(5) 대승경전에 나타난 열반

대승경전 모두가 열반의 상태와 열반에 이르는 길에 관해서 설명한 것이다(그 길은 사념처 위빠싸나이다). 여기에서는 수행과 관련된 부분만 간략히 살펴보겠다.

현재 남방불교에선 오온을 무상, 고, 무아로 보아 열반을 중생계인 오온과 분리하는 경향이 있는 반면 북방불교에서는 오온, 12연기와 사제, 열반, 깨달음, 중도, 견성해탈을 하나로 보는 특성이 있다.

주지하는 바와 같이 반야심경에서 "색즉시공, 공즉시색, 수, 상, 행, 식 역부여시…" 금강경에서 "제상이 비상이면 즉견 여래… 응무소주 이생기심…"등으로 설해져 있고 능엄경에서도 오온, 육입, 십이처, 십팔계에서 여래장을 보인다. 이러한 것은 잡아함경 296, 인연경에 12연기가 진여이며 공(空)이라는 내용과 상통한다.

열반경 25에서는 "12인연을 불성(佛性)이라 부르나니 불성은 즉시 제일의 공(第一義空)이요, 제일의공은 중도라 하며 중도는 불타니 불타는 열반이라 하느니라. …중도의 대법을 불성이라 호칭하니 그러므로 불성은 상락아정(常樂我淨)이니라"고 했다.

그리고 대승 불교의 또 하나의 수행상 특징은 번뇌를 제거한다기 보다는 번뇌 즉 보리이므로 번뇌를 지혜로 전환하는 것이다. 마치 호수의 파도가 고요한 물로 되듯이.

열반경 30에서 "사무애지(四無碍智)가 곧 불성이니 불성은 곧 여래니라" 열반경 25에서도 "불성은 제일의공이요 제일의공은 지혜라 이름하느니라"라고 했다.

증도가에서는 "무명의 참성품이 곧 불성이요, 허깨비 같은 빈몸이 법신이로다(無明實性卽佛性, 幻化空身卽法身)."라 했고, 유식에서도 전5식이 전환하여 성소작지(成所作智) 제6식은 묘관찰지(妙觀察智), 제7식은 평등성지(平等性智), 제8식은 대원경지(大圓鏡智)로 전환한다고 설명했다.

그리하여 무상(無常), 고(苦), 무아(無我), 부정(不淨)한 것이 상

(常), 락(樂), 아(我), 정(淨)으로, 탐·진·치가 계·정·혜의 완성으로 전환하여 여섯가지 신통묘용은 공하면서 공하지 않음이요(六般神用空不空), 한덩이 둥근 빛은 색이면서 색 아니로다(一顆圓光色非色)의 경지가 된다. 무명이 지혜로, 6근6식이 6신통으로 전환한다.

그리고 화엄경에서는 연기를 우주 법계로까지 확대하여 이무애(理無碍), 사무애(事無碍), 이사무애(理事無碍) 사사무애(事事無碍)로 설한다. 사실은 법계가 육근, 육진, 육식을 못 벗어난다.

결국 불교의 핵심인 사제, 연기, 중도를 공(空)의 측면에서 보아, 우주전체를 대상으로 동체대비(同體大悲)의 입장에서 지혜와 자비로 자타일시 성불도(自他一時 成佛道)를 대승불교의 요체로 한다.

그 수행법은 앞에서 살펴본 8정도와 6신통을 벗어나지 않는다는 것을 명심해야 한다. 언어의 한계를 넘어선 열반의 세계에 대해서는 부족한 필자의 능력으로 더 이상 언급하는 것은 독화살의 실수를 되풀이하는 것 같다.

부처님의 유언은 "마음챙김으로 게으르지 말고 해탈을 이룰 때까지 정진하여라."였다. 지금 현재 이 순간 우리들의 몸안에서 부처님이 찾아낸 위빠싸나가 전승되어지고 있다. 우리는 위빠싸나로 열반에 이르기만 하면 된다. 그러므로 독자 여러분은 우리 자신의 내부에서 탐·진·치의 독화살을 반야관으로 뽑고 스스로 몸과 마음을 철견해야 하는 것이 당면 숙제이다. 체험으로 열반을 증득했을 때 지금까지 설명한 군더더기 말들은 환(幻)처럼 사라지고 일체의 고통이 없는 영원한 열반을 우리 스스로 맛볼 수 있으리라. 그때 부질없는 남·북방 논쟁도 꿈처럼 사라질 것이다.

부처님은 설하셨다.

"너희들도 또한 성취할 수 있다. 죽음이 없는 불사(不死)의 문은 활짝 열려졌다. 나와 같이 승리한 성자가 되어라. 나는 번뇌(苦)를 소멸시켰느니라."

참고문헌

●

한글대장경(아함부, 본연부 등), 서울, 동국대 역경원, 1967.
팔리어 아함경, London, Pali text society, 1976.
DIGHA NIKAYA(장부경), YANGON, Burma Pitaka association, 1984
南傳大藏經(아함부), 東京, 大正新修大藏經 刊行會, 昭和 46年.
우.웨풀로(Vepullo) 편역. 南方佛敎 基本聖典, 東京, 中山書房佛書林, 昭和 52年.
우.웨풀로(Vepullo), NANPOBUKKYO "PALI" 日本 門司禪院, 昭和 59年

거해스님 편역	법구경, 서울, 고려원, 1992.
서경수 역	법구경, 서울, 홍법원, 1983
법정스님 역	숫타니파아타경, 서울, 샘터, 1991.
고익진 편역	한글 아함경, 서울, 동대 역경원, 1991.
하야시마 코오쇼/강기희 역	대열반경, 서울, 민족사, 1991.
사쿠베다 하지메/이미영 역	우다나/이티붓타카, 서울, 민족사, 1991.
운허스님 역	열반경, 서울, 동대역경원, 1986.
운허스님 역	화엄경, 서울, 동대역경원, 1986.
운허스님 역	능엄경, 서울, 동대역경원, 1974.
김재근 역	능가경, 서울, 덕문출판사, 1978.
한정섭 역	유마경, 서울, 법륜사, 1977.
신소천 역	원각경, 서울, 홍법원, 1978.
돈연스님 역	금강경, 서울 불일출판사, 1989.
전재성 역	금강경(티벳번역본), 서울, 백년문화재단, 1992.
박경훈 역	대승대집 지장십륜경, 서울, 동대역경원, 1982.
불교성전, 서울, 동대역경원,	1991.
원효/이영무 역	열반경종요, 서울, 대성문화사, 1984.
영명연수스님저, 송찬우 역	종경록, 서울, 세계사 1990.
한길로 역	육조단경, 서울, 홍법원, 1986.

퇴옹성철	육조단경, 해인사, 장경각, 1990.
퇴옹성철	신심명·증도가, 해인사, 장경각, 1986.
퇴옹성철	백일 법문, 해인사, 장경각, 1992.
퇴옹성철	선문정로, 해인사, 장경각, 1981.
혜암스님	선문촬요/달마관심론, 수덕사, 1982.
고산스님 역	기신론, 서울, 보련각, 1980.
이평래 역	기신론, 서울, 경전읽기 모임, 1988.
심재열 역	보조법어, 서울, 보성문화사, 1979.
광덕스님 역	선관책진, 서울, 불광출판부, 1988.
법정스님	말과 침묵, 서울, 샘터, 1989.
불교학 개론, 서울, 동국대 편집부, 1991.	
피야다시/정원스님 역	부처님 그분, 서울, 고요한 소리, 1992.
돈연스님	깨달음, 서울, 경전읽기모임, 1987/1990.
위세제카라/이지수역	삼법인(The three signata), 서울, 고요한 소리, 1988.
월뿔라라훌라/전재성 역	불타의 가르침, 서울, 한길사, 1992.
정태혁 편역	붓다의 호흡과 명상, 서울, 정신세계사, 1991.
거해스님 엮음	깨달음의 길, 서울, 산방, 1991.
마쓰다미 후미오/장순용 역	붓다의 가르침, 서울, 고려원, 1987.
백련선서간행회	참선경어, 해인사, 장경각, 1989.
냐나포니카/재연스님 역	다섯 가지 장애와 그 극복방법(원본 및 번역본), 서울, 고요한 소리, 1988.
석지현스님	불교를 찾아서, 서울, 일지사, 1988.
Bhikku Namamoli,	Visuddhi Magga(청정도론), Kandy Srilanka, Buddhist publication society, 1975.
E.H. Brewster,	The life of Gotama the Buddha, London, Kegan Paul, Trench, Trubner, Co.Ltd. 1926.
Nynaponika Thera,	The heart of Buddhist Meditation, London, Rider co. 1962.
Mahasi Sayadaw,	To Nibbana via the Noble eightfold, Yangon(버마), Buddhasāsananugaha, 1980.
Mahasi Sayadaw,	Practical Vipassana Meditation, Yangon, Buddhasā sananuggaha, 1983.
Mahasi Sayadaw,	The progress of Insight, Yangon, Buddhasā sananuggha, 1980.

Mahasi Sayadaw,	Satipatthana Vipassana, Yangon, Buddhasasananuggha, 1979.
Amadeo Sole-leris,	Insight and Tranquility, London, Century Hutchinson Ltd. 1986.
Theerarach Mahamuni,	The Path to Nibbana, Bankok, Mahadhatu Monastery, 1989.
U. Pandita,	Guidance for yogis at Interview, Yangon, Buddhasasana Nuggaha, 1982.
Sujiva,	Hop on Board the ship of Mindfulness, Penang/Malaysia, MBMC, 1990.

U.Pandita, In this very Life, Boston, Wisdom Publications, 1992.

U.Pandita,	Dhamma Discourses, Yangon, Buddhasasananuggaha, 1988.
U.Janaka,	Vipassana Meditation, Penang, MBMC, 1989.

Achan Naeb Vipassana Bhavana, Bankok, Boonkanjanaram, 1985.
Ton Acharn Direction to Self penetration, Bankok, Rajburi, 1984.
Vajlranana Maha Thera Buddhist Meditation, Malaysia, Buddhist Missionary society, 1987.

Jackorn Field,	The Living Buddhist Masters, Santa Cruz, U.S.A, Unity Pres, 1977.
U.Silananda	The four foundation of Mindfulness, Boston, wisdom publications, 1990.
Nyanaponika Thera,	The Five Mental Hindrances and their conquest, kandy Srilanka, buddhist Publication Society, 1974.

참고한 사전
① 불교대사전, 서울, 홍법원, 1990.
② パーリ語辭典, 東京, 春秋社, 1981.
③ Nyanatilock, Buddhist Dictionary, Colombo/Celon, Frewin, 1972.
④ The Palitest Society's Pali-English Dictionary, London, the palitext society, 1921.

발문

위빠싸나 · 선의 의의와 전망

•

깨침과 닦음, 그리고 선

　불교는 깨침과 닦음의 종교이다. 2,500년전 부다가야의 보리수 아래서 새벽별을 보고 이룬 부처님의 큰 깨침은 불교의 처음이요 끝이다. 그 깨친 바 진리를 풀어놓은 것이 불교의 모든 것이며, 그것들을 통하여 모든 사람들이 그 깨침에 돌아가려는 것이 부처님의 가르침이기 때문이다.
　이러한 깨침의 종교인 불교는 단순한 이론이나 지적인 이해가 아니라, 깨침을 향한 실천 즉, 닦음을 요청한다. 따라서 진정한 불교인은 쉼없는 닦음을 통해 날로 새로워지지 않으면 아니 된다.
　불교의 닦음은 어떠한 것일까? 불교의 닦음은 본질적으로 '스스로' 닦는 닦음이다. 모든 사람은 스스로의 실천과 노력을 통하여 깨침에 이를 수 있다고 보기 때문이다. 부처님께서 돌아가시기 직전 제자들에게 "너 자신을 등불 삼고 진리를 등불삼아 열심히 정진하라."는 마지막 당부도 이러한 불교적 실천, 닦음의 성격을 잘 나타낸다.

이러한 불교적 닦음의 구체적 내용이 유명한 여덟 가지 바른 실천, 즉 팔정도이다. 일체의 모든 괴로움으로부터 벗어나 니르바나에 이르기 위하여 바른 견해, 바른 사유, 바른 말, 바른 행동, 바른 생활, 바른 정진, 바른 관찰, 바른 선정의 여덟 가지 실천이 필요하다는 것이다. 이 여덟 가지 바른 실천이야말로 모든 불교적 실천의 원형이다. 마음공부를 기본으로 하는 선(禪) 또한 그 연원을 이 가운데서 찾지 않으면 아니 된다.

 팔정도 가운데 특히 마음닦는 선법의 기본이 되는 실천은 바른 관찰, 바른 선정 즉 정념(正念)과 정정(正定)의 두 가지이다. 정정은 마음을 '하나'되게 하는 삼매의 훈련이며 정념은 마음을 밝게 하여 '비추어보는' 것이다. 즉, 지관(止觀)이라고 할 때 지는 정정, 관은 정념을 가리킨다. 대승불교, 특히 중국에서 발달된 선 역시 그 뿌리를 정념과 정정의 실천에서 찾지 않으면 아니 된다. 그러한 근본불교의 실천이 발달, 변형된 것이기 때문이다.

위빠싸나 선의 성격

 위빠싸나 선은 어떠한 실천인가? '위빠싸나(Vipassana)'란 '관(觀)' '밝게 본다'는 뜻으로 '념(念, Sati)'과 통하는 말이다. 따라서 위빠싸나 선은 정념(正念)의 실천을 가리킨다. 정념은 우리나라에서 팔정도의 다른 실천인 정사(正思)와 혼동되고 있지만, 행동하기 전의 '사유'를 가리키는 정사와는 전혀 다르다. 정념의 '념', 즉 '관'은 마음이 '밝게 비추어 봄'을 말한다. 영어로는 mindful하다 aware한다는 상태로 표현되고 있다. 따라서 위빠싸나의 '봄'은 순일한 '그저 봄'을 가리킨다고나 할까. 이 실천법은 부처님께서 가장 강조하신 마음공부로 지금까지 남방불교의 여러

나라에 전승되고 있으며 근래에는 미국을 위시한 서양에도 보급되어 널리 실천되고 있다.

위빠싸나 선은 구체적으로 무엇을 관하는가? 네 가지 관의 주제 혹은 대상이 몸, 느낌, 생각, 생각의 대상〔身受心法〕인 이른바 사념처(四念處)이다. 따라서 사념처관(四念處觀)인 위빠싸나 선은 쉽게 말하여 우리의 몸〔身〕과 마음〔受心法〕을 보는 실천법이다. 실제 우리의 호흡, 몸, 마음이 순간순간 어떻게 작용하는지를 '보라'는 것이다.

실천의 실제에 있어서는 자연스런 호흡의 들〔入〕고 남〔出〕을 관하는 것을 기본으로 하여, 생각이나 느낌이 일어나면 일어나는 하나하나를 밝게보는 단순한 훈련법이다.

그러나 위빠싸나 선은 강력한 실천법이다. 이 실천을 가르치고 있는 경(『중아함념처경』『장부대념처경』)에서 부처님께서는 이 실천이야말로 '중생의 마음을 깨끗이 하고, 걱정과 두려움에서 벗어나게 하며, 고뇌와 슬픔을 없애고, 진리를 깨달아 니르바나를 체득케하는 유일한 길'이라고 강조하고 계신다. 여기서 우리가 주목할 것은 위빠싸나 선이 진리를 깨달아 니르바나에 이르는 제일가는 길일 뿐만 아니라, 우리들의 마음을 청정하게 하고, 걱정과 두려움, 고뇌와 슬픔으로부터 벗어나게 하는 훌륭한 실천법이라는 사실이다. 따라서 니르바나에 이르려는 사람은 물론, 마음을 깨끗이 하고 온갖 불안과 공포, 고뇌와 슬픔으로부터 벗어나려는 모든 사람들에게 열려있는 길이 위빠싸나 선이다.

단순히 우리들 몸과 마음의 움직임을 '보는' 것으로 그러한 훌륭한 결과가 가능할까? 부처님께서 친히 체험을 통하여 확언하고 계신 말씀이므로 의심의 여지가 있을 수 없다.

누구나 실천을 해보면 알 수 있을 것이다. 그러나 이해를 돕기 위하여 어떻게 그런 것이 가능한지 근본원리를 알아보는 일도 무익하지는 않을 것이다.

첫째, 우리들 몸과 마음을 밝게 관하라는 것은 지금, 여기의 살아 숨쉬는 나의 움직임을 보라는 것이다. 우리들은 눈, 코, 귀, 입 등 오관을 통하여 바깥의 대상을 쫓아 분주하게 살아간다. 그러니까 우리의 시선은 항상 밖을 향해 치달을 뿐 '나'자신을 보지 못하고 있다. 그러므로 바깥 것들의 모습은 이러니 저러니 아는 듯 싶으나 정작 내 존재의 모습에는 어둡다. 보려는 관심조차 가지지 않으니 모를 수밖에. 위빠싸나 선은 시선을 돌려 우리 자신의 호흡, 몸, 생각이 어떻게 작용하는지를 직접 보라는 것이다. '나'의 실상은 개념이나 사유를 통해서가 아니라 이러한 실제적인 '봄'을 통하여 '아하!'하고 깨달아질 수 있는 것이기 때문이다. 이 얼마나 직접적인 자기이해의 길인가. '무상' '무아'라는 말은 단순한 개념이 아니라, 그러한 봄을 통하여 깨달아진 내 존재의 실상인 것이다.

둘째, 내 존재의 실상을 깨칠 수 있을 뿐만 아니라, 몸과 마음의 움직임을 '봄'을 통하여 우리의 마음은 청정해질 수 있고 온갖 번뇌망상으로부터 자유로울 수 있다. 우리는 마음 속에 일어나는 번뇌망상을 보는 능력이 부족하므로 그것들에 묶여 괴로움을 받는다. 그러나 '밝게 보면' 그것들은 태양 앞의 안개처럼 무산될 수밖에 없다. 번뇌망상은 어두운 기운이요 '봄'은 빛이며 광명이기 때문이다.

셋째, '봄'은 마음의 자유와 주체적인 삶의 힘이 된다. 우리는 어떤 대상을 만나 좋으니 싫으니 생각을 일으키고 그에 따라 행위를 일으킨다. 그런데 문제는 그 과정을 전혀 보지 못한 채 덜 컥덜컥 말하고 행동한다. 그럴 때 우리는 그 대상에 '먹혀버린 채' 맹목적인 반응을 할 뿐이다. 즉, 그 대상이 마음에 들면 좋아라 하고, 그렇지 못하면 미워하고 짜증내고, 그러므로 마음의 자유를 상실하게 된다. 그러나 대상에 대하여 우리의 마음이 움직이는 것을 밝게 볼 수 있을 때, 우리는 보는 만큼 마음과 행위의 자유를 가질 수 있다. 예를 들어, 어떤 사람을 향하여 미워하는 마음이 생길 때 그 상태를 볼 수 있으면 그 상태에서 미워하는 마음을 비울 수도 있고, 또 필요하다면 상대방의 버릇을 바로 잡아주기 위하여 충고나 질책도 할 수 있을 것이다. 그러나 그러한 언행은 상대에 먹혀버린 채 나도 모르는 사이에 하는 부자유한 행동이 아니라 주체적이고 자율적인 행동인 것이다. '봄'이 있는 경우와 그렇지 못한 경우는 따라서 하늘과 땅의 차이가 있다.

넷째, 위빠싸나 선은 맑고 청정한 삶의 원천이 된다. 항상 마음과 몸의 작용을 관함으로써 우리는 나의 좋지않은 경향과 습관에 대해서도 자연히 비추어 보게된다. 그러한 '봄'의 빛이 작용할 때 바람직스럽지 못한 생각, 행위의 경향들로부터 벗어나 깨끗한 삶을 살 수 있다. '봄'을 통한 자기분석, 그를 통한 자기교정이라 할 것이다.

위빠싸나 선의 의의와 전망

위빠싸나 선의 실천이 오늘을 살아가는 우리에게는 어떤 의의를 가질까? 첫째, 물질과 기계의 틈바구니에서 '나'를 망각하고 잃어가는 자기상실의 깊은 늪에 빠져있는 오늘 우리들에게 위빠싸나 선은 가장 직접적인 자기회복의 길로 우리 앞에 다가온다.

위빠싸나 선이 제시하는 자기회복의 길은 철저한 자기이해의 길이다. 그 길은 맹목적인 믿음이나 관념적인 이해로써가 아닌, 생생히 살아움직이고 있는 '나'를 봄으로써 가능하다. 오늘날 서구에서 많은 지성들이 위빠싸나 선으로부터 삶의 슬기를 찾고 있는 현상은 결코 우연한 일이 아니다.

둘째, 이렇게 직접적인 자기이해, 자기회복의 길이면서도 위빠싸나 선은 전문적인 몇 사람에 국한된 어려운 실천이 아니라, 일반인들이 쉽게 접근할 수 있는 생활선의 특성을 가진다. 그러므로 위빠싸나 선은 누구에게나 열려있는 길이다. 호흡을 중심으로 한 단순한 '관'의 훈련이므로 언제, 어디서나, 그리고 누구나 쉽게 할 수 있는 실천이다.

끝으로, 우리나라에서 위빠싸나 선의 전망은 어떠할까? 세계는 지금 하나가 되어가고 있다. 동·서가 통하고 각기 다른 전통간에도 상호이해의 문이 열리고 있다. 따라서 불교내의 다른 흐름간에도 교통이 이루어지고 있다. 그동안 한국불교는 나름대로 대승의 전통속에서 독특한 전통을 가꾸어왔다. 그 전통의 근저에는 모든 갈래의 흐름을 묘합회통하는 강한 성격이 있다. 우리의 불교에서 소승과 대승, 선과 교가 아우르는 모습을 볼 수 있는 것도 이 때문이라 할 것이다. 실천적인 면에서 화두선의 이른바 조사선이 강한 목소리를 지키고 있는 것이 사실이지만, 너무 고답적이고 따라서 대중이 접근하기 어렵다는 비판도 무시할 수 없다. 이러한 상황에서 우리는 위빠싸나 선으로부터 화두선의 한계를 보완하고 극복할 수 있는 기능을 기대해봄직도 하다. 위빠싸나 선은 화두선에 비하여 점진적인 실천이며 호흡의 관을 기본으로 하는 무리없는 선법이어서 모든 사람들이 쉽게 접근할 수 있기 때문이다. 부처님의 가르침은 본래 모든 근기의 사람을 다 포용하는 넓고 원융한 길이지 않는가. 여기서 우리가 한 가지 유념할 것은 소승에 대한 맹목적인 편견이다.

진정한 대승인 '하나인 불교〔一佛乘〕'는 대·소승을 각기 다른 능력과 소질의 사람들을 위한 길로 융섭하는 불교이다. 또 한 가지 분명히 알 일은 정념의 실천, 위빠싸나 선은 소승이 아니라, 부처님께서 실천하셨고, 또 모든 사람들께 권장했던 근본불교의 기본실천법이라는 사실이다.

나는 평소에 이처럼 근본적인 실천이 우리나라에도 많이 소개되고 실천되기를 염원해왔다. 그런데 이번에 김열권선생의 노작으로 『부처님이 깨달음을 얻은 수행법-위빠사나 Ⅰ, Ⅱ』가 불광출판사에서 나오게 된다는 소식이다. 얼마나 반가운 일인가.

더구나 그 내용을 살펴보건대 부처님께서 직접 실천하셨던 수행의 내용, 그리고 불교 수행의 요체는 물론 실제 수행의 방법 및 남방선사들의 체험까지를 담고 있어서 실로 위빠싸나 선에 대한 방대한 자료를 한데 묶고 있다.

아무쪼록 이 책이 부처님의 바른 수행을 이해하고 우리자신을 찾는 일에 큰 도움이 되기를 기원해 마지 않는다.

전북대 철학과 교수
강 건 기

부처님이 깨달음을 얻은 수행법
위빠싸나 Ⅰ

1993년 4월 10일 초판 1쇄 발행
2023년 10월 6일 초판 16쇄 발행

편저자 **김열권**
발행인 **박상근(至弘)** • 편집인 **류지호** • 편집이사 **양동민**
편집 **김재호, 양민호, 김소영, 최호승, 하다해** • 디자인 **쿠담디자인**
제작 **김명환** • 마케팅 **김대현, 이선호** • 관리 **윤정안**
콘텐츠국 **유권준, 정승채, 김희준**
펴낸 곳 **불광출판사** (03169) 서울시 종로구 사직로10길 17 인왕빌딩 301호
　　　　대표전화 02) 420-3200 편집부 02) 420-3300 팩시밀리 02) 420-3400
　　　　출판등록 제300-2009-130호(1979. 10. 10.)

ISBN 978-89-7479-010-3 (03220)

값 16,000원

잘못된 책은 구입하신 서점에서 바꾸어 드립니다.
독자의 의견을 기다립니다. www.bulkwang.co.kr
불광출판사는 (주)불광미디어의 단행본 브랜드입니다.